U0111853

大展好書　好書大展

品嘗好書　冠群可期

武學名家典籍校注 17

許禹生

太極拳勢圖解

許禹生 著

唐才良 校注

大展出版社有限公司

出版人語

武術作為中華民族文化的重要載體，集合了傳統文化中哲學、天文、地理、兵法、中醫、經絡、心理等學科精髓，它對人與自然和諧共生關係的獨到闡釋，它的技擊方法和養生理念，在中華浩如煙海的文化典籍中獨放異彩。

隨著學術界對中華武學的日益重視，北京科學技術出版社應國內外研究者對武學典籍的迫切需求，於二〇一五年決策組建了「人文·武術圖書事業部」，而該部成立伊始的主要任務之一，就是編纂出版「武學名家典籍」系列叢書。

入選本套叢書的作者，基本界定為民國以降的武術技擊家、武術理論家及武術活動家，而之所以會有這個界定，是因為民國時期的武術，在中國武術的發展史上占據著重要的位置。在這個時期，中、西文化日漸交流與融合，傳統武術從形式到內容，從理論到實踐，都發生了巨大的變化，這種變化，深刻干預了近現代中國武術的走向。

這一時期，在各自領域「獨成一家」的許多武術人，之所以被稱為「名人」，是因為他們的武學思想及實踐，對當時及現世武術的影響深遠，甚至成為近一百年來武學研究者辨識方向的座標。這些人的「名」，名在有武術的真才實學，名在對後世武術傳承永不磨滅的貢獻。他們的各種武學著作堪稱為「名著」，是中華傳統武學文化極其珍貴的經典史料，具有很高的文物價值、史料價值和學術價值。

目前，「武學名家典籍校注」，已出版了著名楊式太極拳家楊澄甫先生的《太極拳使用法》《太極拳體用全書》；一代武學大家孫祿堂先生的《形意拳學》《八卦拳學》《太極拳學》《八卦劍學》《拳意述真》；武學教育家陳微明先生的《太極拳術》《太極劍》《太極答問》；董英傑先生的《太極拳釋義》；李劍秋先生的《形意拳術》；李存義先生的《岳氏意拳五行精義》《岳氏意拳十二形精義》《三十六劍譜》。

民國時期的太極拳著作，在整個太極拳發展史上佔有舉足輕重的地位。當時的太極拳著作，正處在從傳統的手抄本形式向現代著作出版形式完成過渡的時期；同時也是傳統太極拳向現代太極拳過渡的關鍵時期。這一歷史時期的太極拳著作，不僅忠實地記載了太極拳架的衍變和最終定型，而且還構建了較為完備的太極拳技術和理論體系，而許禹生則編寫武術教材，開整理研究武術之先河。他參與創立的北京體育研究社以「普及武術運動、研究武術理論和拳史、培養武術人材、達到強民報國」為宗旨，並出版《太極拳勢圖解》《少林十二式》《太極拳（陳式太極拳第五路）》等，在中國武術面臨向何處去的轉折關鍵，著眼於傳統武術的改革，為中國武術的振興，寫下了重重的一筆。

這些名著及其作者，在當時那個年代已具有廣泛的影響力，而時隔近百年之後，它們對於現階段的拳學研究依然具有指導作用，依然被太極拳研究者、愛好者奉為宗師，奉為經典。對其多方位、多層面地系統研究，是我們今天深入認識傳統武學價值，更好地繼承、發展、弘揚民族文化的一項重要內容。

本叢書由國內外著名專家或原書作者的後人以規範的要求對原文進行點校、注釋和導讀，梳理過程中尊重大師原作，力求經得起廣大讀者的推敲和時間的考驗，再現經典。

「武學名家典籍校注」，將是一個展現名家、研究名家的平台，我們希望，隨著本叢書的陸續出版，中國近現代武術的整體風貌，會逐漸展現在每一位讀者的面前；我們更希望，每一位讀者，把您心儀的武術家推薦給我們，把您知道的武學典籍介紹給我們，把您研讀詮釋這些武術家及其武學典籍的心得體會告訴我們。我們相信，「武學名家典籍校注」這個平台，在廣大武學愛好者、研究者和我們這些出版人的共同努力下，會越辦越好。

導讀

許禹生作為中國武術的理論家、教育家、活動家，是振興中國近代武術和改革武術教育的一位不可忽視的人物。

鴉片戰爭後，在中西文化激烈碰撞的大背景下，中國傳統武術無論是思想上還是實踐上，都逐漸發生了巨大的變化。「民國成立，識時之士，漸知拳術之為國魂」，武術「大則可強國強種，小則可卻病延年」，一九一二年十一月，在教育界知識精英的支持下，許禹生集合有識之士發起創辦了中國最早具有現代意識的武術團體——北京體育研究社，呼籲、宣傳中國舊有體育「康強其身，智德可用」的作用，推廣武術。

許禹生創辦的北京體育研究社，從教育入手，一改國人重文輕武的觀念，

多次向教育部提案，力推武術進入學校，為武術振興開創良好的氛圍。他吸收西方教育之長，改進武術領域落後的小農經濟教育方式。他附設體育講習所，建立現代理念的體育學校，創辦武術雜誌，興武術研究之風，成為以後國家設立國術館的範本。

許禹生創辦的《體育季刊》雜誌，出版《太極拳勢圖解》等武術教材，宣導吸收現代科學知識，探索研究武術的真諦，挖掘傳統文化的精髓，改變舊有武術有術無學的狀況，開中國武術研究之先河，興時代風尚。他在宣揚武術健身作用的同時，強調「鍛鍊身體，能使全體內外身心二者平均發育為最良好之運動法」，使武術從單一拳腳技能，成為既能強身健體又可修身養性的文化，使武術以新的面貌崛起。

許禹生在中國武術處於棄舊圖新的歷史關頭，破除狹隘門派觀念，推進中國武術教育和研究改革，開我國武術挖掘、整理、推廣之先河。

評價一位武術家，人們往往著眼於他個人的武藝如何高強，而很少關注他對社會的影響。評價許禹生，我們還是應該著重看他對中國武術做出了什麼貢獻、在武術史中發揮了什麼作用。

㈠、許禹生生平

許禹生（一八七八—一九四五年），字龗厚，北京市人，原籍山東省濟南市。許禹生出生於武術世家，六歲起，習練查拳、潭腿等拳術，二十歲那年，拜師河北滄州的劉德寬先生，學六合門拳械與奇門兵器「呂布方天畫時戟」。二十四歲那年，與山東一位趙姓查拳名家交手，三勝二負，自此聲名鵲起。

許禹生在與各派武術行家的交流中，廣泛瞭解了武術各門各派的長處，特別是見識到了太極拳家楊健侯技藝的真諦，並拜楊健侯先生為師。經年累月的武術實踐，為他日後創辦武術團體奠定了基礎。

一九一二年底，許禹生邀請郭秋坪、鍾一峰、岑履信、關伯益、金湘甫、延曼生等武術名家創辦了北京體育研究社（國民政府定都南京後，北京改稱北

平，北京體育研究社也隨之改稱為北平體育研究社）。更得佟旭初、吳彥卿、治鶴清、于子敬、王模山、章聯甫、祝蔭亭、劉芸生、伊見思、鍾受臣、趙靜懷、陳筱莊、維效先、王鶴齡、趙紹庭、梁載之、郭志雲、郭幼宜等人之贊助。研究社所標宗旨：「係以提倡尚武精神，養成健全國民，並專事研究中國舊有武術，使成系統，不含宗教及政黨性質。」體育研究社以「普及武術運動、研究武術理論和拳史、培養武術人才、達到強民報國」。

社長由市長兼任，許禹生任副社長，趙鑫州、吳鑒泉等分別任少林、太極類總教習，同時，還廣招賢達，聘得在北平寄身的冀、魯、豫、甘、陝等省的各門派拳師二十餘人任武術教習。

研究社在其印發的《告北京各高中學校校方書》的佈告中說：武術為吾國的特有技術，古人用防身禦敵，如今則可強國強種。觀近年來外籍強人諸如日、俄等國之武士或大力士，欺吾國之民眾，尤辱吾之武術圈內人士，大談「東亞病夫」之言論。鑒此特告示國民並學子，報學吾國之武藝，以便日後報效國家，等等。佈告公佈後，回響十分強烈，有四十多所大、中學校先後向北京體育研究社發出了邀請，要求派教習前去傳授武術。

京師各校漸向該社聘請教員教授武術，一時形成北京各校延聘武術教師的風氣。一九一六年，又由許禹生宣導，作為北京體育研究社的附設機構成立了北京體育講習所，許禹生除親自授課外，還延聘吳鑒泉、楊健侯、楊少侯、楊澄甫、孫祿堂、劉恩綬、張忠元、佟連吉、姜登撰、紀子修、劉彩臣等任教。

北京體育講習所始終遵循「以培養大、中、小學校學生之武術師資力量為準繩」，訓練科目分為拳法（徒手與器械）、武術理論兩大類，講述的內容有楊式太極拳、吳式太極拳、北派少林拳、八卦掌、形意拳、六合八法拳、岳式連拳，包括擒拿格鬥諸術。一時間，北平城武風驟起，清早、傍晚甚至課間，都可以見到學子們舞刀弄棒的身影。

講習所受到了當局的重視，由教育部解決了該機構的辦所地址、經費問題，並發專文給全國各省市教育管理部門，要求其所屬大、中、小學選派專職人員前來學習（培訓），並准允學員結業後分配到學校擔任專職武術教師。

一九二八年，許禹生趕赴南京專程拜訪中央國術館董事會張之江、李景林等人員，申請設立北平國術館，在徵得同意後，許禹生用了不到三個月的時間，便在「體育研究社」的基礎上，成立了「北平特別市國術館」，仍邀請市長為館長，自己擔任副館長。

北平特別市國術館成立後，從一九二八年十二月至一九三六年十二月，共開設民眾國術訓練班、國術教員講習班達七四六期之多，編輯印製教材有一百五十餘種，接受培訓的人員約三萬八千人。值得一提的是，「九一八」事變後，該館特意開設了數期速成「砍刀術培訓班」，重點傳授簡單實用的臨陣劈砍刀法，旨在為抗擊日寇輸送殺敵勇士。

許禹生以北京體育研究社名義創辦了一本研究體育與武術的刊物《體育季刊》，成立北平特別市國術館後，又開辦專門宣傳推廣傳統武術的雜誌《體育月刊》。許禹生親自擔任兩本刊物的主編，確立辦刊特點和依託雜誌推動相關工作。雜誌內容豐富，文字簡明扼要，適合各界各層次人士閱讀，對武術的推廣發揮了很大的作用。

每期的封二上，還分別有「投稿簡章」「徵集（收購）國術秘本」「介紹國術教員」「新書預告」等欄目，在「徵集（收購）國術秘本」的啟事中曾經寫道：「本刊徵求家藏或坊間舊有國術書籍或秘本，本刊認為有價值書籍得出資收買。凡欲出售者必先送本刊編輯處審核，不合者得發還之。」這對挖掘和保存中國武術文化起了很大的示範作用。

許禹生還著有《太極拳勢圖解》《少林十二式》《羅漢行功法》《神禹劍》《中國武術史略》《太極拳》（即陳氏太極拳第五路）等著作。

一九四五年，許禹生於北平逝世，享年六十七歲。

楊敞曾用詩來評價許禹生：「許九哥兒幼習拳，紆尊降貴友群賢。清除階級談平等，培植師資結眾緣。往昔拳家各逞雄，抵排異己翊宗風。破除門戶消成見，第一公推許禹生。」

㈡、許禹生生存於大變局時代

我們今天評價許禹生對武術所做的貢獻或不足，應該放在他所處的時代背景中去分析。許禹生所處的時代，正是中國歷史上前所未有的大變局。在這樣的大變局中，他保護了中國武術，並努力推動武術的普及與發展，其作為有深遠的歷史意義。

甲午戰爭以後，許多中國的知識份子強烈要求政治改革，並主張全面向西方學習。因此，中華傳統文化也面臨前所未有的嚴重挑戰。

中醫和武術，是中國傳統文化的兩朵奇葩。然而，在這場挑戰中，武術與中醫一樣，遭到了懷疑和否定。

西方體育家麥克樂等人一直譏笑中國武術「唐吉軻德般與空氣作戰」「只是與空氣打架」「既乏教育價值，又不合生理的需要」（麥克樂、葛雷等人一九一六年在南京師範學校開設體育專科，教授體操等西方體育）。這種觀點也得到了國內一批人士的附和。也有人嘲笑說某些武術習練「行進時還要拿足跟在地上亂蹬，腦子受這樣的震動，不要腦神經嗎？」有些動作「兩臂常作曲式，胸部哪裡還有擴張的機會，時時使肺部下壓，弄得全身肌肉都像僵塊」云云。因此圍繞武術是否符合人體生理特點及是否有鍛鍊價值，提倡武術是否符合中國社會的發展需要，展開了一場「土洋體育」的爭論。

「土洋體育之爭」說到底其根本的核心是觀念的衝撞。兩種思想、兩種文化的較量，其中均有囿於極端的文化立場而發出的非理性認識。部分遺老遺少們以武術作為「國粹」來抵抗日益高漲的新文化運動，「在他們看來，國術是難得的無價至寶，尤其是藉以保存忠孝節烈、舊美德的好方法」。

顯然，這是保守復古思想的表現，這種表現自然受到了許多社會人士的批評，認為是「開倒車」。但是，在這種批評聲潮中也暴露出某種民族虛無主義的傾向，「在他們看來，國術是封建社會的遺物，早應掃除一光的」「這種古人崇拜思想的產物，在現在是早已失去了作用，不需顧置的」，反映出一種蔑視傳統文化的「全盤否定」思想。很明顯，「土洋體育之爭」的文化衝突，終於使中國武術走到「爭取生存還是自甘消亡」這個歷史的拐點。

㈢、許禹生所面對的武術現狀

二十世紀初，不利於中國武術生存的第一消極因素就是庚子之變。義和團運動就武術而言是雙刃劍，整個運動像是民間神秘文化的大集合，尤其是他們號稱「刀槍不入」的神術，社會上下曾為之癡迷顛倒，催發了民間武術畸形發展。

然而，當義和團的血肉之軀與「神術」在洋槍面前不堪一擊後，社會對武術產生了極大的失望與厭惡，民間武術被當作「神秘怪誕之幻術」而排斥。加上義和團運動失敗後，清政府為推卸罪責，瘋狂鎮壓義和團，頒發嚴禁「自號教師演弄拳棒隨同學習」等條例，禁止民間開展武術活動，殃及了所有的民間武術活動，迫使民間武術轉入地下，跌入低谷。

除了義和團的不利因素，武術面臨困境的原因之二：

辛亥革命後，由於政權更迭，社會變化，軍隊戰爭手段的更新（熱兵器的大規模普遍使用），大大影響了武術的生存。軍隊開始按照西洋軍隊的訓練方式訓練部隊，原有的武術教練失去了「飯碗」，被迫尋找新的生路。交通及銀行錢莊的發展，使鏢局行業迅速衰退，鏢師們面臨尋找新的謀生途徑。拳師的生存狀態，同樣影響著武術的生存和發展，武術需要開闢新的生存空間。

武術生存困境的原因之三：

長期以來，民間武術被視作為一種低俗文化，習武者地位卑微，一般民眾也不屑於習拳練武。尤其是義和團的失敗和熱兵器的登場，拳腳之勇的技能逐漸缺乏吸引力，需要有新的理由來重新激發人們對武術的興趣和喜愛。

武術困境之四：

千百年來，武術教育一直以私下秘密的方式傳授，與現代教育相比明顯落後於時代，也阻礙著武術的生存與發展。習武者大多文化層次不高，一直是有術無學，社會地位低下，難以得到社會的廣泛認同。以致「有志之士，雖竭畢

生精力以求之，每徘徊歧路，勞而無成。是以強國健身之術，僅資市井閭巷茶餘酒後之談」。武術教育需要改革。

武術困境之五：

「國人震於泰西之傳授，極端迷信」，認為西方之所以強盛，而我國國民之所以羸弱，諸多原因其中有一條是西方有體育，而中國無體育。清末改革中國教育時，全盤引進日本式教育，其中「體育」一詞也是在這種背景下從日本傳入的（當時「體育」一詞的概念，僅指軍體操、田徑以及球類活動，不包含傳統武術）。中國武術需要有新的形象、新的理由來與西方體育抗爭。

這些困境正是許禹生和中國武術家們必須面對的難題，而扭轉民眾對武術的偏見，努力變革觀念是一件十分艱難的事情。

許禹生與當時提倡拳術的個人及團體共同面對的一個問題，就是如何使舊有的拳術資源擺脫義和團之類標籤，改變民眾偏見，在新時期發揮效用。而這個問題的焦點，就是需要提出新的理由，證明舊有拳術資源是可以被利用的。

許禹生在《體育季刊》等刊物上親自撰寫文章，宣傳推廣武術的意義——可以提振尚武精神，可以強國強種，雪「東亞病夫」之恥，等等——以喚醒國人的良知、扭轉國人對武術的偏見。

十九世紀六〇年代到九〇年代中期是洋務運動產生和發展的時期。一八九六年京師大學堂在百日維新中建立。一八八九年，光緒皇帝下詔廢除八股文。一八九八年七月，光緒批准《京師大學堂章程》。一九〇二年，張百熙參照日本教育模式，擬定《欽定學堂章程》，第二年，又由張百熙、張之洞、榮慶擬定了《奏定學堂章程》，又稱《癸卯學制》，對學校系統、課程設置、學校管理都做了較為詳細的規定，並於一九〇四年一月在全國正式頒佈施行，結束了中國延續了兩千多年的封建傳統教育體制。而此時許禹生等人面臨的另一個重要問題，是武術被排斥在教育之外。

清末教育宗旨提倡「尚武」，而當時所謂的「尚武」，是指推行洋體育「軍體操」。鴉片戰爭後，清政府編練新式海陸軍，建立軍事學堂。「體育」

一詞隨之也從日本傳入中國。新式軍隊主要習練西方兵操和單槓、雙槓、木馬等器械，學堂聘有外國教官，體育課程的主要內容有擊劍、拳擊、啞鈴、跳高、跳遠、足球、游泳、單雙槓、爬山等。

西方「洋體育」全面強勢進入軍隊和學校教育系統，被視為「土體育」的民間武術幾乎陷入被遺棄的境地。於是許禹生與一些有識之士呼籲讓「土體育」進入學校，《體育季刊》第一期呼籲：「大廈將傾，伊誰責成。嗟我民族，辛胄神明，交弱積久，病夫得名。物極當反，弦慢須更。少林派衍，武術精英，願同志交勉，為民國干城。」曾擔任過中華民國教育總長的范源濂亦提出教育應以「保存國粹與適應時勢」為要義，認為「國術乃普及全民之運動，有天然之活潑，非若外人之體操拳術等技，只及一部，且有呆滯之弊」。「國術」與「外人之體操拳術等技」相比，「國術」的優越性被盡力宣揚。

這些本土的武術傳習機構在一定程度上抵制了西方體育內容的開展，促進了武術在當時社會上的傳播。習練中國傳統武術也成為一部分國人準備革命、

積極救國的有效方式。

中國武術能正式進入學校，是在「洋體育」進入學校後的二十年。民國四年（一九一五年），許禹生等人向全國教育聯合會提議「提倡中國舊有武術列為學校必修科」提案，全國教育會聯合會通過提案，提倡中國舊有武術列入體操課，其教員由師範學校培養。教育界能關注「土體育」，實自此始。舊有武術得以加入學校課程，亦自此始。

以後許禹生的北京體育研究社又有多次提案，他們的提案具有劃時代的歷史意義，中國武術從此由民間進校園，登堂入室，這是自古以來第一回。

㈣、中國武術否極泰來

中國武術的復蘇迎來了新的機遇。新學堂的大量開辦及「體操課」的開設，造成體育教師奇缺，而國內原來又無體育專業教育。為緩和體育師資缺乏的矛盾，一九〇六年三月，清廷學部通令各省，於省城師範「附設五個月畢業專修科」，以培養小學體操教習。對此，許禹生在上報教育部的專件中曾說：「吾國素稱文弱，無庸諱言。憂國之士迫於時勢之所趨，潮流之所激，因提倡尚武之精神，體育與德育智育並重，學科之內，加以體操，然皆襲他人之形式，未克振己國之精神，以故與學幾廿年，而國民之強健未現有若何之進步也。今擬提倡中國舊有武術以振起國民勇往直前之氣。夫器械不良尚可以陶冶，船艦不利可以改良，惟此國民之不強，決非一朝夕間所能作其氣，必也養之有素，練之有方，始克有強固之體幹、活潑之精神。我國武術數千年來，代有傳人，嫻其術者，大有殺敵效果，小之亦除暴安良。且各其一種慷慨激昂之氣，徒以教者口傳，學者心受，素乏專書，致使有用之學不能普及，殊為可惜……果能竭力提倡，實心奉行，則文弱蠲，精神斯振，安見十數年後，不一躍而為雄國耶？」

在近代文化思潮影響下，許禹生等人極力推動武術教學沿著科學化、規範化的方向演進，這一時期，陸續出現了各種武術新的教學模式。

從改革傳統武術的教育入手，認識到教育是一切文化傳承與發展的根本，他強調：「在提倡中國固有之武術，改善教授，由學校入手，普遍全國社會，期以此尚武之精神，強吾國家，強吾種族。」

民國元年，中華民國臨時政府成立，一直支持傳統武術的蔡元培先生任南京臨時政府教育總長，許禹生任北平教育部專門司主事。此時此刻，蔡元培與許禹生考慮的是如何吸收西方體育教育之長，利用社會資源，開設多門文化課程，改良中國武術傳統的教育方式，提高學員的文化素養，為將武術推廣到學校，推向社會，培養出更多人才，使傳統武術重振雄風，不至於被西方體育所湮沒。一九一二年十一月，在民國政府的批准下，許禹生創辦本土的新型武術組織形式——北京體育研究社。

北京體育研究社，是近代史上北京地區，乃至於全國成立較早的武術研究教學與推廣組織。或許當時其他地方也有類似的武術團體、武館、學校等，但他們的組織形式、辦社宗旨、機構設置、校舍設施、師資力量、教材研究等，

都難以與北平體育研究社相比。據「體育研究社提出全國教育聯合會請設國立體育學校案」披露：「上海體育專門學校、東亞體育學校、體育師範學校、南潯中國體操學校，暨北京上海體育學校，均為私人團體所設，絀於款項，規模未巨集，難為各校之楷模。」《歐風美雨立蒼茫》書中也提到：「一般體育學校（科）有重學科、輕術科的傾向；體育運動發展也極端不平衡，大部分集中在江浙一帶，尤其是上海，而且大部分是屬於私立性質，其條件、設備極差，招收學生人數很少，辦學經費拮据，以致一般在三五年內即告停辦。」而許禹生的北京體育研究社則是一枝獨秀。

北京體育研究社「以提倡尚武精神，養成健全國民，並專事研究中國舊有武術，使成系統」為宗旨，「普及武術運動、研究武術理論和拳史、培養武術人材，達到強民報國」。許禹生善於利用社會優質資源來創辦體育研究社。體育研究社不單是一些武術家的聚集場所，還是推動武術傳承發展的研究所，因此要求該機構在社會上有一定的影響力，故名人效應是擴大社會影響低成本的舉措。

許禹生邀請教育總長蔡元培以及名人嚴范蓀為名譽社長（後增加張一麟、袁希濤、傅增湘等多位名人為名譽社長；聘宋書銘等名士為名譽幹事）；由當時北京市市長袁良擔任社長；並請歷任教育總長蔡元培、傅增湘、袁希濤、張一麟等社會名流題詞，大大提升體育研究社的社會影響。

許禹生利用北平教育部專門司主事的身份，向民國政府教育部提出「各學校應添授中國舊有武技」之提案，採納後將其寫入即將頒佈施行的全國各級學校的《軍隊國民教育實施方案》，使武術教育在全國大的層面上得到落實推廣，其功居偉。一九一五年四月，北京體育研究社在當時的全國教育聯合會第一次會議上再次提出了「擬請提倡中國舊有武術列為學校必修課」的議案。該議案認為，興學以來，學校體育「今擬提倡中國舊有武術，以振起國民勇往直前之氣」，並提出了三項具體建議：一是學校體操科應增授武術內容，作為必修課，以振起尚武精神；二是組織教師編寫武術講義，說明運動原理，用科學

的眼光喚起學生對武術的重視與興趣；三是師範學校應將武術列為主課培養武術教師。這個提案得到與會代表的贊同，當年教育部就做出了「各學校應添授中國舊有武技，此項教員於各師範學校養成之」的明令批示。自此，武術正式成為學校體育課程。

北京體育研究社，按近代體育的組織形式進行建設和改進，有明確的宗旨、章程和管理機構，會務人員由會員選舉產生，教員實行聘任制。北京體育研究社的行政管理、基金監事、評議員的產生也「均用社員投票選舉」等等，這是具有現代意識的，是中國武術史上幾千年來從未有過的組織形式，基本上擺脫了拜師父的封建宗法特色，對各個流派的交流、普及、發展都起了良好的作用。這種不同於舊式武館的新型體育組織，對我國近代武術的發展起過重要的示範和推動作用。

武術被列為學校體育課內容，是辛亥革命後提倡與推行武術的重大成果之一。武術的體育化之路開始了，但對武術教學、傳統拳路的整理研究、武術教材的編寫、武術理論的闡述都提出了新的要求。北京體育研究社等武術組織和各類學校的武術教師們在這些方面都曾發揮了積極的推動作用。

隨著學校教育中武術作為體育課內容的普及，武術傳統的教學方法面臨改革以適應大規模公開教育的需要。我國武術長期以來沿襲口傳身教，多採用個別輔導與單獨練習的單人教練方式，這給學校教學的集體授課與軍隊團體訓練帶來一定的困難，也影響了武術的廣泛普及。許禹生引領了武術教學改革。對此，市長兼社長袁良指出：「深慨體育古法之頹廢，爰糾合同志創設此社，遴選通材，廣攬名流，古德相共，講習數年以來，青年學子先後輩出，粗有成效。復鑒於前此不立文字之弊，乃議發刊本社季刊，就傳習所得分別記錄，期以科學條貫匯成簡冊，藉廣傳聞而資津，逮出版已數期，頗蒙海內賢哲深相贊許。惟是一鱗半爪，不足以罄此術之秘……」

北京體育研究社是改革武術教學方法的宣導者與肇始者之一。據《體育叢刊》記載，北京體育研究社成立之初，北京各學校紛紛向研究社聘請武術教師。根據學校教學的特點，研究社「乃查照體操教練規格，訂定團體教練之法」，即參照近代體育教學的基本原則，改革傳統的教學方法，以適應學校授課的集體練習。北京體育研究社開設教育課目多且科學合理，透過培訓，可使學員將來完全擔當得起學校及社會的體育、武術的教育工作。

許禹生創辦的北京體育研究社人才濟濟，培養學校體育師資，隨即開辦體育講習所，招收大、中、小學校體育教員，進修國術及現代體育。

據《體育研究社略史》記載：「講習所時代，學生均不繳學費，只納少許雜費。」這已帶有公益性質，在當時社會中也是少有的善事。這個舉措在一定程度上緩解了當時社會上體育師資嚴重不足的矛盾，故而得到當時教育部長的贊許，並由教育部撥出專款，在北京西單西斜街重建新的社址。教育部還特別發出通知，責令各地學校或教育機構選派學員來京學習，這無形中為研究社大大增色，使其影響得到擴大，規模也逐漸擴大，成為武術教育的旗幟。

體育研究社以體育講習所形式，為大、中、小學培養了一批既具有西方體育理念，又有中國武術根底的新型體育教師，使中國武術迅速在學校生根發芽，為武術的復興培養了大批人才。

講習所的規模生源不斷壯大，如「一九一九年七月，擴充附設體育講習所，招取中等學習畢業學生，修業年限改為二年，蒙教育部批准並通信各省選送學生」。這是第一所以現代學堂形式傳授武術的專業學校，具有劃時代意義，成為以後民國政府設立體育學校的濫觴與國術館的母本。

北京體育研究吸取西方體育的長處，改進中國武術傳統教學方式，編寫科學合理的武術教材。研究社上書「呈請教育部，規定武術教材並陳管見，蒙批。所擬定武術教材簡而易行，與體育要旨既不相背於生理衛生，亦無抵觸，堪供學校體育參考之用，並通令各省轉飭各學校採用」。

許禹生努力促進土洋體育的結合，他吸取「洋體育」的特點，也曾仿效馬良的二十四式軍體操，創編了「太極拳術單練法」「少林十二式」。他選取武術中的一些單式動作，配以口令，像洋體操一般進行教學。其優點是可以改變

傳統武術單一的教學模式，便於在小學、中學學生中進行集體教學，易於推廣。缺點是捨棄了中華武術的傳統文化，使武術產生質的蛻變，容易滑入洋體操的窠臼。尤其是太極拳，體操化的結果是使太極拳變成了一種簡單的肢體運動，而丟棄了太極拳的傳統文化。

許禹生清醒地認識到這一點，他著手整理了《太極拳勢圖解》，書中不僅介紹太極拳的動作與應用，而且將代表中華文化精粹的太極文化加以注釋宣揚，完整地保存了太極拳的傳統文化，保護了太極拳的健康發展。《太極拳勢圖解》也就成為保持傳統武術文化的楷模，武術家們紛紛研讀效仿，使中國武術在吸取洋體育長處的同時，不至於丟失自己的傳統本色。許禹生的這一貢獻足以彪炳史冊。

開展武術培訓、武術宣傳和武術研究，既遷移了中國傳統武術的發展中心，也開始改變中國傳統武術的傳承方式，開啟了中國傳統武術的體育化之路；武術進入學校教育領域，成為學校體育課的重要內容，是民國初年軍國民教育思想的產物，也是辛亥革命提倡和推行武術的重要成果。由此開始了中國傳統武術的科學化、規範化發展之路。

㈤、以德育人，開武德新風氣

許禹生勇於破除了傳統武術「因襲宗法，師徒秘傳」與「門戶各立，勢同水火」的陋習，提出各派同源的觀點，不爭門戶短長，熔各派武術於一爐，為中國武術的振興夯實了道德基礎。北京體育研究社當時聘請的都是武術界的翹楚，如楊少侯、孫祿堂、楊澄甫、吳鑒泉、劉彩臣、劉恩綬、紀子修、佟瑞甫、張忠元、興石如等人，包攬了各派各路人才，名家雲集。武術界素有狹窄的門派偏見，能否廢除門戶陋習，相互包容，共同為振興武術而出力，這是許禹生面臨的一個重要課題。

許禹生認為：「主義常相同，精神必永聚。」所以，在北京體育研究社成立之初就提出了「以提倡尚武精神，養成健全國民，並專事研究中國舊有武術，使成系統」的宗旨，成為全體社員的共識、團結全體師生員工共同為之奮鬥的目標，教師們的團結也為學生樹立了武德的楷模。

許禹生還強調：「學校教育之主旨，原在訓練學生心身，養其健全精神體魄，使成完全人格者也。」

北京體育研究社關心學生的學習成長，甚至關心他們畢業後的就業生計，讓他們能安心為社會服務、更好地推廣中國武術。比如一九一九年六月，體育研究社呈文教育部：「附設體育講習所第二班學生畢業呈蒙教育部令行京師學務局轉飭各學校儘先聘用。」

許禹生曾在第二班學生畢業典禮上講：「學校宗旨有三：

⑴在提倡中國固有之武術，改善教授，由學校入手，普遍全國社會，期以此尚武之精神，強吾國家，強吾種族。

⑵諸生將來能授各種體育，務須技術與學理並重，闡明體育原理，使生徒知行合一，力避機械式運動。

(3)注重訓育，以身作則，隨時隨地趁機訓練生徒，務期由運動使生徒德知二育間接明體育之效果……吾等既以改善天下體育為己任，以足跡遍天下，方能達此目的。

苟諸生抱此主義而不失，則主義常相同，精神必永聚……至於畢業後之研究辦法，或閱譯書籍，或參觀自鏡，或將心得筆之於書，通函互相討論，或每年同學集會一次，以聯感情……時時通函報告在外一切情形，俾能相為互助，庶能達吾等所期改善體育之目的。為此預祝諸生前途勝利，吾國體育發育，本社與學校有榮光焉。」

「勿忘國粹，將新舊學術治於一爐，以為改良民族之基礎，是所希望者也」，反覆囑咐「主義常相同，精神必永聚」「知行合一」「注重訓育」「德知二育間接明體育之效果」。體現了對學子們的關懷與深切期望。

根據研究社的記錄，「一九一七年一月，北京教育部召開新年茶話會邀請本社社員蒞會表演國技，承贈以尚武精神鏡額。」「一九二一年二月，加入全

國急募賑災款大會，表演國技襄助募款。」「一九二二年八月，大總統因本社及附設體育學校襄助前急募賑災款大會，特頒急公好義匾額二方。」「十月舉行懸掛匾額禮，舉行夏期體育講習會，畢業禮，發給證書。歡迎教育部學制會議各省代表，並贈與出版物表演國技。」等等，可以看出體育研究社透過參加社會公益活動，提高社員的社會責任感，提高武術為社會服務的能動性，提高各武術團體間的友誼交往，促進武術界的團結和諧，處處體現「注重訓育」。真正的體育本是有「體」有「育」的，體以強身、育德樹人。

㈥、開整理研究武術之先河

北京體育研究社教學以「普及武術運動、研究武術理論和拳史、培養武術人材、達到強民報國」為宗旨，廣泛徵集（收購）國術秘本，進行挖掘整理研究。在機構設置中，設有「研究部」，由王丕謨主任等十人組成；「編譯部」有主任楊敞等十一人，後增至二十三人，專職從事編寫教材、研究體育與武術理論、創辦理論研究刊物《體育季刊》等事項。教學研究課目有體育原理、武術理論、體操理論、解剖學、運動生理學、倫理學、國文、音樂、圖畫、軍事學、國技、新式兵操、童子軍、體操、演技、球術、田徑等。一九一七年一月「開會籌備編輯書志事宜」，一九一八年二月《體育季刊》第一期出版；九月第二期出版。一九二〇年四月，第三期出版；一九二一年六月第四期出版。在成立北京國術館後，還辦了《體育月刊》。

許禹生領導的體育研究社創辦了體育雜誌《體育季刊》，這在武術史上是前所未有的。「以為不普及而未周知也，同人等思有以傳播之，集成書冊，定名曰：體育季刊，出書公諸海內，莘莘學子，袞袞名公群提倡而光大之庶，尚武精神振遍神州矣。以體育而出季刊，誠為創舉，特其用意，亦非無見。……」

對於「組織教師編寫武術講義，說明運動原理，用科學的眼光喚起學生對武術的重視與興趣」，許禹生以身作則，親自動手整理編寫《太極拳勢圖解》

《少林十二式》《太極拳（陳式太極拳第五路）》等著作，並在《體育季刊》上發表了「提倡拳術應保持其固有之真精神說」等許多論文，還發表「中國武術史略」「拳術教練法」「羅漢行功法」「太極拳單式練習法」「少林十二式」「神禹劍」等研究文章。當年《體育季刊》這樣的研究性刊物可以說是開天闢地，其影響之大可想而知。

許禹生辦刊物編教材改良武術有其深刻的歷史意義，誠如校董張春霆先生訓詞：「適許校長云，研究武術除練習技能外，更須加以學理之討論，是誠提倡武術之第一要點。惟以前多由口傳，著述極少，欲就書本研究，實有未能，現在書籍既有多種出版，可供參考，則神秘之說，不攻自破，再無誤會可言。今諸君已畢業，尚宜多加研究，從事著述，將來體育革命，武術未始非重要之工具也。諸君離校後，出膺教職，一方為教人，一方為宣傳，須使人人皆知研究武術利益之所在，及其重要之關係。」「以前視武術為神秘的，可意會不可言傳，且加以神仙之誤會，以故不能通用於普通人士，此宜改良者一；第二，中國舊有研究武術者，胸中甚為狹隘，是己非人，且好爭鬥，勝則自雄，敗則報復，此由一般小說及鄉間人士之舉動。」這對推動武術科學的研究與發展是有積極意義的。

又如，「一九二二年二月，開教員會議商籌改良教授方法。九月開第九次評議會夏期體育講習會，會員請求設立小學體育研究會，當大體通過並推定專員研究辦法。同月附設小學體育研究會成立，武術練習班開班。」從這些摘錄也可看出北京研究社的研究風氣和他們對武術教育的貢獻。

許禹生編著的《太極拳勢圖解》，影響尤其大，一時洛陽紙貴，一版再版。當年不少著名人士對他和《太極拳勢圖解》作了評價，簡要摘錄如下，供讀者參考：「許先生對於太極拳術進行認真研究已經有很多年頭，因為看到有志之士缺乏進一步深造的橋樑，就根據他的心得，寫成《太極拳勢圖解》一書，印行於世。」《太極拳法闡宗》滄江釣徒序：「我國國術之妙，首推太極拳，賢愚所共知。而首倡國術救國者，厥惟太極拳宗師許禹生、吳鑒泉諸先生。」蔡元培題：「手此一編，病夫無恐。」

楊敞序：「禹生同學治斯道垂三十年，更能博通內外諸家，識其精義。因強其著書，以餉同志。詳其動作，志其應用，而於推手法尤為重視。三易稿而後書成，名之曰《太極拳勢圖解》。……此禹生之所志也。滄海橫流，萬方多難。明達之士，多逃於釋老以自晦。其亦有聞風興起，由藝而進於道者乎？是書或亦津梁之一也。」

山西王華說：「我國武術，為世界冠。代有名家，苦無專書。……道湮沒而不彰，人欲學而無從，籲可歎已。古燕許禹生先生，……於體育著述已行世者數十種，而《太極拳勢圖解》一書，尤膾炙人口。」

張一麟回憶：「民國成立，識時之士，漸知拳術之為國魂。許君禹生，於各術靡不通曉，而尤精太極一門，一麟曾入其社，為特別社員，時時承許君教益。一日出所著《太極拳圖說》見示，余翻閱一過。以科學分析之眼光，發明其先後疾徐之序，而為圖以表之。大則可強國強種，小則可卻病延年。」

㈦、人無完人，瑕不掩瑜

除了上述讚揚的聲音，也有批評的聲音。那就是許禹生在《太極拳勢圖解》中，抄錄、傳播了宋書銘關於太極源流的一些傳說，當年曾受到唐豪、徐震等學者的批評，認為其散佈了迷信的以偽亂真的有害東西。

徐震認為：「太極拳出於張三豐、韓拱月、許宣平、李道子等說，是這部書傳播開來的。」

「太極拳是誰創造的？這還難於考明。曾經有一時期盛傳是元末明初張三豐所創造。這是把內家拳門傳說中的祖師拉了過來，是不符合歷史事實的。又一說，在張三豐外，還有六朝時韓拱月、唐朝許宣平、李道子等創造的各派。這是出於捏造。這都是袁世凱的門客（給袁家看風水的）宋書銘所做的事。現在已有不少人知道太極拳並非由張三豐等所創造了。」

唐豪在《行健齋隨筆》中回憶：「一九三〇年我曾和許禹生通信討論過辛

亥革命以後出現的宋書銘太極功及張三豐道家與太極拳的來歷問題。許禹生在覆信中承認：『假託以自神其說，而不知其弊，足以混淆聽聞，令人莫知究竟。』當時往來的信件，曾經公開刊出，這就是過去我和張三豐『發展成為太極功』的爭論。」而上述觀點，至今學界仍有不同觀點，仍在爭論。

然而不管怎麼說，許禹生的《太極拳勢圖解》，使太極拳技術有了一個參照和準繩，使得太極拳的技術向著更加規範的方向發展，是太極拳自身科學化發展的具體體現，也對太極拳的普及與發展起到了積極的推動作用。

總之，許禹生對中國武術的貢獻是巨大的，其人其事，值得我們關注和研究。

唐才良　丙申盛夏於浦東

版本說明

一、許禹生著《太極拳勢圖解》一九二一年十二月初版（簡稱《圖解》）。

據北京體育研究社史料記載：早在一九一八年二月，《太極拳勢圖解》的部分內容開始陸續在《體育季刊》上發表。「十年（一九二一年），五月召開第三次評議會，決定印行《太極拳勢圖解》」，「十一年一月，《太極拳勢圖解》正式出版」，版權頁則標明是「民國十年十二月初版」。自一九二一年出版後，十三年中曾五次再版。

一九八四年，北京市中國書店複製出版《太極拳選編》，其中重新刊印《太極拳勢圖解》（簡稱「北中本」），該版標明「據京城印書局一九二一年

版影印」。

二〇〇六年，山西科學技術出版社以原版本與簡體字並行刊印了《太極拳勢圖解》（以下簡稱「山科本」），完整地保留了原著作的風貌，為武術愛好者提供了一份極好的鑒賞、研習和參考的歷史文獻。

二〇一五年，北京科學技術出版社順應國內外研究者對武學典籍的迫切需求，策劃對一些經典古籍版本，透過原件影印、點校、注釋及提供簡體版等方法加以整理，於是《太極拳勢圖解》又一次入選出版計畫。這次校注的是由金仁霖先生提供的版本，以下簡稱「金藏本」。

二、一九八四年，由吳圖南選編影印的《太極拳勢圖解》，雖然標明「據京城印書局一九二一年版影印」，實際上並非是按一九二一年的初版本影印的，因為影印件不僅刪去了傅增湘題寫的封面，連傅的「知柔知剛，萬夫之望」的題詞也一併刪去。同時又將蔡元培先生的題詞，以及袁希濤、劉潛的題詞全都刪去。而在序言部分，卻有一九二八年十月山西汾陽王華寫的序與平江

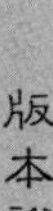

向愷然一九二九年六月寫的序。在跋的部分，有一九二八年十一月北平李劍華寫的跋，而且文中言明「茲值三版之際」。又有一九三一年六月譚兆熊謹跋，有「四版殺青之期」的記錄，顯然已不是一九二一年的版本，而是一九三一年的第四版。

雖然「北中本」刪除了版權頁，模糊了版本確切的年份，但還是可以透過李劍華的跋，得知《圖解》曾在一九二八年第三版印刷出版；從譚兆熊的跋中得知一九三一年版是第四版，並由此推測「北中本」是根據第四版影印的。

三、二〇〇六年的「山科本」，完整地保留了古籍《太極拳勢圖解》第五版的原貌；此本又將古籍原版與簡體本合併刊出，為現代的愛好者與研究者帶來不少方便，是一本很有研究價值的書。比如，由於保留了版權頁，我們可以知曉《圖解》一書，至一九三五年已經再版了五次。至於一九三五年後是否還有再版，由於缺乏實證，無法判斷。

四、本次校注出版的本子，即「金藏本」，是《太極拳勢圖解》的第二版，版權頁標明：民國十年十二月初版，十四年五月再版，定價大洋六角；而民國二十三年第五版，定價為一元。

第二版《圖解》有傅增湘、蔡元培、袁希濤、劉潛的題詞；有張一麟、楊敞、許禹生三人的序和仲瀾氏瑞沅一人的跋。雖然此版本與其他版本格局大致相同，但細微處，如空白頁的補白插畫有所變動：其中，原本第六頁是早期雙翼飛行器；第二十二頁，打著軍旗的騎兵；第六十頁，揚帆搖船的漁夫，在第二版以後的再版中，都換成花草圖畫。

第五版著者肖像與第二版的著者肖像，雖仍是許禹生，但拍攝時間不同，第五版肖像年齡稍長。以後的各次再版，除序、跋的增加和插圖、著者肖像等更新外，其他文字（除一些錯字外）、拳架示意圖等，基本保持了一九二一年初版《太極拳勢圖解》原貌。

五、《太極拳勢圖解》中第六章「太極拳拳經詳注」，許禹生先生對拳經已作詳細注解，又近百年來，對拳經的注解早已是汗牛充棟，所以本次對這部分只作簡略校注。

六、《太極拳勢圖解》是我國最早的太極拳教材。有些學者認為「《太極拳勢圖解》其拳勢為楊健侯所授，計七十四勢，每一拳勢都有圖解，從中可以瞭解楊健侯拳勢和練法應用」，而從《太極拳勢圖解》動作示意圖分析，《太極拳勢圖解》中的拳架，是依照楊澄甫早期拳架為範本手工繪製而成的。總之，《太極拳勢圖解》的架式是研究楊家太極拳的重要資料，也是本次校注的重點。

第二版著者肖像

第五版著者肖像

辛酉七月①

太極拳勢圖解②

傅增湘

【注釋】

①辛酉七月：即一九二一年七月。

②許禹生著《太極拳勢圖解》，封面由傅增湘題寫。傅增湘曾擔任北洋政府教育總長，傅支持許北京體育研究社的多次提案：支援中國「舊有體育」（武術）進學校；支持創辦「北平體育講習所」，培養武術師資人才；撥款支持武術研究刊物《體育季刊》與武術研究之風。從封面題寫可見，民國初期，中國武術重整旗鼓，以及許禹生推廣武術的活動，都得到教育界精英的贊許、支持。

新中國成立後，翻印《太極拳勢圖解》時，北中本、山科本都刪去了傅題寫的封面，這次校注本恢復歷史原貌。

知柔知剛
萬夫之望

傅增湘①題

【注釋】

①傅增湘：一八七二——一九四九年，四川瀘州江安人（今屬宜賓）。字沅叔，別署雙鑒樓主人、藏園居士、藏園老人、清泉逸叟、長春室主人等。

傅增湘工書，善文，精鑒賞，富收藏。以藏書為大宗，一生藏宋金刻本一百五十餘種，四千六百餘卷；元刻本善本數十種，三千七百餘卷；明清精刻本、抄本、校本更多，總數達二十萬卷以上，是晚清以來繼陸心源皕宋樓、丁丙八千卷樓、楊氏海源閣、瞿氏鐵琴銅劍樓之後的又一大家。他無論是在藏書、校書方面，還是目錄學、版本學方面，堪稱一代宗主。著有《藏園瞥目》《藏園東遊別錄》《雙鑒樓雜詠》等。

傅增湘先生的書法以楷書和行書為主。楷書相容歐、柳，晚年又間魏碑筆意，字跡端莊典雅。行書以二王為基礎，融唐碑筆意，於俊秀中添加了豪氣，在轉折處頗見楷書功底。傅增湘為許禹生《太極拳勢圖解》題寫的書名和題詞「知柔知剛，萬夫之望」，即是書法佳品。

題詞

蔡元培

教育三綱體育特重康彊其身智德可用鴻範曰弱六疾是統小雅所譏無拳無勇五禽體戲華佗遵奉陶侃文士百甓日擁古義不廢新知尤家手此一編病夫無恐

題詞

教育三綱，體育特重。康強其身，智德可用。鴻範①曰弱，六疾是統。《小雅》②所譏，無拳無勇。五禽體戲③，華佗遵奉。陶侃④文士，百甓⑤曰擁。古義不匱，新知尤眾，手此一編，病夫無恐。

蔡元培⑥

【注釋】

①鴻範：謂治理天下的大法。《史記·宋微子世家》：「在昔鯀陻鴻水，汨陳其五行，帝乃震怒，不從鴻範九等，常倫所斁。鯀則殛死，禹乃嗣興。」

裴駰集解引鄭玄曰：「天以鯀如是，乃震動其威怒，不與天道大法九類，言王所問所由敗也。」

②《小雅》：詩經的一部分，為先秦時代華夏族詩歌，共有七十四篇，創作於西周初年至末年，以西周末年厲、宣、幽王時期為多。《小雅》中一部分詩歌與《國風》類似，其中最突出的，是關於戰爭和勞役的作品。《詩經》是中國文學史上第一部詩歌總集。

③五禽體戲：五禽戲，是由東漢末年著名醫學家華佗根據中醫原理，模仿虎、鹿、熊、猿、鳥五種動物的動作和神態編創的一套導引術。「禽」指禽獸，古代泛指動物；「戲」在古代是指歌舞雜技之類的活動，在此指特殊的運動方式。二〇一一年五月二十三日，華佗五禽戲經國務院批准列入第三批國家級非物質文化遺產名錄。

④陶侃：陶侃（二五九—三三四年），字士行（一作士衡）。本為鄱陽郡梟陽縣（今江西都昌）人，後徙居廬江潯陽（今江西九江西）。東晉時期名將。

⑤百甓：出自典故「陶侃運甓」，用來形容不安於悠閒的生活，勵志勤力，磨鍊自己。見《晉書》卷六十六《陶侃列傳》。

⑥蔡元培：一八六八—一九四〇年，字鶴卿，又字仲申、民友、孑民，乳名阿培，並曾化名蔡振、周子餘，漢族，浙江紹興山陰縣（今浙江紹興）人，原籍浙江諸暨。中華民國首任教育總長，一九一六—一九二七年任北京大學校長，革新北大開學術與自由之風；一九二〇—一九三〇年，蔡元培同時兼任中法大學校長。他早年參加反清朝帝制的革命，民國初年主持制定了中國近代高等教育的第一個法令——《大學令》。

北伐時期，國民政府定都南京後，他主持教育行政委員會、籌設中華民國大學院及中央研究院，主導教育及學術體制改革。一九二八—一九四〇年專任中央研究院院長，貫徹對學術研究的主張。蔡元培數度赴德國和法國留學、考察，研究哲學、文學、美學、心理學和文化史，為他致力於改革封建教育奠定了思想理論基礎。一九四〇年三月五日在香港病逝，葬香港仔山巔華人公墓。

題詞

在昔角牴。意存鈎奇。曳牛搏豜。徒勇何爲。嗟彼武術。損益然疑。發揮光大。其在是時。教誨有度。調一罄宜。桓桓學子。天馬得羈。克剛克柔。以遨以嬉。筋骨互運。心力互追。著者楮墨。法無所遺。流傳萬本。並詔來茲。表斯微尚。請鑒於詩。天之方懠。無爲夸毗。

袁希濤

題 詞

在昔角牴①，意存釣奇②。曳牛搏猏③，徒勇何為。嗟彼武術，損益然疑。發揮光大，其在是時。教誨有度，調一繫宜④。桓桓學子，天馬得羈⑤。克剛克柔，以遨以嬉。筋骨互運，心力互追。著者楮墨⑥，法無所遺。流傳萬本，並詔來茲。表斯微尚，請鑒於詩。天之方懠，無為夸毗⑦。

袁希濤⑧

【注釋】

①角牴：即角抵。角抵一詞來源於「以角抵人」，是一種類似現在摔跤、

相撲一類的兩兩較力的活動。角抵最初是一種作戰技能，後來成為訓練兵士的方法，又演變為民間競技，帶有娛樂性質。

②釣奇：謂謀取巨利。司馬貞索隱：「釣者，以取魚喻也。奇即上云『此奇貨可居』也。」

③摶狷：原文為「摶豣」，摶，音ㄊㄨㄢˊ，此處應為「搏」之誤。豣，音ㄐㄧㄢ，或ㄧㄢˋ，同「狷」字，《廣韻》俗「豣」字，三歲大豬。

④罊宜：罊，音ㄑㄧㄥˋ「盡」之意。「罊宜」就是「盡宜」的意思。顧炎武認為，「罊無不宜，宜室家，宜兄弟，宜子孫，宜民人也」。

⑤天馬得羈：「天馬」在古文獻中多為星辰的名字，也可作「神馬」之意。漢武帝時代稱西域汗血馬為「天馬」。「弗羈」出自唐代司空圖的《二十四詩品》：「惟性所宅，直取弗羈，控物自富，與率為期」。「天馬弗羈」，通常解釋是天才的人物天馬行空，不受羈束。「天馬弗羈」用於形容詩文，表氣勢豪放之意，而用於比喻人則有浮躁、不踏實之意。其實，「弗」，據《漢典》是兩

根不平直之物，以繩索束縛之，使之平直，其本意是「矯枉、校正、有所約束」。袁希濤此處用「桓桓學子，天馬得羈」，用意或許是：太極拳能使勇武的學子，不僅可以學到健體與自衛的本領，還可以修身立命，提升涵養品質。

⑥楮墨：楮，音ㄔㄨˇ，楮樹，喬木，樹皮是製造紙的原料，這裡作紙的解釋。楮墨，紙和墨，也指詩文書畫，如「一生常耽楮墨間」。

⑦天之方懠，無為夸毗：語出《詩經·板》。懠，音ㄑㄧˊ，憤怒。夸毗，夸同「誇」字，音ㄎㄨㄚ ㄆㄧˊ，是單個漢語詞彙，意指以諂諛、卑屈取媚於人。

⑧袁希濤：一八六六—一九三〇年，江蘇寶山（今屬上海市）城廂人。字觀瀾，又名鶴齡。清末民初教育家。

清光緒二十三年(一八九七年)袁希濤考中了舉人，在上海廣方言館任漢文教習，從此時接觸新學並注重教育。

一九一一年，辛亥革命後，袁希濤與黃炎培一起參與江蘇省教育設施事宜。

一九一二年，應教育總長蔡元培之邀約，赴北京任教育部普通教育司司長，主張高等師範學校國立。一九一八年，第一次世界大戰，我國對德宣戰，他主持收德人創辦的同濟醫工學堂（現同濟大學）為國立同濟大學，在吳淞建校，任同濟大學第五任校長。後又在吳淞積極參與籌辦復旦公學（現復旦大學），擔任復旦公學第一任教務長，輔助馬相伯先生。籌設復旦公學，累積負債六千餘兩，無人承擔，都由他逐年償還。

袁希濤晚年在人文社編審史料，著作有《義務教育商榷》《新學制與各國學制比較》《歐美各國教育考察記》《遊五臺山記》等。

袁希濤於一九三〇年八月二十九日病逝。黃炎培先評價他：「謀己不工，謀人則忠，其識通，其抱沖，其建於群也豊，顧不得於一國而一省而一里一井，茍死而教育成也。先生其瞑。」

題詞

屹矣金臺。燕趙舊都。武勇是尙。施及吾徒。觥觥國技。與古爲新。數典而忘。乃乞諸鄰。北方之強。誰與首倡。許子之功。頡頏馬帳。首善結社。聲氣應求。精研三育。同澤同仇。不有高文。何以行遠。一紙風傳。桑榆非晚。武士有會。斯道以傳。強國之容。請視此編。

劉潛

題詞

劉　潛

屹矣金台①，燕趙舊都。武勇是尚，施及吾徒。觥觥②國技，與古為新。數典而忘，乃乞諸鄰。北方之強，誰與首倡。許子之功，頡頏③馬帳④。首善結社，聲氣應求。精研三育，同澤同仇。不有高文，何以行遠。一紙風傳，桑榆⑤非晚。武士有會，斯道以傳。強國之容，請視此編。

【注釋】

①金台：人物眞偽不祥，北宋武學奇才，是傳說中中國武學第一人，號稱武功古今天下第一，有「王不過項，將不過李，拳不過金」之說。

②觥觥：音ㄍㄨㄥ ㄍㄨㄥ，勇武的樣子，出自章炳麟《山陰徐君歌》：「觥觥我君，手執彈丸。」

③頡頏：音ㄒㄧㄝˊ ㄏㄤˊ，原指鳥上下翻飛，引申為不相上下，互相抗衡。

④馬帳：指通儒的書齋或儒者傳業授徒之所。《後漢書‧馬融傳》：「融才高博洽，為世通儒，教養諸生，常有千數……善鼓琴，好吹笛，達生任性，不拘儒者之節。居宇器服，多存侈飾。常坐高堂，施絳紗帳，前授生徒，後列女樂，弟子以次相傳，鮮有入其室者。」元‧丁復《送客》詩：「馬帳朋方集，麟經講未殘。」清‧趙翼《王夢樓挽詩》：「生有笙歌矜馬帳，死猶詩句在雞林。」余疚儂《步石予先生送行原韻》：「吳門風雨今三載，馬帳笙歌舊念年。」

⑤桑榆：日落時光照桑榆樹端，因以指日暮。比喻晚年、垂老之年。

按：以上傅增湘、蔡元培、袁希濤、劉潛四人題詞曾在一九一八年《體育季刊》第一期上發表。

序

往嘗讀周禮及司馬法之軍制，試以次國二軍為平均率，則每國當有二萬五千人之兵額，百國即有二百五十萬人。若以千八百國計，則勝兵者殆四千萬，當今全國男子總數十之五矣。

又嘗讀《戰國策》，齊、秦、燕、趙、韓、魏、楚七國，國必有帶甲百萬，技擊數十萬，蒼頭數萬。若以今全國男子二萬萬例之，則吾國當有勝兵之男子千萬矣。

日俄之戰，旅順、遼陽諸役，肉搏相爭，論者以日之勝俄，歸功於柔道（見日人所著肉彈）。柔道者，即吾技擊相傳之一。故吾而不欲自衛則已，苟欲自衛，則德育、智育、體育三者之中，尤以體育為最要。

自秦政一統，世主忘人民之尚武，去古者兵農合一之時益遠。國人多偷惰委靡，霸天下者乃大歡。適以與東西列強接觸，遂不寒而慄，不吹而僵，誰之咎也！

民國成立，識時之士，漸知拳術之為國魂。許君禹生，於各術靡不通曉，而尤精太極一門，一麟曾入其社，為特別社員，時時承許君教益。

一日出所著《太極拳圖說》見示，余繙①閱一過。以科學分析之眼光，發明其先後疾徐之序，而為圖以表之。大則可強國強種，小則可卻病延年。前見徐君棫所撰拳術與力學之關係，借力學槓桿之理，解太極避實擊虛之法，藝而幾進乎道。

惜其書僅一見於《體育季刊》②中，未窺全豹。今許君圖解，裒然完帙③。其視徐君所撰，如車有輪，如鳥有翼，即孱弱如不佞，亦能振懦而起衰，世之學者，可以興矣。

但使吾國男女四萬萬人，分其飲博徵逐④之精神，以從事於此道，即有百分之一，鍥而不捨，已足抵成周兵額十分之一。且此四百萬者，皆非遊手坐食之徒，何渠不足以自衛耶！質諸許君，以為何如。

中華民國十年孟秋吳縣張一麐⑤序

【注釋】

①繙：同「翻」。

②《體育季刊》：由許禹生組織的北京體育研究社創辦，一九一七年二月出版第一期，九月出版第二期，一九一九年四月出第三期，一九二〇年六月出第四期。《太極拳勢圖解》的部分內容，如「太極拳經詳注」「太極拳術單式練習法」等，已先於《體育季刊》上發表。

③裒然完帙：裒然，音ㄧㄡˋ ㄖㄢˊ，美好出衆的樣子；帙，音ㄓˋ，書、畫的封套，用布帛製成；完帙，一本完好無缺的書或者畫作品。

④飲博徵逐：飲博，飲博遊戲。徵，約之來；逐，隨之去。徵逐，往來頻

繁。

⑤張一麐：麐同「麟」字。生於一八六七年，卒於一九四三年，江蘇吳縣（今蘇州）人，字仲仁，號民傭，一號公紱、江東阿斗、大圜居士、紅梅閣主等。張一麐雅好藏書，早年曾收藏有海寧藏書舊家許克勤藏書，在北京任職時，又陸續購藏有名家文集和方志，先後逾萬冊，分別藏於北京和吳縣的古紅梅閣中。他生前好為詩，善談兵。抗日戰爭開始後，凡事都以詩記之。著有《心太平室詩文鈔》《現代兵事集》《古紅梅閣別集》等。

序

拳技有內外兩家①。外家祖達摩②祖師，曰少林派。內家祖張三豐③先生，曰武當派。其所資為師承之具者，不外乎著與勁。形於外者為著，蘊於內者為勁。著其質也，勁其氣也。著其體也，勁其用也。氣質兼修，體用皆備，而後可以言拳。

外家與內家之別，即以著與勁二者言之。外家精於著，內家邃於勁。猶漢儒之重訓詁④，宋儒之明性理⑤，雖各有獨到之處，要亦並行而不悖。世人不察，以為外家主剛，內家主柔，烏知剛柔不可偏重，且亦未嘗須臾離哉。

太極十三式，傳自張三豐，張固道家者流，故其論太極拳曰：「人剛我柔謂之走，我順人背謂之黏。」又曰：「由著熟而漸悟懂勁，由懂勁而階及神明。」走也、黏也，皆當於勁中求之。必也感覺靈敏，無有窒礙，而後可謂之懂勁；必也隨機因應，一任自然，而後可謂之階及神明，與老子所謂「常無欲以觀其妙，常有欲以觀其徼」之旨，正無以異。拳家論勁，至此境界，亦可謂臻無上上乘矣。

惟其陳義極高，說理極細，故習之者殊難計日程功。嘗見有人以為習太極拳只須懂勁，好高騖遠，專致力於推手，而於身手步法，略不注意。習之數年，疲弱如故，甚至不能與習他拳數月者一角。此皆誤於內家主柔之說，而不求姿勢正確著法純熟之所致也。

禹生同學治斯道垂三十年，更能博通內外諸家，識其精義，因強其著書，以饗同志。詳其動作，誌其應用，而於推手法尤為重視。三易稿而後書成，名之曰《太極拳勢圖解》。

讀者苟能悉心體會，豁然貫通，著既熟矣，更習推手，以求懂勁，自不難階及神明。即使無暇更習推手，亦當使此十三式著著皆能任意運用，游刃有餘，始可謂極熟著之能事，此禹生之所志也。

滄海橫流，萬方多難。明達之士，多逃於釋老⑥以自晦。其亦有聞風興起，由藝而進於道者乎？是書或亦津梁⑦之一也。

民國十年歲次辛酉孟秋湘潭楊敞⑧序於都門

【注釋】

①拳技有內外兩家：其出處是根據《王征南墓誌銘》中說的「少林以拳勇名天下，然主於搏人，人亦得以乘之。有所謂內家拳者，以靜制動，犯者應手即仆，故別於少林為外家」，《寧波府志》張松溪傳「蓋拳勇之術有二：一為外家，一為內家。外家則少林為盛，其法主於搏人，而跳踉奮躍，或失之疏，故往往為人所乘。內家則松溪之傳為正，其法主於禦敵，非遇困危則不發，發則所當必靡，無隙可乘，故內家之術為尤善」而來。此種將拳術劃分「內家」與「外

家」的說法，對武術史的研究影響頗深。

②達摩：原名菩提多羅，後改名菩提達摩，自稱佛傳禪宗第二十八祖，是大乘佛教中國禪宗的始祖，故中國的禪宗又稱達摩宗。他生於南天竺（印度），剎帝利族，傳說他是香至王的第三子，出家後傾心大乘佛法，從般若多羅大師。南朝梁・普通年中（五二〇—五二六年，一說南朝宋末），他自印度航海到達廣州，從這裡北行至北魏，到處以禪法教人。少林等外功拳尊達摩為祖師。

③張三豐：又名張三峰，是頗有爭議的人物。傳說生於南宋理宗淳祐七年（一二四七年），名君實，字全一（此為一說，另一說法為君寶），別號葆和容忍。元末明初儒者、武當山道士。善書畫，工詩詞。另有一說其為福建邵武人，名子沖，一名元實，三豐其號。也有人說他一二六四年出生於今阜新蒙古族自治縣塔營子鄉。

張三豐被尊為武當派開山祖師，明英宗賜號「通微顯化眞人」；明憲宗特封號為「韜光尚志眞仙」；明世宗贈封他為「清虛元妙眞君」。

有學者研究認為：「三」與「豐」暗合八卦乾坤二象，故借用三豐為太極文化的符號，並非指具體的人物。太極拳界附會仙說尊三豐為祖師，是民間崇拜眞武大帝的移情替代，是一種信仰崇拜。

④訓詁：對字句（主要是對古書字句）作解釋。

⑤性理：人性與天理。指宋儒性理之學。宋．陳善《捫虱新話．本朝文章亦三變》：「唐文章三變，本朝文章亦三變矣，荊公以經術，東坡以議論，程氏以性理，三者要各自立門戶，不相蹈襲。」明．李贄《與友人書》「（利西泰）凡我國書籍無不讀，請先輩與訂音釋，請明於『四書』性理者解其大義，又請明於『六經』疏義者通其解說。」孫犁《秀露集．關於兒童文學》：「他們有時教子弟性理之學。」

⑥釋老：釋迦牟尼，代指佛教。

⑦津梁：出自《國語．晉語二》：「豈謂君無有，亦為君之東遊津梁之上，無有難急也。」意思是在橋樑之上，便可接引而過，化解了所有的障礙。

「津梁」即一個便利通向彼岸的橋樑。

⑧楊敞：一八八六—一九六五年，字季子，湖南湘潭人，精八卦掌、岳氏散手，是北京體育研究社骨幹，編譯部主任；又是清末民初著名的詩人，曾寫有「當初誰知太極拳，譚公療疾始流傳。公令推行太極拳，而今武術莫能先。誰知豫北陳家技，卻賴冀南楊氏傳。」「都門太極舊尊楊，遲緩柔和擅勝場。不意陳君標異幟，纏絲勁勢特別強。」等詩句，楊敞的詩文在武術界廣為傳播，影響頗大，對研究太極拳史頗有參考價值。

楊敞之友毓瑔，寡交遊，曾說：「交不貴多，得一人可勝千百人。予生平知己，楊季子一人而已。」

自序

余幼孱弱多疾病，因遍閱養生之書，節飲食，慎起居，若是者累年，卒未收效。尋得《華陀五禽經》①《達摩易筋經》②《八段錦》③諸書，從事練習，然均有圖無說，精意不傳，勉強摹仿，效亦甚尠④，遂未竟學。後乃從事外家拳術，習技擊，事跳躍，於是身體稍壯，然苦於鍛鍊之猛，稍輟而疾復作⑤矣，始知亦非良法。最後得內家拳術，即世所謂太極功者。俯仰屈伸，以意導氣，簡而易習，柔而省力。習未期年，而宿疾盡癒，效至巨矣。其拳每勢運動，均有節拍可循，而前後聯絡，宛如一氣呵成。呼吸與動作，相為激盪，氣血筋骸，活潑無滯，殆深得古導引術之意者。其動作之剛柔進退，陰陽虛實，實合周易太極之理。而對敵之時，因勢利導，應機而發，批隙導窾⑥，悉中肯綮⑦，誠莊子所謂技而近乎道者也。因為圖解，公之於世。雖於古人之意未必盡合，而善習者未始不可借為入道之階，閱者勿專視為拳技也可。

中華民國十年秋古燕許龗厚敘於京師體育研究社

【注釋】

①《華陀五禽經》：又稱華佗五禽戲，是由東漢末年著名醫學家華佗根據中醫原理，以模仿虎、鹿、熊、猿、鳥五種動物的動作和神態編創的一套導引術。「禽」指禽獸，古代泛指動物；「戲」在古代指歌舞雜技之類的活動，在此指特殊的運動方式。

②《達摩易筋經》：少林寺衆僧演練的最早功法之一。經過千餘年之實踐證明，確有養生之益，傳說是達摩所創。習練此功，可以使人體的神、體、氣三者周密地結合起來，使五臟六腑、十二經脈及全身得到充分的調理，有平衡陰

陽、舒筋活絡之功能，從而達到健體、抗疫祛病、抵禦早衰、延年益壽之目的。

③《八段錦》：在我國古老的導引術中，八段錦是流傳最廣、對導引術發展影響最大的一種。八段錦有坐八段錦與立八段錦、北八段錦與南八段錦、文八段錦與武八段錦、少林八段錦與太極八段錦之別。

④尠：本版此字音ㄒㄧㄢˇ，合成字，同「鮮」，指稀有的、罕見的。

⑤復作：本版此二字殘缺，疑為「復作」，再版中均印為「又作」。

⑥批隙導窾：窾音ㄎㄨㄤˇ，出自《莊子．養生主》，批，擊；隙，空隙；導，就勢分解；窾，骨節空處。比喻善於從關鍵處入手，順利解決問題。

⑦肯綮：音ㄎㄣˇㄑㄧㄥˋ，典出《莊子集釋》卷二上《內篇．養生主》。「肯，著骨肉。綮，猶結處也。」後遂以「肯綮」指筋骨結合的地方，比喻要害或最重要的關鍵。

凡例

⊙本書各章，前經登入《體育季刊》，原擬俟全書登畢，再行彙集出版，嗣因閱者時加督促，倉卒付印，冗濫闕略之處，在所不免，倘蒙方家錫①以教言，實所慶幸。

⊙本書分上下兩編，上編係說明太極拳之由來及其原理，下編係就太極拳路各姿勢繪圖說明，並附推手諸法。

⊙本書博採眾長，不拘己見，於拳勢純取開展姿勢，以便學者。

⊙太極拳最重聯貫，本書為便於解釋起見，將各勢動作分段說明，學者練習時，仍宜連續行之。

⊙本書說明拳式動作，多取通行術語，間有創製者，務期適合原意。

⊙本書採入太極衍易各圖，專取可以印證拳術之處，以資閱者參考。

⊙編輯是書時，北京體育研究社教員紀子修②、楊夢祥③、吳鑒泉④、劉恩綬、劉彩臣諸君，均備諮詢，社員郭志雲、郎晉墀二君，擔任繪圖，楊季子、葉膺唐二君，擔任修正，伊見思、許小魯二君，擔任校刊。

編者識

【注釋】

①錫：通「賜」。《爾邪釋詁》：錫，賜也，錫即賜之假借。《公羊》莊元年傳：「錫者何？賜也。」

②紀子修：字子修（一八四五—一九二二年），滿洲正白旗人，自小喜歡武技，年少時曾學習彈腿及花拳，同治四年（一八六五年），入清廷軍營當衛士，從雄縣劉仕俊學岳氏散手，習之九年，技乃大成。紀子修功夫精到，更會虎

縱及過車等功夫，臂能承車，人稱「鐵臂紀」。

同治六年（一八六七年），紀子修以技擢護軍校，從楊露禪學太極十三式，勤練不輟，遂將太極拳之綿柔與岳氏散手之剛整匯為一體，剛柔並濟，功夫更上一層。除此以外，紀子修還精於形意、八卦等技。民國五年（一九一六年），紀子修與吳鑒泉、許禹生、劉恩綬、劉彩臣、姜殿臣、孫祿堂、楊少侯等人共組北京體育講習所，提倡研究國術並在高等師範學校、醫學專門學校、京師第一中學校、北京體育學校等校教授武術。

③楊夢祥：即楊兆熊（一八六二——一九三〇年），字夢祥，晚字少侯，楊澄甫之長兄。七歲時即習家傳太極拳術。性情剛烈直快，好勝要強。推手時喜發人，亦精擅散手，有乃伯遺風，功屬楊門上乘。拳架小而剛，動作快而沉，處處求緊湊。其教人者亦然。因好出手即攻，學者多不能受，故從學甚少。對於借勁、化勁、冷勁、截勁等，確有深功。惜不願多傳，故知之者稀。有一子，名振聲。

④吳鑒泉：一八七〇—一九四二年，本名烏佳哈拉·愛紳，滿族，河北大興人。民國後隨漢人習俗改姓「吳」（因為「吳」與「烏」諧音），他的父親吳全佑是太極拳高手。吳鑒泉自幼跟父親學習小架太極拳，一九一二年，在北京體育研究社教授太極拳。一九二八年，被上海精武會和國術館聘為教授。一九三三起，創設鑒泉太極拳社。

按：關於吳鑒泉的太極拳的傳承問題，于志鈞在《中國傳統武術史》第三二四頁，把吳圖南說成是「宋氏太極拳的傳人」，「鑒泉先生承父（全佑）學，後拜宋書銘先生為師學習宋氏太極功，深得奧妙。」「他們的太極拳就由楊氏改為宋氏」。

那麼，吳式太極拳眞的是由「楊氏改為宋氏」，成為「宋氏太極拳」的嗎？看吳鑒泉的學生徐致一的回答，見一九三五年十二月二十二日《徐致一關於太極拳派分問題復函田鎮峰》：「不過兄說上海有一個吳派，我卻不能不說明幾句，吳（鑒泉）先生的功夫不夠成派，及吳先生的成派，是不是公認的事實，我在此不想說它，我所要說明的，是吳先生常常對人說，他的太極拳是從楊家學來的，可見得吳先生自己沒有稱派的意思（至少沒有表示）。至於吳先生的學生們，據我所曉得的，也沒有說吳先生的太極拳與人不同，應該自己成一派的。學生中讚美吳先生功夫好的，卻不能說沒有，但說得過於離奇的也沒有，如果外面有人說上海吳派，只能認為外界代吳先生造作派別，吳先生同他的學生們，都不應該負責的，兄說對不對？」

因此，吳鑒泉即使曾向宋書銘以後輩禮向長者請教，但並不等於改換門庭，談不上「他們的太極拳就由楊氏改為宋氏」。「吳先生常常對人說，他的太極拳是從楊家學來的」，說明他並沒有數典忘祖，他的拳並沒有「由楊氏改為宋氏」。

著者肖像

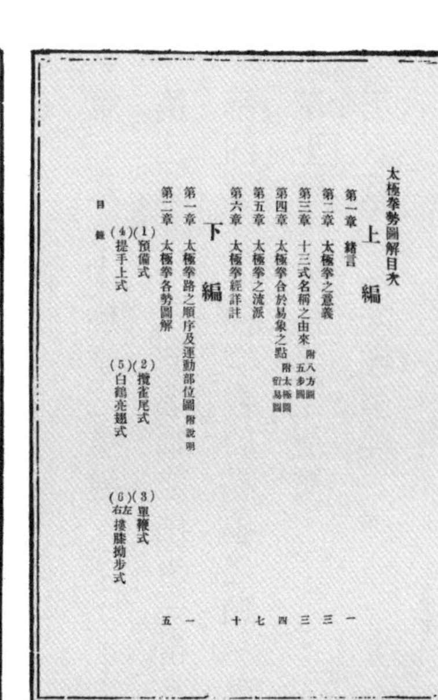

太極拳勢圖解目次

上編

下編

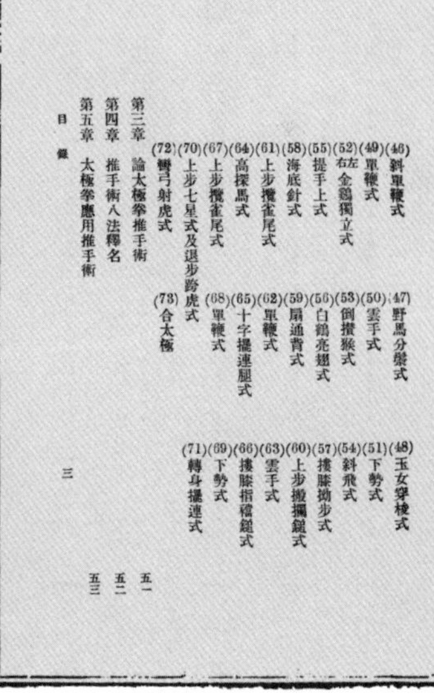

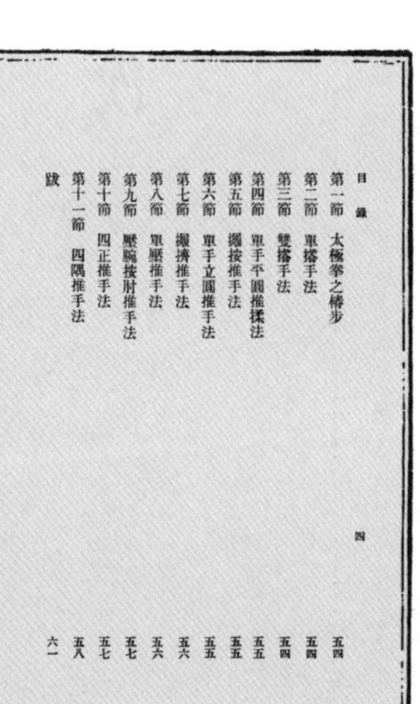

太極拳勢圖解 目次

下編……一六七

【注釋】

①彆：簡體作「別」，陳微明一九二五年出版的《太極拳術》等都改作「撇」，本書統作「撇」。

②第二版「上步搬攔錘式」順序編號為(60)，而以後再版中，在「扇通背式」與「上步搬攔錘式」之間，補增了「(60)撇身錘式」一式。「上步搬攔錘式」改作(61)，其他順延。原第二版全套收尾為「(73)合太極」，以後再版為「(74)合太極」。核對「第一章太極拳路之順序及運動部點陣圖」，在「扇通背式」與「上步搬攔錘式」之間，原本是有「撇身錘式」一式，是第一版在編寫動作順序

目錄時遺漏的。

③原文「連」，後都改作「蓮」。

按：《太極拳勢圖解》太極拳目錄七十三式，實際七十四式，漏寫⑹撇身錘式。但根據陳微明先生在《太極劍》一書中披露「楊澄甫先生所授太極拳長拳目錄」是五十九式，而且有幾式名稱也有不同，套路結構也相差很大，說明楊澄甫早期的拳架與中年的（一九二一年）也有許多不同，楊澄甫的大架不是一下子形成並定型的，是經過一段時間不斷調整磨合，逐步完善的。下面將目錄抄錄附後，並附陳微明《太極拳術》的拳架目錄，供讀者分析研究。

楊澄甫所授太極拳長拳目錄：

攬雀尾、雲手、摟膝拗步、琵琶式、進步搬攔錘、播箕式、十字手、抱虎歸山、單鞭、提手、肘下錘、摟膝打錘、轉身蹬腳、進步指襠錘、野馬分鬃、進步攬雀尾、單鞭、玉女穿梭、攬雀尾、轉身野馬分鬃、轉身單鞭下式、金雞獨立倒攆猴頭、斜飛式、提手、白鶴晾翅、摟膝拗步、海底珍珠、扇通背、撇身錘、上步搬攔錘、進步攬雀尾、單鞭、雲手、單鞭、高探馬、左右蹬脚、轉身蹬脚、左右摟膝、雙叉手、轉身踢脚、左打虎式、雙風貫耳、左蹬脚、轉身蹬脚、上步搬攔錘、上步攬雀尾、高探馬、十字腿、上步攬雀尾、單鞭下式、上步七星、下步跨虎、轉身擺蓮、彎弓射雁、上步搬攔錘、播箕式、十字手、合太極。

陳微明《太極拳術》（一九二五年版）目錄：

太極起式、攬雀尾、單鞭、提手、白鶴亮翅、摟膝拗步、手揮琵琶、左右摟膝拗步、手揮琵琶、進步搬攔錘、如封似閉、十字手、抱虎歸山、肘底看錘、左右倒攆猴、斜飛式、提手、白鶴亮翅、摟膝拗步、海底針、扇通背、撇身錘、上步搬攔錘、攬雀尾、單鞭、左右雲手、單鞭、高探馬、左右分脚、轉身蹬脚、左右摟膝拗步、進步栽錘、翻身白蛇吐信、上步搬攔錘、蹬脚、左右披身伏虎式、回身蹬脚、雙風貫耳、左蹬脚、轉身蹬脚、上步搬攔錘、如封似閉、十字手、抱虎歸山、斜單鞭、左右野馬分鬃、上步攬雀尾、單鞭、玉女穿梭、上步攬雀尾、單鞭、雲手、單鞭下勢、金雞獨立、倒攆猴、斜飛勢、提手、白鶴亮翅、摟膝拗步、海底針、扇通臂、撇身錘、上步搬攔錘、攬雀尾、單鞭、雲手、單鞭、高探馬、十字腿、摟膝指襠錘、上勢攬雀尾、單鞭下勢、上步七星、退步跨虎、轉腳擺蓮、彎弓射虎、上步搬攔錘、如封似閉、十字手、合太極。

上編

第一章　緒言

昔河出圖而八卦畫。洛呈書而九疇敘。孔子因之以作周易。易雖本諸卜筮之說。而萬事之理。則已悉具其中矣。然因卦作說。無提綱絜領之要。後人不能融會貫通。各執一說。每入歧途。周子憂之。默契道體。根極要領。作太極圖說。使天理之微。人倫之著。事務之衆。鬼神之幽。莫不洞然。畢貫於一。誠言哲學者之鼻祖也。我國拳術發明最早。而迄今反無統一之術者。蓋緣後世學者。言術而不言理。視爲技藝。而不用作鍛鍊身心之具耳。孜拳術之由來。蓋出於古之導引術。當上古醫藥尚未發明。人偶爲六氣所中。榮衛失宜。氣血聚而爲病。則屈伸俯仰。以意導氣。舒其所凝滯之處。使通暢焉。則疾自愈。故名爲導引。昔伏羲命陰康作大舞。展舒肢體。以愈民疾。黃帝作內經。採按摩導引諸法。以濟針砭酒醴之所窮。蓋皆本體育原理。以運動戰勝疾病也。莊子曰。吐故納新。熊經鳥申。則合於呼吸運動矣。漢華陀因推廣之。以作五禽經。(虎鹿猿熊鳥是也)其謂吳普之言曰。『人體欲得勞動。但不當使極耳。動則

穀氣得消。血脈流通。病不得生。譬如戶樞終不朽也。是以古之仙者。爲導引之事。引挽要體。動諸關節。以求難老。吾有一術。名曰五禽之圖。覺體有不快。則起作一禽之戲。怡而汗出。即輕便而欲食矣。』吳從而學之。年九十餘。而耳目聰明。少林寺僧人承其意。融合達摩所傳散手。而作五拳。(龍虎豹蛇鶴)然注重應用。(詳少林拳術秘訣)已失體育之原意矣。然宋元以來。言技藝者多祖述之。自寺焚之後。僧徒星散。黠者巧爲附會。各執一是。派別繁多。而少林眞傳。反因之湮沒。元之季世。有隱君子者。曰張三丰先生。本儒家太極之理。融會各家之長。納五行八卦於拳術步法方位之中。而以太極之陰陽剛柔動靜。喻其作用。提綱絜領。名爲內家。蓋所以別於方外也。就着勢言之。太極拳固無異於各家拳術。然其運動行氣。純以虛靜勝人。注重精神上之修養。堅凝意志。增進智慧。則非外功拳術專從事於筋肉鍛鍊者所可同日語也。素習外功拳術者。倘稍師其意。亦能不勞而獲。由是觀之。易學得太極圖說而衆理一貫。拳術得太極功而各家統一矣。其拳經傳於世者。約有數種。然抄襲相傳。魚魯莫辨。壬子歲。曾囑關君葆謙校訂。近本社附設體育學校。授課之暇。因取原書。加以注釋。并就其拳中姿勢。繪圖著說。以示學者。倘亦取行遠自邇登高自卑之意云爾。

第二章　太極拳之意義

太極拳者。形而上之學也。法易中陰陽動靜之理。而運動作勢。純任自然。無中生有。所謂無極而太極也。至其運用圓活。如環無端。莫知所止。則又所謂太極本無極也。勢勢之中。著著之內。均含一圓形。故假借太極之理以說明之。而以陰陽動靜剛柔進退等喻其作用焉。非如世俗卜筮迷信者所謂太極也。現在科學昌明。後之學者。能以幾何重學等理說明之。而不沾於易象。則所深望也。

第三章　十三式名稱之由來（附八方圖五步圖）

十三式者。合五行八卦而言之也。太極拳手之運動有八方。足之運行有五步。以掤捋擠按。喻乾坤坎離等四正方。以採挒肘靠四者。喻巽震兌艮等四斜角。以進前退後左顧右盼中定五者。喻火水木金土也。或曰五行具五性。應以仰(火曰炎上)俯(水曰潤下)進(木曰曲直)退(金曰從革)定(土曰稼穡得五行之正以喻中定)五者喻之。其說亦通。

八方圖：巽(採)　坎(擠)　艮(靠)　乾(掤)　坤(捋)　兌(肘)　離(按)　震(挒)

五步圖：金(盼)　火(進)　土(定)　水(退)　木(顧)

第四章　太極拳合於易象之點（附太極圖衍易圖）

易也者。包羅萬象者也。而其扼要之哲理。不出太極一圖。太極拳之言陰陽虛實剛柔動靜之處。無不則之。但世傳太極圖有二。一爲周蓮溪所遺。一則俗傳之雙魚形圖也。雙魚形圖除可藉表明雙搭手時之陰陽虛實盈縮進退外。餘無可取。至周氏圖則所具之理甚奧。其圖說一篇。幾盡可爲習太極拳者所取法焉。惟因限於篇幅。不能詳釋。今僅就原圖約略言之。此圖共分五層。首層圓形。(在平面爲圓。在立體時應作球體)此所謂無極而太極也。當行工時。中心泰然。抱元守一。無機心。無朕兆。作虛空相。可謂無極矣。而動靜陰陽剛柔進退。已悉具其中。實萬有之母也。非太極而何。第二層中分圓形爲兩。陰陽虛實各得其半。所謂動而陽。靜而陰。立兩儀是也。舒之則爲坎離二卦。喻拳之柔中隱剛。動中守靜。互爲其根之意也。三層五行喻

五步。就其陽變陰合言之。如水根於陽。火根於陰。喻進極思退。退極思進也。木性曲直。金性從革。喻拳運勁時之屈伸開合粘走隨抑也。萬物均生於土。而位又居中。在人爲意。推手時掤攦擠按。互爲生尅。然不以意貫串之則謬矣。圖說云。五氣順布。四時行焉。蓋五行異質。四時異氣。而不能外乎陰陽。陰陽異位。動靜異時。而皆不能離乎太極也。第四層喻人。第五層喻物。言無極二五。聚則成形。感而遂通。化生萬物。精於太極拳者。一動一靜。均合至理。扼樞要。是萬殊而一本也。至因敵變化。交互其用。錯綜其道。而應付無窮。則一本而萬殊矣。周子

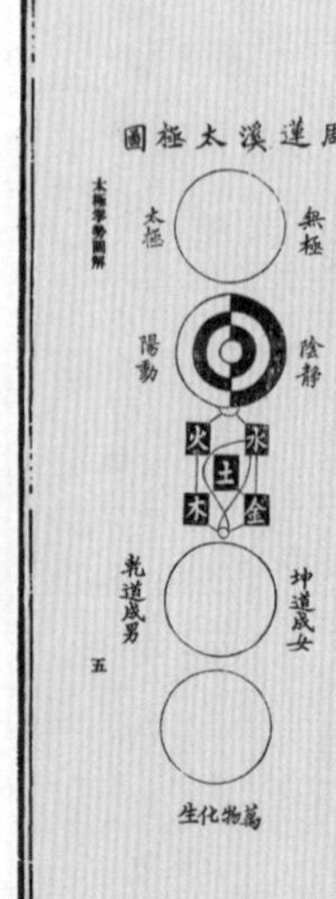

周蓮溪太極圖

曰。聖人定之以中正仁義。而主靜。立人極焉。其行之也中。其處之也正。其發之也仁。其裁之也義。一動一靜。莫不有以全夫太極之道。而無所虧焉。則無往而不制勝矣。

邵子衍易圖。言陰陽剛柔動靜之處。與周圖略異。周言動而生陽。靜而生陰。立天之道。曰陰與陽。立地之道。曰柔與剛。邵子觀物篇云。動之始則陽生焉。動之極則陰生焉。靜之始則柔生焉。靜之極則剛生焉。則是動而生陰陽。靜而生剛柔也。立論雖殊。然其言動靜之機、陰陽剛柔之分量處。裨益太極拳術匪鮮。要在觀者自得之耳。

邵康節之衍易圖

太陽　太陰　少陽　少陰　少剛　少柔　太剛　太柔

陽　陰　剛　柔

動　靜

一動一靜之間

第五章　太極拳之流派

自伏羲畫卦。闡明陰陽。而太極之理。已寓於其中。嗣更命陰康作大舞。以宣導遷鬱。黃帝作內經。採按摩導引諸法。均本太極之理。爲無形式之運動。華陀本莊子吐故納新。熊經鳥申。作五禽經。以授吳普。是時已開姿勢運動之先河矣。唐許宣平。許先師江南徽州府歙縣人。隱城陽山。結簷南陽。辟穀不食。身長七尺六寸。髯長至臍。髮長至足。行如奔馬。唐時每負薪賣於市中。獨吟曰。負薪朝出賣。沽酒日夕歸。借問家何處。穿雲入翠微。李白訪之不遇。爲題詩於望仙橋云 所傳太極拳術名三世七。因祇三十七勢而得名。其教練之法。爲單勢教練。令學者一勢練熟。再授一勢。無確定拳路。功成後各勢自能互相連貫。相繼不斷。故又謂之長拳。其要訣有八字歌、心會論、周身大用論、十六關要論。功用歌。傳宋遠橋。

俞氏江南寧國府涇縣人所傳之太極拳。名先天拳。亦名長拳。得唐李道子之傳。江南安慶人 李居武當山南岩宮。不火食。第日啖麥麩數合。人稱之爲夫子李云。俞氏所傳之人。可知者、有俞清慧、俞一誠、俞蓮舟、俞岱岩等。

程氏太極拳術。始自程靈洗。字元滌。江南徽州府人。侯景之亂。惟歙州得保全者。皆靈洗力。梁元帝授以本郡太守。諡忠壯 其拳術得之於韓拱月。傳至程珌。紹興中進士。授昌化主簿。累官禮部尚書。拜翰林院學士。追封新安郡侯。端明殿學士致仕。精易理。著有洛水集 改名小九天

共十四勢。有用功五誌、四性歸原歌。

殷利亨所傳之太極拳術。名後天法。傳胡鏡子。揚州人 胡鏡子傳宋仲殊。安州人。嘗遊姑蘇臺。柱上倒書一絕云。天長地久任悠悠。你既無心我亦休。浪迹天涯人不管。春風吹笛酒家樓 其式法十七。多屬肘法。雖其勢法名目不同。而其用則一也。

張三丰名通。字君實。遼陽人。元季儒者。善書畫。工詩詞。中統元年。曾舉茂才異等。任中山博陵令。慕葛稚川之爲人。遂絕意仕進。遊寶鷄山中。有三山峰。挺秀倉潤可喜。因號三丰子。世之傳三丰先生者。不下十數。均未言其善拳術。洪武初、召之入朝。路阻武當。夜夢玄武大帝授以拳法。且以破賊。故名其拳曰武當派。或曰內家拳。內家者。儒家之意。所以別於方外也。又因八門五步。爲此拳中之要訣。故名十三式。言十三法也。後世誤解以爲姿勢之勢。則謬矣。傳張松溪、張翠山。先是宋遠橋、與俞蓮舟、俞岱岩、張松溪、張翠山、殷利亨、莫谷聲等七人爲友。往來金陵之地。尋同往武當山。訪夫子李先生不遇。適經玉虛宮。晤三丰先生。七人共拜之。耳提面命者月餘而歸。自後不絕往拜。由是而觀。七人均曾師事三丰。惟張松溪、張翠山傳者名十三式耳。

或曰三丰係宋徽宗時人。值金人入寇。彼以一人殺金兵五百餘。山陝人民慕其勇。從學者數十百人。因傳其技於陝西。元世祖時。有西安人王宗岳者。得其眞傳。名聞海內。著有太極拳論、太極拳解、行工心解、搭手歌、總勢歌等。溫州陳州人多從之學。由是由山陝而流傳於浙東。又百餘年。有海鹽張松溪者。在派中最爲著名。（見寧波府志）後傳其技於甯波葉繼美近泉。近泉傳王征南來咸。清順治中人。征南爲人勇而有義。在明季可稱獨步。黃宗羲最重征南。征南死時。曾爲作墓誌銘。黃百家主一、爲傳內家拳法。有六路長拳十段錦等歌訣。征南之後。又百年。始有甘鳳池。此皆爲南派人士。（其事蹟見游俠佚聞錄）其北派所傳者。由王宗岳傳河南蔣發。蔣發傳河南懷慶府陳家溝陳長興。其人立身常中正不倚。形若木鷄。人因稱之爲牌位先生。子二人。曰耿信、曰紀信。時有楊露蟬先生福魁者。直隸廣平府永年縣人。聞其名。因與同里李伯魁共往師焉。初至時。同學者除二人外。皆陳姓。頗異視之。二人因互相結納。盡心研究。常徹夜不眠。牌位先生見楊之勤學。遂盡傳其秘。楊歸傳其術鄉里。俗稱爲軟拳。或曰化拳。因其能避制強硬之力也。嗣楊游京師。客諸府邸。清親貴王公貝勒多從授業焉。旋爲旗營武術教師。有子三。長名鑄、早亡。次名鈺。字班侯。三名鑑、字健侯。亦曰鏡湖。皆獲盛名。

余從鏡湖先生游有年。諗其家世。有子三人。長名兆熊、字夢祥。仲名兆元、早亡。叔名兆清、字澄甫。班侯子一、名兆鵬。務農於鄉里。當露蟬先生充旗營教師時。得其傳者蓋三人。萬春、凌山、全佑是也。一勁剛、一善發人、一善柔化。或謂三人各得先生之一體。有筋骨皮之分。旋從先生命。均拜班侯先生之門。稱弟子云。有宋書銘者。自云宋遠橋後。久客項城幕。精易理。善太極拳術。頗有所發明。與余素善。日夕過從。獲益匪鮮。本社教員紀子修、吳鑑泉、劉恩綬、劉彩臣、姜殿臣、等多受業焉。（吳爲全佑子、紀常與凌君爲友、）

第六章　太極拳經詳註

太極者無極而生、　太、大也。至也。極、著樞紐根柢之謂。太極、爲天地萬物之根本。而太極拳、則爲各拳之極至也。無極而生者。本於無極也。此拳重在鍛鍊精神。運勁作勢。純任自然。不甚拘於形式。以虛無爲本。而包羅萬象。故曰無極。然初學者、究當就有形之姿勢。入手、學、習久之著熟懂勁。融會慣通。始能入於神化之境。

案周濂溪太極圖說。無極而太極。註云。上天之載。無聲無臭。而實造化之樞紐。品彙之根柢也。故曰。無極而太極。非太極之前。復有無極也。此云無極而生。究有語病。

動靜之機、陰陽之母也、　變易物體之位置。或動體進行之方向曰動。保存或維持其固有之位置或方向曰靜。機者朕兆也。如陰符經天發殺機之機。夫動靜無端。陰陽無始。太極者其樞紐機關而已。太極拳當行功時。中心泰然。抱元守一。未常不靜。及其靜也。神明不測。有觸卽發。未常無動。於動時存靜意。於靜中寓動機。一動一靜。互爲其根。合乎自然。此太極拳術之所以妙也。

萬物之生也。負陰而抱陽。莫不有太極。有太極斯有兩儀。故太極爲陰陽之母。太極拳著著勢勢。均含一〇圓形。其動而陽。靜而陰。及剛柔進退等。均與易理無異。故得假借易理以說明之。非強爲附會也。

中國舊日學說。諸凡事物均以陰陽喻之。故陰陽無定位。太極拳之喻陰陽亦然。如拳勢之動者爲陽。靜者爲陰。出手爲陽。收手爲陰。進步爲陽。退步爲陰。剛勁爲陽。柔勁爲陰。發勁爲陽。收勁爲陰。粘勁爲陽。走勁爲陰。手足關節之伸爲陽。曲爲陰。分爲陽。合爲陰。開展爲陽。收歛爲陰。身軀之仰爲陽。俯爲陰。升爲陽。降爲陰。凡此所喻。無論遇如何變化。內皆含一〇圓形。故動靜不同時。陰陽不同位。而太極無不在焉。

動之則分、靜之則合、　動、變動也。動之則分陰分陽。兩儀立焉。靜之則沖漠無朕。而陰陽之理。已悉具其中矣。太極拳術當行功時。其各姿勢。一動一靜相間。其拳術之動者。前後左右上下。均有陰陽虛實可循。故曰動之則分。其靜的姿勢。雖無痕跡可指。然陰陽虛實。已具其中。故曰靜之則合。若作運勁解。則太極之陽變陰合。卽物理力學分力合力之理也。太極拳術遇敵欲制我時。則當分裁其勁。爲二。使敵力不能直達我身。（背勁）所謂動之則分是也。若將敵粘起用提勁。陽之變也。及起。須靜以定之。使不得動。或敵勁落空。稍靜卽發。利用合勁。陰之合也。倘敵欲發我。則應中心坦然。審候應機。靜以俟之。微動卽應。所謂後人發先人至是也。

夫道一而已矣。當混沌未判。洪濛未闢。本無動靜。何有陰陽。故以虛無爲本者。無不合道。天地如是。太極如是。太極拳習至極精處。亦如是也。然此指先天而言。指習拳術功深進道者而言。初學之士、驟難語此也。及乾坤既定。兩儀攸分。有陰陽斯有動靜。則言太極者、不能不就有形象者以講求之。太極拳之分合動靜。合乎陰陽。如動勢須求開展。運勁務明虛實。剛則化之。故曰分。柔則守之。故曰合。坤在靜中求動。無爲始而有爲終。必須伏羲、乾則動中求靜。有爲先而無爲了。只要還虛蓄萬物之理。以虛而受。以靜而成。天地從虛中立極。靜中運機。故混沌開而闔闢之局斯立。百骸固而無極之蘊自主。無不從虛靜中來也。重陽子曰。此言大道之原而功先於虛靜。虛則無所不容。靜則無所不應。由是觀之。習太極拳者。倘以虛靜爲本。則分合變化。自無不如意也。

無過不及隨曲就伸　過逾也。不及未至也。隨無逆也。就即之也。過與不及。皆爲失中。失中則陽亢陰暌。未能有合也。太極拳於曲伸分合等處。運勁過則生頂抗等病。不及則有丟匾等病。欲求不即不離。則應隨之而曲。就之而伸。臨機應變。毋固毋我。因力於敵。以中爲主。而粘黏運隨以就之。自無不合。所謂君子而時中也。案初學此拳者。每失之過。迨稍懂勁。則每失之不及。學者宜審愼之。

人剛我柔謂之走我順人背謂之粘　人者敵也。剛指剛強有力而言。柔者無抵抗也。走者化也。柔以承之。變化敵力之方向。不爲所制。故曰走。順者自由便利也。背者不自由不便利也。粘者取制敵人之力也。遇敵施剛力時。我惟順應其勢。取而制之。使俯就我之範圍。如以膠着物。故曰粘。太極拳常以小力敵大力。無力御有力。弱勝強。柔制剛。爲其主旨。但

以常理言之。小固不可以敵大。弱固不可以勝強。柔固難期以制剛。然云敵之勝之制之者。必有其所以制勝之理在。蓋敵力須加吾身方生效力。苟御制得道。趁其用剛發動之始。審機應變。採取擒獲。使還制其身。則我雖弱。常居制人地位。敵雖強。常居被制地位。難於自由發展。力雖巨奚益。此老聃齒敝舌存之說也。頗合太極拳剛柔之義。然非好學深思之士。未足以語此。

動急則急應動緩則緩隨雖變化萬端而理爲一貫　此言已動作之遲速。當隨敵動作遲速之程度而異。但欲識敵之遲速程度。須先體察敵力之動機。方能因應咸宜。何謂動機。周濂溪通書有云。動而未形有無之間者曰機。又曰機微故幽。難識如此。設非功深。不易知也。然苟得其機。敵雖變化萬端。由一本而萬殊。而我則執兩用中。扼萬殊使歸一本。審機應候。無過不及。敵運動甚速。而我應付遲緩。則失之緩。敵勁尚未運到。而我先逆待。或加以催迫。則敵反有機可乘。是謂性急。其弊一也。守一以臨。純任自然。無絲毫之凝滯矣。故曰得其一而萬事畢是也。

由着熟而漸悟懂勁由懂勁而階及神明然非用力之久不能豁然貫通焉　此言習太極

拳者。進功自有一定之程度。而不可躐等躐進也。太極拳之妙全在用勁。（此勁字係靈明活潑由功深練出之勁不可僅作力量解）然勁爲無形。必附麗於有形之着。始能顯著。言太極拳者。每專恃善於運勁。而輕視用着。以致習者無從捉摸。有望洋興歎之概。虛度光陰。雖期進益。較循序漸進者。反事倍功半。不遵守自然之程序故也。昔孔子講學。常因材授教。故諸門弟子。各得其益。拳術雖屬小技。然執塗人而語以升堂入室之奧。未有能豁然者也。故習此拳者。應先模仿師之姿勢。姿勢正確矣。須求各姿勢互相聯貫之精神。拳路熟習矣。須求各勢着數之用法。着熟矣。其用是否能適當。用均得其當矣。其勁是否不落空。勁不落空。是眞爲着熟。再由推手以求懂勁。研求對手動作之輕重遲速及勁行之趨向方位。久之自微懂而略懂。進至於無微不覺。無處不懂。方得稱爲懂勁。懂勁後不求用着而着自合。進至無勁非着。無着非勁。漸至不須用着。祇須用勁。再至不求用勁而勁自合。洵至以意運勁。以氣代意。精神所觸。莫之能禦。則階及神明矣。是非數十年純功曷克臻此。

虛領頂勁　虛一作須。似宜從虛。虛者對實之稱。實即窒滯難巧也。頂者頭頂。亦曰顖門。小兒初生時。此處骨軟未合。常隨呼吸顫動。道家稱爲上丹田泥丸宮。蓋藏神之府也。佛家

摩頂受記。道家上田練神。易曰。行其庭不見其人。（庭指天庭頂也行神氣流行也不見其人虛也）黃庭經云。子欲不死修崑崙。（崑崙山名喻頭頂）均示人修養之要訣也。夫人之大腦主思想。小腦主運動。而頭頂實首出庶物。支配神經。爲主宰之樞府。其地位重要如此。宜爲修養家所注重。練太極拳者。向主身心合一。內外兼修。精神與肉體。二者同時鍛鍊。故運勁時。必運智於腦。貫神於頂。務使頂上圓光。虛靈不昧。所以鍊神也。蓋頭爲全身綱領。綱舉則目張。頭頂懸則週身骨骼正直。筋肉順遂。偶有動作。全身一致。左右前後。無掣肘之虞矣。

氣沉丹田　丹田穴名。道家謂丹田有三。一居頭頂。以藏神。一居中脘。以蓄氣。一居臍下。以藏精。此指下丹田也。（臍下三寸）常用深呼吸使氣歸納於此。自能氣足神旺。黃庭云。呼吸廬外入丹田。審能行之可常存。蓋常人呼吸短促。每至中脘而回。（中脘橫膈膜處）不能下達此處。因之循環遲緩。肺力薄弱。不足以排泄腹中炭養。血脈不能紅活。於人之壽命關係至鉅。老子曰。天地之間。其猶橐籥乎。又曰。虛其心。實其腹。蓋吐故納新。（吐出腹中濁氣吸納新鮮空氣也）歸根復命。（根指下丹田命門精氣歸根復命者以意運志於此也）以心意導精氣於下丹田而施烹煉也。久之自能延年卻病。下丹田爲全身重點所在。習拳術者。沉氣於此。則屹然不動。不易撼倒。但沉者徐

徐而下。在有意無意之間。非若外家之用力下沉、外雖小腹也。倘或不慎。每致腸疝諸症。運來日本之靜坐家剛田虎二郎、罹糖尿病逝世。議者疑係努力下丹田所致。非無因也。

不偏不倚、忽隱忽現　偏偏頗失中也。倚倚頼失正也。隱隱藏。現表現。忽隱、忽現者。神明不測也。上指身體姿勢。下指神氣運勁而言。太極虛明中正者也。於姿勢則必中、必正。於運勁、若有、意無、意。使神、氣、意、力。全身貫澈。無過、不及。忽隱、忽現。令人不可捉摸。練習純熟。便易領悟。幾何學定理。兩點之間祇可作一直線。太極拳上、領頂、勁。下守、重心。週身中、正。便無、不、是、處。矣。但領守均須含活潑之意。富自然之趣。過于矜持。則神氣凝滯。姿態呆板。運勁不能虛靈。動生障礙矣。故曰忽隱忽現也。

左重則左虛、右重則右杳　此仍承上文而言。吾隱現無常。敵以吾力在左。思更加重吾左方之力。使失平衡。吾則虛以待之。令敵力落空。敵揣吾右方有力。可以擒制。吾卽隱而藏之。虛實易位。隨機善應。敵更何所施其技耶。

仰之則彌高、俯之則彌深　仰升、俯降也。敵欲提吾使上。吾卽因而高之。敵欲押吾使下。吾卽因而降之。敵遂失其重心。反受吾制矣。因仍變遷。潛移默化。運用之妙。在於一心。

進之則愈長、退之則愈促　進、前進也。長、伸舒也。退、後退也。促、逼迫也。吾前進時。倘敵順領吾勁時。吾則長身以隨之。使無可退避。或敵乘勢前進。吾急引而伸之。使力到盡頭。自不得再逞。吾若退後。敵力逼來。每致迫促無路可逃。然退而急進。雖促不促矣。易云。天行健君子以自強不息。示人遇事當積極進行。不可退縮也。太極拳雖以柔靜爲主。但非務退避。其佯退者。乃以退爲進。非眞退也。若竟退時。倘遇敵隨之深入。則逼迫不自安矣。又敵退後時。吾進而迫之。使愈促。吾退後時。敵力跟來。吾則或俯身摺疊。以促其指腕。或旁按臂彎。使敵促迫不安。而不能再進。全在因勢利導。不必拘泥也。

一羽不能加、一蠅不能落　羽、翎羽也。加、增之也。落、降也。着也。言善太極功者。感覺敏銳。稍觸卽知。稍縱卽逝。雖輕如一羽。微如蠅蟲。稍近吾體。亦卽知覺。趨避而不令加着也。夫虛靈不昧之謂神。有知覺。然後能運動。致虛極。守靜篤。寂然不動。感而遂通。有不期然而然者。非鍛鍊有素。支體軟靈。富有觸力。未足語此也。

人不知我、我獨知人、英雄所向無敵、蓋皆由此而及也　虛靜、則陰陽相合。覺敏、則剛柔互濟。敵偶動作。吾無不知。吾之動作。敵盡難知。拳術家所向無敵。蓋均由此。孫子曰。善戰者

無赫赫之功。又曰。知彼知己。百戰不殆。不知彼而知己。一勝一負。人不知我。我能知人。則所向無敵矣。

斯技旁門甚多、　泛指他項拳術而言。

雖勢有區別、　流派不同。姿勢各異。

概不外乎壯欺弱、慢讓快耳、　他種拳術重力量。尙着法。而不求懂勁。故於機勢。妙合運用。靈敏。以靜。制動。諸訣。概不過問。

有力讓無力、手慢讓手快、此皆先天自然之能、　謂力大與敏捷二者。均爲天賦的能力。

非關學力而有所爲也、　非由學而能者。

察四兩撥千斤之句、（見擠手歌牽動四兩撥千斤）顯非力勝、　如秤衡秤物。滑車起重。全賴槓杆斜面等理。太極拳以小力勝大力。以無力制有力。與科學暗合。

觀耄耋能禦衆之形、快何能爲、　古稱七十曰耄。八十曰耋。年老之人。舉動遲緩。然古之名將。如廉頗等。雖老尙能勝衆。是必不僅恃手足速快已也。

立如平準、　中正安舒。不偏、不倚。脊背三關。自然得路也。

活似車輪、　圓妙莊嚴。靈活無滯。則周身法輪。常轉不已矣。

偏沉則隨、　偏指一端也。如吸水機。如撤洒器。使一端常虛。故能引水。如欹器之不堪盈滿。滿則自覆矣。

雙重則滯、　有彼我之雙重。有一己之雙重。太極拳以虛靈爲本。單重尙且不可。況雙重乎。每見數年純功。不能運化者。率皆自爲人制。雙重之病未悟耳。　古云恃德者昌。恃力者亡。易曰。天行健君子以自強不息。蓋言虛則靈。靈則動。動則變。變則化。化則無滯耳。善應敵者。常致人而不致於人。而況自爲人所制乎。用功雖純。苟不悟雙重之弊。猶未學耳。

欲避此病、　雙重之病。

須知陰陽、　陰陽之解甚多。前已述之。茲不復贅。

粘卽是走、走卽是粘、　一而二二而一者也。制敵勁時謂之粘。化敵勁時謂之走。制而化之。化而制之。制卽化。化卽制也。

陰不離陽、陽不離陰、陰陽相濟、方爲懂勁、　知彼己之剛柔虛實。則陰陽互爲消長。以虛濟盈。而不失其機。斯眞懂勁。

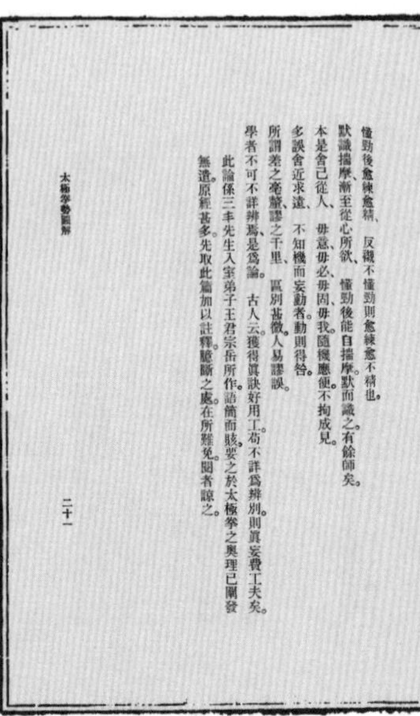

懂勁後愈練愈精、反覺不懂勁則愈練愈不精也。
默識揣摩、漸至從心所欲、懂勁後能自揣摩。默而識之。有餘師矣。
本是舍己從人、毋意、毋必、毋固、毋我。隨機應便。不拘成見。
多誤舍近求遠、不知機而妄動者。動則得咎。
所謂差之毫釐、謬之千里、區別甚微。人易謬誤。
學者不可不詳辨焉、是爲論。古人云。獲得眞訣好用工。苟不詳爲辨別。則眞妄費工夫矣。
此論係三丰先生入室弟子王君宗岳所作。語簡而賅。要之於太極拳之奧理已闡發無遺。原經甚多。先取此篇加以註釋。臆斷之處。在所難免。閱者諒之。

太極拳勢圖解　二十一

太極拳勢圖解　二十二

上編

第一章 緒言

昔河出圖而八卦①畫，洛呈書而九疇②敘，孔子因之以作《周易》③，《易》雖本諸卜筮之說，而萬事之理，則已悉具其中矣。然因卦作說，無提綱挈領之要，後人不能融會貫通，各執一說，每入歧途。周子憂之，默契道體，根極要領，作《太極圖說》④，使天理之微，人倫之著，事務之眾，鬼神之幽，莫不洞然，畢貫於一，誠言哲學者之鼻祖也。

我國拳術發明最早，而迄今反無統一之術者，蓋緣後世學者，言術而不言

理，視為技藝，而不用作鍛鍊身心之具耳。

考拳術之由來，蓋出於古之導引術，當上古醫藥尚未發明，人偶為六氣所中，榮衛失宜，氣血聚而為病，則屈伸俯仰，以意導氣，舒其所凝滯之處，使通暢焉，則疾自癒，故名為導引。

昔伏羲命陰康作大舞，展舒肢體，以愈民疾。黃帝作《內經》，採按摩導引諸法，以繼針砭酒醴之所窮，蓋皆本體育原理，以運動戰勝疾病也。莊子曰：「吐故納新，熊經鳥申。」則合於呼吸運動矣。

漢華陀因推廣之，以作五禽經（虎、鹿、猿、熊、鳥是也）。其謂吳普之言曰：「人體欲得勞動，但不當使極耳。動則穀氣得消，血脈流通，病不得生，譬如戶樞終不朽也。是以古之仙者，為導引之事，引挽要體，動諸關節，以求難老。吾有一術，名曰五禽之圖，覺體有不快，則起作一禽之戲，怡而汗出，即輕便而欲食矣。」吳從而學之，年九十餘而耳目聰明。少林寺僧人承其意，融合達摩所傳散手而作五拳（龍、虎、豹、蛇、鶴），然注重應用（詳少林拳術秘訣），已失體育之原意矣。

然宋元以來，言技藝者多祖述之，自寺焚之後，僧徒星散，黠者巧為附會，各執一是，派別繁多，而少林真傳，反因之湮沒。元之季世，有隱君子者，曰張三豐先生，本儒家太極之理，融會各家之長，納五行八卦於拳術步法方位之中，而以太極之陰陽、剛柔、動靜喻其作用，提綱挈領，名為內家，蓋所以別於方外也。

就著勢言之，太極拳固無異於各家拳術，然其運動行氣，純以虛靜勝人，注重精神上之修養，堅凝意志，增進智慧，則非外功拳術專從事於筋肉鍛鍊者所可同日語也。素習外功拳術者，倘稍師其意，亦能不勞而獲。

由是觀之，易學得太極圖說而眾理一貫，拳術得太極功而各家統一矣。其拳經傳於世者，約有數種，然抄襲相傳，魚魯莫辨，壬子歲曾囑關君葆謙校訂。近本社附設體育學校，授課之暇，因取原書加以注釋，並就其拳中姿勢繪圖著說，以示學者。倘亦取行遠自邇、登高自卑之意云爾。

【注釋】

①八卦：八卦是中國文化的基本哲學概念。八卦的形成源於河圖和洛書。河圖者，根據中國民間傳說，「龍馬出河，遂則其文以畫八卦」。伏羲氏在天水卦臺山始畫八卦。洛書者，大禹治水時，神龜負文而列於背，有數至九，禹遂因而第之，以成九類。劉歆曰：「伏羲氏繼天而王，受圖而畫之，八卦是也。禹治洪水，賜洛書，法而陳之，九疇是也。」所謂八卦就是八個不同的卦相，表示事物自身變化的陰陽系統，用「⚊」代表陽，用「⚋」代表陰。八卦其實是最早的文字表述符號。

對於八卦不要有過多神秘色彩。八卦在中國文化中與「陰陽五行」一樣是用來推演空間時間各類事物關係的工具。每一卦象代表一定的事物。乾代表天，坤代表地，巽（ㄒㄩㄣˋ）代表風，震代表雷，坎代表水，離代表火，艮（ㄍㄣˋ）代表山，兌代表澤。八卦互相搭配又變成六十四卦。

八卦在太極拳法，以象掤、攦、擠、按、採、挒、肘、靠八勁。

②九疇：傳說中天帝賜給禹治理天下的九類大法，即《洛書》。九疇，即戴九履一，左三右七，二四為肩，六八為足，五居中。在太極拳法，即九掤，一，三擠，七按，為四正。

③《周易》：《周易》是《易經》其中之一，《易經》包括夏代的《連山》、商代的《歸藏》及周代的《周易》。《周易》相傳係周文王姬昌所作，內容包括《經》和《傳》兩個部分。《經》主要是六十四卦和三百八十四爻，卦和爻各有說明（卦辭、爻辭），作為占卜之用。《周易》沒有提出陰陽與太極等概念，講陰陽與太極的是被道家與陰陽家所影響的《易傳》。《傳》包含解釋卦辭和爻辭的七種文辭共十篇，統稱《十翼》，相傳為孔子所撰。

④《太極圖說》：《太極圖說》是中國宋代周敦頤為其《太極圖》寫的一篇說明，全文二四九字。該文認為，「太極」是宇宙的本原，人和萬物都是由陰陽二氣和水火木金土五行相互作用構成的。五行統一於陰陽，陰陽統一於太極。文中突出人的價值和作用，該文主張「惟人也，得其秀而最靈」。在人群中，又

特別突出聖人的價值和作用，認為「聖人定之以中正仁義，而主靜，立人極焉」。該文對後世影響很大，版本很多，朱熹《近思錄》、黃宗羲等所編《宋元學案》等盡皆收入。

《太極圖說》原文：無極而太極，太極動而生陽，動極而靜，靜而生陰，靜極復動，一動一靜，互為其根，分陰分陽，兩儀立焉。陽變陰合，而水火木金土五氣順布，四時行焉。五行一陰陽也，陰陽一太極也，太極本無極也。五行之生也，各一其性。無極之眞，二五之精，妙合而凝。乾道成男，坤道成女，二氣交感，化生萬物。萬物生生而變化無窮焉。

惟人也得其秀而最靈。形既生矣，神發知矣。五性感動而善惡分，萬事出矣。聖人定之以中正仁義而主靜，立人極焉。故聖人與天地合其德，日月合其明，四時合其序，鬼神合其吉凶。君子修之，吉；小人悖之，凶。故曰：立天之道，曰陰與陽。立地之道，曰柔與剛。立人之道，曰仁與義。又曰：原始反終，故知死生之說。大哉易也，斯之至矣！

按：《太極圖說》在太極拳理論形成史上的影響重大，亦是太極拳之所以被稱為太極拳的緣由。

《太極圖說》上半篇論天道，下半篇論人道，而天人一體，二者共同描述作者對宇宙運行的理解。

《太極拳論》一開始就引入「無極」和「太極」的哲學原理，對太極拳的理論依據進行闡釋，就過程的演化而言，「無極」指尚未分化的原始混沌狀態，即包含無限可能「無形無象，無可指名」的「無規定性」；「太極」則指開始了陰陽分化的具體運行狀態，即具有某種方向的「有規定性」。

朱熹云：「物物有一太極，人人有一太極。」任何一個具有規定性的東西都可以把它理解為一個太極。中國文化認為，人體內外均是統一同構、全息對應並具有相同的演化運行規律。

傳統武術理論也喜歡運用所謂太極陰陽變化的相互關係——互根、消長、轉化——來說明招式動作、行功走架、勁路運轉、敵我關係、意念變化、文化意蘊等方方面面的基本規律和操作原則，並以此來解釋、整理、規範武技功法，及總結武術實踐各方面的主要經驗。

關於「無極」和「太極」的關係，古人是有激烈爭論的，其中最有名的是朱熹與陸九淵之辯，這也影響著後人對此的理解。如吳圖南說：「太極之先，本為無極。鴻蒙一氣，混然不分。故無極為太極之母，即萬物先天之極。」許禹生在《太極拳勢圖解》第六章中認為：「案周濂溪《太極圖說》，『無極而太極』注云：『上天之載，無聲無臭，而實造化之樞紐，品匯之根柢也。故曰「無極而太極」，非太極之前，復有無極也。』此云無極而生，究有語病。」許禹生注解「太極者，無極而生」時說又道：「太極為天地萬物之根本，而太極拳則為各拳之極至也。無極而生者，本於無極也。」陳微明注釋時也說：「陰陽生於太極，太極本無極。太極拳處處分虛實陰陽，故名曰太極也。」

關於「無極」與「太極」的爭論，在《一多廬太極體悟錄》卷四中二水居士有一段有趣的敘述：

「八百三十餘年前，江西上饒的鵝湖寺，有一群讀書人圍繞著『太極』與『無極』的問題，展開了一場辯論會。反方是以陸九淵為首的陸氏兄弟，首先發難的是陸子美。他說：『今於上又加無極二字，是頭上安頭，過於虛無好高之論也。』『無極二字出老子，非周子之言』。而正方的朱熹則認為，太極而無極，非太極之外，復有無極也。倘若不言無極，人多誤認太極同於一物，『不足為萬化之本』，另外，倘若不言太極，『則無極淪為於空寂，而不能為萬化之根。』爭吵了三天三夜，這群斯文的讀書人終究不歡而散。八百年後的某一天，長沙馬王堆出土了帛書《周易》，人們發現，那群讀書人苦苦爭論的『太極』這一概念，原本只是『大恆』兩字的誤植。由此演繹出來的『無極』，也成了無稽之談。歷史，常常會開一些不大不小的玩笑，以訛傳訛或者誤打誤撞，也能成為經典，並由此對後人產生深遠的影響力。周子的《太極圖說》如是，王宗岳的《太極拳論》復如是，武禹襄借用王宗岳的『太極拳』三字，稱呼他從楊露禪身上學得的『綿拳』，並以此借殼上市，亦復如是。」

當然，就今人而言，我們可不必理會這些辯論的孰是孰非了。

太極拳的發展肯定與陰陽八卦有關聯，但太極拳未必是按照八卦的卦象一一對應而發明的，可能是太極拳發明的過程，不斷有文人用八卦的理論來詮釋太極拳。許禹生認為：「太極拳者，形而上之學也」，「故假借太極之理以說明之」，「非如世俗卜筮迷信者所謂太極也。現在科學昌明，後之學者，能以幾何重學等理說明之，而不沾於易象，則所深望也」。

這話反映了許禹生內心對中西文化融合的糾結，一方面要繼承優秀的中華傳統文化，用以來詮釋太極拳；而另一方面，也看到傳統文化存在某些不足，他希望在說明太極拳之理上，也能吸取西方文化科學的成分，使中西文化在太極拳上得到有機融合。

第二章　太極拳之意義

太極拳者，形而上之學①也。法易中陰陽動靜之理，而運勁作勢，純任自然，無中生有，所謂無極而太極也。至其運用圓活，如環無端。莫如所止，則又所謂太極本無極也。勢勢之中，著著之內，均含一圓形，故假借太極之理以說明之，而以陰陽、動靜、剛柔、進退等喻其作用焉，非如世俗卜筮②迷信者所謂太極也。現在科學昌明，後之學者，能以幾何、重學等理說明之，而不沾於易象，則所深望也。

【注釋】

①形而上學：形而上學源於中國傳統文化。原話是「形而上者謂之道，形

而下謂之器」。物質是器，物質表象叫作形，物質表象涵蓋的規律是道，是哲學。也就是規律哲學一類的東西屬於最上層，然後下面是物質的表象，表象下就是赤裸裸的物質。

馬克思主義哲學源於西方，因此馬克思主義的中國化必然涉及語言翻譯的問題。馬克思主義哲學中國化過程中就借用「形而上學」來指代「用片面、靜止、機械的觀點看問題」的哲學，用以相對於辯證法之「用全面、運動、矛盾的觀點看問題」的哲學。

也就是說，「形而上學」原意可以指代全部哲學，是中性詞語；而在翻譯馬克思主義哲學中，則應用成為貶義的「形而上學」哲學。

總而言之，在傳統中國文化中、在傳統武術的文字中，「形而上者謂之道，形而下謂之器」的意思，並非貶義。

②卜筮：古時預測吉凶，用龜甲稱卜，用蓍草稱筮，合稱卜筮。《易・繫辭上》：「以制器者尚其象，以卜筮者尚其占。」

第三章 十三式①名稱之由來

附八方圖、五步圖

十三式者，合五行八卦②而言之也。太極拳手之運動有八方，足之運行有五步。以掤按擠四者，喻乾坤坎離等四正方；以採挒肘靠四者，喻巽震兌艮等四斜角；以進前退後左顧右盼中定五者，喻火水木金土也。或曰五行具五性，應以仰火曰炎上俯水曰潤下進木曰屈直退金曰從革定土曰稼穡得五行之正以喻中定五者喻之，其說亦通。

八方圖

巽 採	坎 擠	艮 靠
乾 掤	坤 按	
兌 肘	離 攦	震 挒

五步圖

火 進	土 定	水 退
	金 盼	
	木 顧	

【注釋】

①十三式：現稱十三勢，以掤擴按擠四者，喻乾坤坎離等四正方；以採挒肘靠四者，喻巽震兌艮等四斜角；以進前退後左顧右盼中定五者，喻火水木金土。

②五行八卦：八卦五行，是人生成固有之良。必先明知覺運動四字之根由，知覺運動得之，而後方能懂勁，由懂勁後自能接及神明矣。然而用功之初，要知知覺運動，雖固有之良，亦甚難得於我也。

八門五步，掤北、擴南、擠東、按西、採西北、挒西南、肘東北、靠東南，方位，坎、離、震、兌、乾、坤、艮、巽八門。乃為陰陽顛倒之理，周而復始，隨其所行也。總之，四正、四隅，不可不知也。夫擴掤擠按是四正之手；採挒肘靠是四隅之手。合隅正之手，得門位之卦，以身分步，五行在意，支持八面五行。進步火、退步水、左顧木、右盼金、定之中土也。夫進退為水火之步；顧盼為金木之步；以中土為樞機之軸，懷藏八卦，腳趾五行，手步八五，其數十三，出於自然十三勢也。名之曰八門五步。

按：不少拳家形象地把太極拳描述為「頭頂太極、懷抱八卦、腳踩五行」的拳術，這是中國歷史積澱下來的邏輯認知框架和文化心理模式。

「八門」是指勁走八方，即上肢活動分別按照掤、攦、擠、按、採、挒、肘、靠八種基本手法、勁法，並向「四正、四隅」八個方向展開；「五行」進、退、顧、盼、定則是為自身力量配置的前後左右中五個移動的「方位」，操作上不但是下盤腰腿功夫的運用，而且還得有眼法、身法和心法的支持。

「八門五步」共「十三勢」的技法結構涵蓋了整個太極拳的「手眼身法步、精神氣力功」的基本規定，是太極拳的操作主體，而綜合起來的「八卦」「五行」理論，實際上同時也就是太極陰陽理論的具體化。

楊家老譜中「八門五步」等學說，是將簡單的呈一拳一腳之能的武術形式，上升到了一門營魄抱一、返本歸元的性命學問。

然而，許多太極拳愛好者，在將掤、攦、擠、按等動作一一對應文王八卦或先天八卦中的卦象時，常是一頭霧水、莫名其妙。

因為太極拳這種「取象比類」「陰陽顚倒」的思維方法，對初習者而言，仍是比較深奧，因此暫可不必深究，待有了一定的基礎，回過頭去研究也不遲。

第四章 太極拳合於易象之點

附太極圖、衍易圖

易也者，包羅萬象也。而其扼要之哲理，不出太極一圖，太極拳之言陰陽虛實剛柔動靜之處，無不則之。但世傳太極圖有二，一為周蓮溪①所遺，一則俗傳之雙魚形圖②也。雙魚形圖，除可借表明雙搭手時之陰陽虛實、盈縮進退外，餘無可取。至周氏圖則所具之理甚奧，其圖說一篇，幾盡可為習太極拳者所取法焉。惟因限於篇幅，不能詳釋，今僅就原圖約略言之。

此圖共分五層，首層圓形（在平面為圓倘立體時應作球體），此所謂無極而太極也。當行工時，中心泰然，抱元守一，無機心，無朕兆，作虛空相，可謂無極矣。而動靜陰陽剛柔進退已悉具其中，實萬有之母也，非太極而何？第二層中分圓形為兩。陰陽虛實各得其半，所謂動而陽，靜而陰，立兩儀是也。

舒之則為坎離二卦，喻拳之柔中隱剛，動中守靜，互為其根之意也。三層五行喻五步，就其陽變陰合言之，如水根於陽，火根於陰，喻進極思退，退極思進也。木性曲直，金性從革，喻拳運勁時之屈伸開合，黏走隨抑也。萬物均生於土，而位又居中，在人為意。推手時掤、攦、擠、按，互為生剋，然不以意貫串之則謬矣。圖說云：「五氣順布，四時行焉」③，蓋五行異質，四時異氣，而不能外乎陰陽，陰陽異位，動靜異時，而皆不能離乎太極也。第四層喻人，第五層喻物，言無極二五，聚則成形，感而遂通，化生萬物，精於太極拳者，

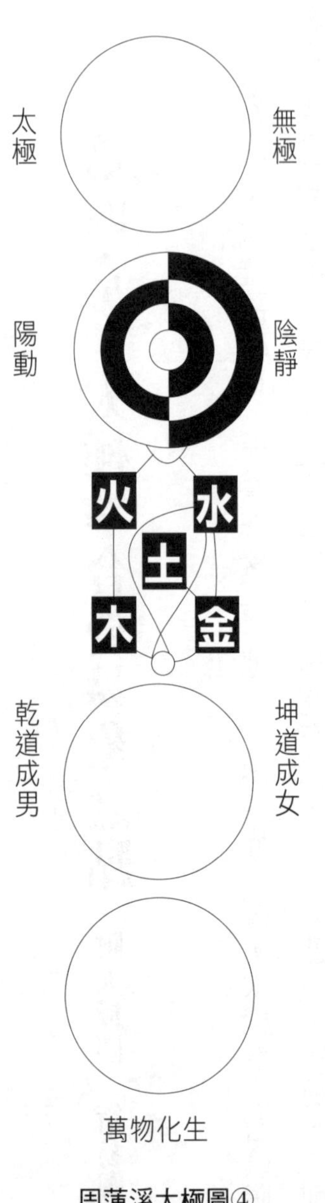

周蓮溪太極圖④

一動一靜，均合至理。扼樞要，是萬殊而一本也。至因敵變化，交互其用，錯綜其道，而應付無窮，則一本而萬殊矣。

周子曰：「聖人定之以中正仁義，而主靜，立人極焉。其行之也中，其處之也正，其發之也仁，其裁之也義。一動一靜，莫不有以全夫太極之道，而無所虧焉，則無往而不制勝矣。」

邵子衍《易》圖言陰陽剛柔動靜之處，與周圖略異。周言動而生陽，靜而生陰。立天之道，曰陰與陽；立地之道，曰柔與剛。邵子觀物篇云：「動之始則陽生焉，動之極則陰生焉。靜之始則柔生焉，靜之極則剛生焉。則是動而生陰陽，靜而生剛柔也。」立論雖殊，然其言動靜之機，陰陽剛柔之分量處，裨益

太陽	太陰	少陽	少陰	少剛	少柔	太剛	太柔
▭	▭ ▭	▭	▭ ▭	▭	▭ ▭	▭	▭ ▭

陽	陰	剛	柔
▭	▭ ▭	▭	▭ ▭

動	靜
▭	▭ ▭

一動一靜之間

邵康節⑤之衍易圖

太極拳術匪鮮，要在觀者自得之耳。

【注釋】

①周蓮溪：周敦頤（一〇一七—一〇七三年），北宋哲學家。原名敦實，字茂叔，後避宋英宗諱改名敦頤，道州營道（今湖南道縣）人。晚年建書堂於江西廬山蓮花峰下，命名濂溪書堂，故後人又稱濂溪先生。曾官郴州郴縣令、大理寺丞、知洪州南昌、國子博士、通判虔州、廣南東路轉運判官等。神宗熙寧六年病故，賜謚元公，追封汝南伯。

周敦頤學說根植於《周易》，主張以「太極」為理，以「陰陽五行」為氣，並以此來解釋大自然和人類社會的發展規律，成就為宋明道學家解易之先驅。

周敦頤依據《易傳》《中庸》和唐韓愈《原道》，接受道教、佛教的某些思想，把陳摶《無極圖》改變為論證世界本體及其形成發展的《太極圖》，提出了太極、理、氣、性、命等一系列哲學範疇，成為宋明理學的基本範疇。《通書》

的基本思想則是把儒家《中庸》中「誠」的思想融入易學之中，將《中庸》《論語》等儒家經典中的理學與哲學問題納入到易學的體系之中，為宋明理學哲學體系的形成奠定了思想基礎。

著作有《通書》《太極圖說》等，後人編有《周元公集》，存詩二十八首，賦一篇，文四篇，代表作為《愛蓮說》。

②雙魚形圖：俗傳之雙魚形圖，又稱太極陰陽魚圖。人們用以象徵陰陽消長轉換和對待互根互涵的事物運行機理。

③圖說云：「五氣順布，四時行焉」：出自《圖解》「金藏本」（第二版）。而《圖解》再版本卻載「圖說云：『古氣順布，四時行焉』」，這「古」字當是「五」字之誤。

④周蓮溪太極圖：周濂溪（敦頤）太極圖，與道教的內丹修煉圖二者同構，人們用以描述「順則生人，逆練修仙」的道教生命哲學。借用現代科學的說法，生命的運行是個「正熵」過程，要延長生命則必須引入「負熵」。

《太極圖說》原意：

一、造化樞機：「無極而太極，太極動而生陽，動極而靜，靜而生陰，靜極復動，一動一靜，互為其根，分陰分陽，兩儀立焉。陽變陰合，而水火木金土五氣順布，四時行焉。五行一陰陽也，陰陽一太極也，太極本無極也。」

二、資生之源：「五行之生也，各一其性，無極之眞，二五之精，妙合而凝。乾道成男，坤道成女，二氣交感，化生萬物。萬物生生而變化無窮焉。」

三、主靜立極：「唯人也得其秀而最靈。形既生矣，神發知矣，五性感動而善惡分，萬事出矣。聖人定之以中正仁義，聖人之道，仁義中正而已矣。而主靜，立人靜焉。故聖人與天地合其德，日月合其明，四時合其序，鬼神合其吉凶。君子修之吉。小人悖之凶。」

四、原始反終：故曰：「立天之道曰陰與陽，立地之道曰柔與剛，立人之道曰仁與義。又曰：原始反終，故知死生之說。大哉易也，斯其至矣」。

杭辛齋氏釋曰：「周子此圖，出自希夷，宋儒諱甚深；然希夷亦非自作也，

實本諸參同契。」彭曉注《參同契》，有明鏡圖訣一卷。毛氏奇齡曰：「《參同契》諸圖，自朱子注後，學者多刪之，徐氏注本已亡，他本龐雜不足據，惟彭本有水火匡廓圖，三五至精圖、斗建子午圖、將指天罡圖、昏見圖、晨見圖、九宮八卦圖、納甲圖、舍元播精圖、三五歸一圖。」

今周子之黑白分三層者，即水火匡廓圖也。其中間之水火木金土，即三五至精圖也。惟圖式雖同，尚未有太極之名也。考唐眞元妙經品，有太極先天圖，合三輪五行為一，而以三輪中一。五行下一，為太極。又加以陰靜陽動男女萬物之象，凡四大〇，陰靜在三輪之上，陽動在三輪之下，男女萬物皆在五行之下，則與周子之圖名義皆同，但多先天二字耳。然則此圖，自道家傳出，已無疑義。

周子但為之說，並將上下次序略有修改而已。首曰無極而太極，終有語病，當時陸梭山已有疑義，與朱子往反辯論，累數萬言。

朱子雖曲意回護，並於《太極圖說》注中，申明謂非太極之上有無極，但其圖明明太極之上有無極，其說終不可通也。其作本義，取邵子先天諸圖，而不以此圖列諸卷首，殆亦有所悟歟。

杭辛齋（一八六九—一九二四年），名愼修，又名鳳元，別字一葦、夷則，浙江海寧長安鎮人。清光緒十五年（一八八九年）縣試第一，補博士弟子員。次年入北京國子監。後考入同文館，棄科舉，習新學，懂陰陽精易學。曾兩次被光緒帝密旨召見，並賜「言滿天下」象牙章。

⑤邵康節：邵雍（一〇一一—一〇七七年），字堯夫，北宋著名理學家、數學家、詩人，生於林縣上杆莊（今河南林州市劉家街村邵康村），一說生於范陽，即今河北涿州大邵村），與周敦頤、張載、程顥、程頤並稱「北宋五子」。天聖四年（一〇二六年），邵雍十六歲，隨其父到共城蘇門山，卜居於此地。宋仁宗康定元年（一〇四〇年），邵雍三十歲，遊歷河南，因將父母葬在伊水（河南境內南洛水支流）之上，遂而成為河南（今河南洛陽）人。少有志，喜刻苦讀書並遊歷天下，並悟到「道在是矣」，而後師從李之才學《河圖》《洛書》與伏羲八卦，學有大成，並著有《皇極經世》《觀物內外篇》《先天圖》《漁樵問

對》《伊川擊壤集》《梅花詩》等。宋仁宗皇祐元年（一〇四九年），定居洛陽，以教授為生。嘉祐七年（一〇六二年），移居洛陽天宮寺西天津橋南，自號安樂先生。出遊時必坐一小車，由一人牽拉。宋仁宗嘉祐與宋神宗熙寧初，兩度被舉，均稱疾不赴。熙寧十年（一〇七七年）病卒，終年六十七歲。宋哲宗元祐中賜謚康節。

按：這一章「太極拳合於易象之點」涉及內容較為深奧，且囿於篇幅有限，難以用簡短的語言來注釋。王新午先生在《太極拳闡宗》第二章第二節「太極拳與易象」中，對本章作了極為詳細的解釋。由於文字較多，本校注不作抄錄，煩請讀者直接查閱。

對太極拳與易象的問題，學者孫玉奎先生有不同的見解，他認為：

周敦頤《太極圖說》「『五行一陰陽也，陰陽一太極也』，這是古人將陰陽、五行、六氣、十二經等衆多之氣，升級到『太極一氣』層次的偉大認識。『陰陽五行』學說都是古人以類取象之說，不能以科學視之。用現代天文學、物理、生理、醫理來看，只不過是『古董』而已，在電子、航太、資訊、現代農業、現代醫學、強國強軍建設等領域，已經退出了歷史舞臺。在現代武學領域，如果還將『陰陽五行』學說奉為拳經，豈不是落後於時代了嗎？拳經云：『內五行要動，外五行要隨。』以武學而言，這是前輩武師『內外如一』的意思，還無可非議。任何學術無不打上時代的烙印，我們也不能脫離時代而非議古人，但是更不能在今世還抱著『陰陽五行』學說來解釋和指導武學的普及和發展，如此下去，豈不是『抱殘守缺』嗎？還怎麼弘揚和發展中華武術？武學如果不『與時俱進』，老在『陰陽五行』裏打轉轉，恐怕難以弘揚。古代武學大師授人，一趟劈拳，起碼練一年，根本不給你講陰陽之理，徒弟不明白也不敢問。老師說『拳練千遍，拳理自見』，奇蹟都是練出來的。後來文人開始學拳，這才有了『陰陽五行』學說的關聯。『大智有大偽』非虛言也！」

第五章　太極拳之流派①

自伏羲畫卦，闡明陰陽，而太極之理，已寓於其中。嗣更命陰康作大舞，以宣導湮鬱；黃帝作《內經》，採按摩導引諸法，均本太極之理，為無形式之運動。華陀本莊子「吐故納新，熊經鳥申」作五禽經，以授吳普，是時已開姿勢運動之先河矣。

唐許宣平（許先師江南徽州府歙縣人。隱城陽山結廬南陽。辟穀不食。身長七尺六寸，髯長至臍，髮長至足，行如奔馬。唐時每負薪賣於市中，獨吟曰：「負薪朝出賣，沽酒日夕歸，借問家何處，穿雲入翠微。」李白訪之不遇為題詩於望仙橋云）所傳太極拳術名三世七，因只三十七勢而得名，其教練之法，為單勢教練，令學者一勢練熟，再授一勢，無確定拳路，功成後各勢自能互相連貫，相繼不斷，故又謂之長拳。其要訣有八字歌、心會論、周身大用論、十六關要論、功用歌，傳宋遠橋。

俞氏（江南寧國府涇縣人）所傳之太極拳名先天拳，亦名長拳。得唐李道子之傳（江南安慶人）。李居武當山南岩宮，不火食，第日啖麥麩數合，人稱之為夫子李云。俞氏所傳之人，可知者有俞清慧、俞一誠、俞蓮舟、俞岱岩等。

程氏太極拳術，始自程靈洗（字元滌，江南徽州府人。侯景之亂，惟歙州得保全者，皆靈洗力。梁元帝授以本郡太守，卒謚忠壯）。其拳術得之於韓拱月。傳至程珌（紹興中進士，授昌化主簿，累官禮部尚書，拜翰林院學士，追封新安郡侯、端明殿學士致仕。精易理，著有《洛水集》），改名小九天，共十四勢。有用功五志，四性歸原歌。

殷利亨所傳之太極拳術名後天法，傳胡鏡子（揚州人）。胡鏡子傳宋仲殊（安州人，嘗遊姑蘇台，柱上倒書一絕云：「天長地久任悠悠，你既無心我亦

休。浪跡天涯人不管，春風吹笛酒家樓。」），其式法十七，多屬肘法，雖其勢法名目不同，而其用則一也。

張三豐名通，字君實，遼陽人。元季儒者，善書畫，工詩詞，中統元年，曾舉茂才異等，任中山博陵令。慕葛稚川之為人，遂絕意仕進，遊寶雞山中，有三山峰，挺秀倉潤可喜，因號三豐子。世之傳三豐先生者，不下十數，均未言其善拳術。洪武初，召之入朝，路阻武當。夜夢玄武大帝授以拳法，且以破賊，故名其拳曰武當派，或曰內家拳。內家者，儒家之意，所以別於方外也。又因八門五步為此拳中之要訣，故名十三式，言十三法也。後世誤解以為姿勢之勢，則謬矣。

傳張松溪、張翠山。先是宋遠橋與俞蓮舟、俞岱岩、張松溪、張翠山、殷利亨、莫谷聲等七人為友，往來金陵之地，尋同往武當山，訪夫子李先生不遇。適經玉虛宮晤三豐先生，七人共拜之，耳提面命者月餘而歸，自後不絕往拜。由是而觀，七人均曾師事三豐，惟張松溪、張翠山傳者名十三式耳。

或曰三豐係宋徽宗時人。值金人入寇，彼以一人殺金兵五百餘。山陝人民慕其勇，從學者數十百人，因傳其技於陝西。元世祖時，有西安人王宗岳者，得其真傳，名聞海內。著有太極拳論、太極拳解、行工心解、搭手歌、總勢歌等。溫州陳州人多從之學，由是由山陝而流傳於浙東。

又百餘年，有海鹽張松溪者，在派中最為著名（見《寧波府志》），後傳其技於寧波葉繼美近泉，近泉傳王征南②來咸，清順治中人。征南為人勇而有義，在明季可稱獨步。黃宗義最重征南（其事蹟見《遊俠佚聞錄》），征南死時，曾為作墓誌銘。黃百家主一，為傳內家拳法。有六路長拳、十段錦等歌訣。征南之後，又百年，始有甘鳳池③，此皆為南派人士。

其北派所傳者，由王宗岳④傳河南蔣發⑤，蔣發傳河南懷慶府陳家溝陳長興⑥。其人立身常中正不倚，形若木雞，人因稱之為牌位先生。子二人，曰耿信、曰紀信。

時有楊露蟬先生福魁者⑦，直隸廣平府永年縣人，聞其名，因與同里李伯魁共往師焉。初至時，同學者除二人外皆陳姓，頗異視之，二人因互相結納，盡心研究，常徹夜不眠。牌位先生見楊之勤學，遂盡傳其秘。楊歸，傳其術遍鄉里。俗稱為軟拳，或曰化拳，因其能避制強硬之力也。嗣楊遊京師，客諸府邸，清親貴王公貝勒多從授業焉，旋為旗營武術教師。有子三，長名錡，早亡；次名鈺，字班侯；三名鑑，字健侯，亦曰鏡湖，皆獲盛名。

余從鏡湖先生遊有年，念其家世。有子三人，長名兆熊，字夢祥；仲名兆元，早亡；叔名兆清，字澄甫。班侯子一，名兆鵬，務農於鄉。當露蟬先生充旗營教師時，得其傳者蓋三人，萬春、凌山、全佑是也，一勁剛，一善發人，一善柔化，或謂三人各得先生之一體，有筋骨皮之分。旋從先生命，均拜班侯先生之門，稱弟子云。

有宋書銘者，自云宋遠橋後，久客項城幕，精易理，善太極拳術，頗有所發明，與余素善，日夕過從，獲益匪鮮。本社教員紀子修、吳鑒泉、劉恩綬、劉彩臣、姜殿臣等多受業焉⑧（吳為全佑子，紀常與凌君為友）。

【注釋】

①太極拳之流派：北京體育研究社一九一八年《體育季刊》第一期，刊登郎豫增撰寫的《張三豐傳》，他寫張三豐「談及內功拳，始識其精於太極」。本《圖解》中提到張三豐「世之傳三豐先生者，不下十數，均未言其善拳術。洪武初，召之入朝，路阻武當。夜夢玄武大帝授以拳法，旦以破賊，故名其拳曰武當派，或曰內家拳，內家者」，雖然尚未直接點明張三豐是太極拳創始人，但已經對太極拳歷史研究產生了深刻影響，後人越演越烈，不僅將太極拳定為內家拳，又從內家拳推斷張三豐為太極拳創始人，以邏輯代替歷史，偏離了歷史的眞實，對太極拳史研究帶來不少混亂，也給武術界帶來不少矛盾。

許禹生的學生王新午在他的著作《太極拳闡宗》中，對他老師的《太極拳勢圖解》第五章「太極拳之流派」，又作了更為詳盡的闡發。王新午《太極拳闡宗》第一章「太極拳流派」，分十小節，分別是：第一節國術流源與太極拳；第二節許宣平之三十七式；第三節李道子之先天拳；第四節程元滄滌之小九天法式；第五節宋仲殊之後天法式；第六節張三豐之太極十三式；第七節陳長興之太極拳；第八節楊福魁之太極拳；第九節許禹生之太極拳；第十節宋書銘之太極拳。又有第三章「太極拳文獻」，第一節張三豐傳；第二節張松溪傳；第三節王征南墓誌；第四節王征南內家拳法。兩章共有二十頁，洋洋數千字，為太極拳史研究提供了許多有趣的資料，至今影響著太極拳史的研究。

曾昭然在《太極拳全書》中指出：「向來言太極拳歷史者，大都以訛傳訛，多不可信。民國八年許禹生始著太極拳書（按：即《太極拳勢圖解》），嘗述太極拳源流頗詳，以後著同類書者，要皆宗之。許氏所述，大致如下：……（按：此處文字較長，不作抄錄，讀者可見《圖解》與《闡宗》原文）。竊以為一般太極拳所以稱為太極拳出於張三峰者，大抵以為少林既以拳勇名天下，則欲與之爭衡者，非抬出大名鼎鼎足與之相埒之祖師不可；和尚既能精於拳術，則道士何獨不能？於是素隱行怪名滿大江南北之道士張三豐不得不膺其拳術之上之殊選。此原係武師之幼稚心理，一般文士不察，遂亦率意從之，於是張道士三豐便爾黃袍加身，居然任內家拳以至太極拳之祖師矣。」

②王征南：一六一七—一六六九年，又名王瑞伯，名來咸，字征南，是明末清初著名的武當派拳師。早年從軍，以「七矢破的」，補臨山把總，由於「屢立戰功」，官至「都督僉事副總兵」。由於參與反清復明，事敗後隱居鄉野，「終身菜食以明其志」。黃宗義反清復明失敗後返歸家鄉，在寧波城西的白雲莊講學，結識了王征南，兩人成為好友。

王征南村後有一座鐵佛寺，原為王應麟的家廟，王曾隱居於此。王征南雖然罷事家居，但慕其才藝者來訪不絕，他一生收徒極嚴，四明內家拳的眞髓只授予了黃宗義的兒子黃百家，然而黃百家卻沒有能夠將之傳播。在他後來所寫的《王征南先生傳》中，黃百家沉痛地說道：「余既負先生之知，則此術已成廣陵散矣，余寧忍哉！」

王征南下世的當年，一代文宗黃宗義就給他寫了墓誌銘，在中國武術史上，首次提出：「少林以拳勇名天下，然主於搏人，人亦得以乘之。有所謂內家者，

以靜制動，犯者應手即仆，故別少林為內家。蓋起於宋之張三峰。」王征南死後七年（一六七五年），他的弟子黃百家著《內家拳法》和《王征南先生傳》。比較全面地介紹了王征南內家拳法的功理功法和「五不傳」的擇徒原則。

③甘鳳池：江蘇南京人，清代著名武術家，生卒年不詳。先後拜黃百家、一念和尚為師，精內外家拳，善導引之術。江湖人稱「江南大俠」，著有《花拳總講法》。時因違反漢人不可聚眾習武之禁令及被懷疑有反清復明之疑，為清兵追捕，隱居江浙。據清人王友亮著《甘鳳池小傳》說，他年八十餘，終於返鄉。

甘鳳池是位名震四方的江湖大俠，吳敬梓所著《儒林外史》中的義士鳳老爹寫的就是他。甘鳳池原是南京人氏，自小父母雙亡、孤苦伶仃，自幼不喜讀書，卻愛好武功，結交江湖俠客，十幾歲時，就以「提牛擊虎的小英雄」名揚江南。《清史稿・甘鳳池傳》說他「勇力絕人能提牛」。民間傳說他曾協助女俠呂四娘闖入清宮行刺雍正，此故事雖然與史無據，但頗受民眾喜聞。

唐豪曾指出：「許禹生於民十出版之《太極拳勢圖解》中稱征南之後百年始

有甘鳳池，又指甘為南派太極拳南派人士，皆出杜撰。盲從之者，有民十九出版之姜容樵、姚馥春《太極拳決議》，民二十出版之吳圖南《科學化的國術太極拳》等書，豈武藝作家，不以竟張空虛為恥者乎？」

④王宗岳：傳說明朝萬曆人，內家拳名家。精通拳法、劍法、槍法，研究數十年，頗有心得。所著《太極拳譜》中之《太極拳論》，被視為太極拳經典理論。另有《陰符槍譜》等。見《清史稿・王來咸傳》《王征南墓誌銘》。由武禹襄之甥李亦畬一八六七年著述的《太極拳小序》載：「太極拳始自宋張三豐，其精微巧妙，王宗岳論詳且盡矣。後傳至河南陳家溝陳姓，神而明者，代不數人。我郡南關楊某（按：即楊露禪），愛而往學焉。專心致志，十有餘年，備極精巧。旋里後，市諸同好，母舅武禹襄見而好之，常與比較，伊不肯輕以授人。僅能得其大概。素聞豫省懷慶府趙堡鎮，有陳姓名清平者，精於是技，逾年，母舅因公赴豫省，過而訪焉。研究月餘，而精妙始得，神乎技矣。……」此文乃近代太極拳源流之最早記載。

⑤蔣發：傳說是北派太極第一代宗師王宗岳的衣鉢傳人，對太極拳事業的承前啓後、發揚光大，以及理論的發展，具有不可磨滅的功績。他不僅是趙堡太極拳派的創始人，也是現代六大派（趙堡、陳、楊、武、吳、孫）的共同祖師，是北派太極的第二代宗師。以上觀點仍是一家之言。由於蔣發詳細生平及武術活動等事蹟，缺乏可靠的史料支持，學術界對他存在爭議。

⑥陳長興：一七七一——一八五三年，字雲亭，陳氏十四世，自幼受業於其父秉旺，拳、械出神入化。成年後以保鏢為業，在武術界享有盛名。其人「立身中正，不偏不倚……人稱為『牌位先生』」。「至道光年間，拳好極，矗立千百人中，無論眾人如何推擁擠，腳步絲毫不動，近其身者，如水觸石，不抗自頹。」其著述流傳下來的主要有：《太極拳十大要論》《太極拳用武要言》《太極拳戰鬥篇》《陳長興太極拳總歌》等。他傳授門徒眾多，有名弟子有：其子陳耕耘，宗侄陳花悔、陳懷遠，楊露禪（福魁）等。

⑦楊露蟬：也作楊露禪、楊祿禪，名福魁，生於清嘉慶四年（一七九九

年），直隸省廣平府人（今河北省永年縣），中國歷史上第一個將太極拳事業深入推廣、發揚光大的偉大武術家。他以畢生精力鑽研武學，醉心拳道，訥於言而敏於行，成就威名後淡泊依舊，不為浮華虛榮所累，是典型的武癡。

楊露蟬去陳家溝向陳長興學拳，因是外鄉人、長工的身份，因此雖未被拒諸門牆之外，卻一直不知其拳的精要處（詳見陳微明一九二八年上海中華書局《太極拳名人軼事》、陳炎林一九四九年上海國光書局《太極拳刀劍杆散手合編》「楊家小傳」），這不利因素，反而促進了楊露蟬在《太極拳論》的指導下，對陳溝拳作了改造革新和提升，創造出被世人公認的現代太極拳，他個人也從「鄉里高手」成為京師「楊無敵」。

一八四〇年前後，楊露蟬自豫北溫縣陳家溝學拳藝成後返回家鄉冀南永年縣設壇教拳，拳械運用高妙，鄉里高手盡皆懾服。從學者稱其拳為「化拳」或「綿拳」。武禹襄昆仲三人從其學藝，又共同研習《王宗岳太極拳論》，使其拳的風格發生質的變化，人們稱其為「太極拳」。

後因武汝清薦往北京教拳，歷任大戶醬園張家、京師旗營武術教師等。晚年時被延請至王府授拳，在京城他被譽為「楊無敵」，名聲大噪，從此開啟了近代太極拳傳播序幕，為日後太極拳的弘揚發展，奠定了堅實的基礎。

⑧有宋書銘者……多受業焉：宋書銘，自稱宋遠橋後人。據王新午《太極拳闡宗》介紹：「項臣袁氏秉政，時有宋書銘參其幕，精研易理，善太極拳術。時年已七十矣。自言為宋遠橋的十七世孫，其拳名為『三世七』，以共三十七式而得名，又名長拳。與太極拳十三式名目大同小異，然而趨重單式練習，惟推手法亦相同。」然而楊露禪所傳推手法，重心多移至前足，而宋書銘所傳之推手法，重心多在後足。其時紀子修、吳鑒泉、許禹生、劉恩綬、劉彩臣、姜殿臣諸人聽聞宋書銘精太極拳，多前往拜訪。

唐豪對宋書銘的說法持批判的態度，他指出：「王宗岳著作裏絕沒有說過張三豐以前的道家或這樣一個和尚創造太極球，一九一二年關百益油印的《太極拳經》裏也無此說，而突然毫無根據地出之於今人之口，其事又極為荒唐，在我認為，寧可信其必無。」

「一九三七年出版的《太極拳譜辨偽》作者徐震也早已否定了張三豐以前道家曾經創造過太極功。所謂『太極功』即一九二一——一九一五年宋書銘傳譜上托稱唐朝道家許宣平傳下來的三十七個單勢，最初宣傳此說的是一九二一年出版的許禹生《太極拳勢圖解》，繼許之後宣傳此說的是一九三三年出版的李先五《太極拳》。許禹生是宋的朋友，李先五是宋書銘的再傳弟子。」

「徐震否定的理由：『觀許宣平諸歌訣，多襲用王宗岳拳譜，並襲武禹襄語——如開合鼓盪主宰定，其作偽之跡甚明。李先五太極三十七式名目，幾乎全同楊氏譜，只刪去其重複之名目，然則宋書銘之太極，仍為楊氏之傳，特諱其所自來耳。』」「徐震認為宋譜是宋書銘『附會古籍，偽撰歌譜，以自神其術。』自古無此說，也就是說附會出自宋書銘。」

宋書銘是中國太極拳史上謎一樣的人物，他似流星一閃而過，卻留下不少話題；他散佈的關於太極拳源流的種種傳說，疑團重重眞偽難辨；他對後人研究太

極拳史影響頗深，他的歷史作用曖昧，難以評說。

按：許禹生《太極拳勢圖解》第五章《太極拳之流派》，是我國最早正式涉及太極拳源流的著作，影響巨大，它引發了武術界人士對太極拳源流的興趣和研究。

王新午著《太極拳闡宗》，對《太極拳勢圖解》第五章又作了詳盡的闡發，為太極拳史研究提供了有趣的故事，也影響了太極拳史的研究。但是以上這些資料，尤其是人物的描寫，幾乎與《太平廣記》《搜神記》《聊齋》等神鬼小說如同一轍，作為民間宗教信仰是有其存在的理由的，而作為歷史的眞實卻是荒謬的。

二水居士認為：最早刊佈於民國十年（一九二一年）北京體育研究社出版發行的許禹生著《太極拳圖勢解》上篇第五章之《太極拳之源流》。其書從伏羲畫卦闡明陰陽著手，先後梳理了陰康作大舞，黃帝作《內經》、按摩導引，華佗本莊子之「吐故納新，熊經鳥伸」作五禽經，開姿勢運動之先河，將太極拳源流上溯到唐・許宣平。並一一論及韓拱月、李道子、胡鏡子、程靈洗、程珌、俞清慧、俞一誠、宋仲殊、張三豐、殷利亨、張松溪、張翠山、莫谷聲、俞蓮舟、俞岱岩、宋遠橋等。許禹生一方面稱「海鹽張松溪」，另一方面從《寧波府志》摘錄「鄞人張松溪」的相關傳承資料，將太極拳與張松溪一脈的葉繼美、王征南、黃百家、甘鳳池等所習練的內家拳扯上了關係。

先哲徐哲東先生對此不屑一辯，云：「自頃以來，太極拳大行於南北，述其史實者，頗多異說，尤以原於張三峰之說為盛。復有謂出於六朝時之韓拱月，唐之許宣平、李道之及明之殷利亨者。出於韓許李殷之說，羌無故實，其為偽託，不待深辯」，「夫向之穿鑿附會，杜撰太極拳歷史者，固不足以言考證」。顧留馨先生則對此譜所述功法多有發難：考宋書銘所練太極拳，實以楊式為基礎，改成三十七個單練的勢，任意錯綜連貫，確為「頗有所發明」，託名傳自唐許宣平，傳之宋遠橋，以自神其術。所傳抄拳譜，絕不類唐人文辭云云。

二水居士校注的《太極功源流支派論》，對太極拳源流作了嚴謹精詳的研究，此書已由北京科學技術出版社正式出版發行，讀者如對太極拳源流有興趣，不妨進而閱讀此書。（繁體字版：大展出版社有限公司出版）

筆者以為，中國近代武術的源頭都可追溯到戚繼光（南塘）和他的《紀效新書》。而把張三豐認定為太極拳的創始人，缺乏可靠的史實來證明。張三豐只是民間信仰的一個符號，是用以包裝太極拳拳理的符號。

第六章 《太極拳經》詳注①

「太極者，無極而生。」

太，大也，至也；極者，樞紐根柢之謂。太極為天地萬物之根本，而太極拳則為各拳之極至也。無極而生者，本於無極也。此拳重在鍛鍊精神，運勁作勢，純任自然，不甚拘於形式。以虛無為本，而包羅萬象，故曰無極。然初學者究當就有形之姿勢，入手學習，久之著熟懂勁，融會慣通，始能入於神化之境。

案周濂溪《太極圖說》，「無極而太極」注云：「上天之載，無聲無臭，而實造化之樞紐，品匯之根柢也。故曰，『無極而太極』，非太極之前，復有無極也。」此云無極而生，究有語病。

「動靜之機②，陰陽之母也。」

變易物體之位置，或動體進行之方向曰動；保存或維持其固有之位置或方向曰靜。機者朕兆也，如《陰符經》「天發殺機」之機。夫動靜無端，陰陽無始。太極者其樞紐機關而已。太極拳當行功時，中心泰然，抱元守一，未常不靜。及其靜也，神明不測，有觸即發，未常無動。於動時存靜意，於靜中寓動機，一動一靜，互為其根，合乎自然。此太極拳術之所以妙也。

萬物之生也，負陰而抱陽，莫不有太極。有太極斯有兩儀，故太極為陰陽之母。太極拳著著勢勢，均含一〇圓形。其動而陽、靜而陰及剛柔進退等，均與易理無異，故得假借易理以說明之，非強為附會也。

中國舊日學說，諸凡事物均以陰陽喻之，故陰陽無定位。太極拳之喻③陰陽亦然。如拳勢之動者為陽，靜者為陰；出手為陽，收手為陰；進步為陽，退步為陰；剛勁為陽，柔勁為陰；發勁為陽，收勁為陰；黏勁為陽，走勁為陰；手足關節之伸為陽，曲為陰；分為陽，合為陰；開展為陽，收斂為陰；身軀之仰為陽，俯為陰；升為陽，降為陰。凡此所喻，無論遇如何變化，內皆含一〇圓形，故動靜不同時，陰陽不同位，而太極無不在焉。

「動之則分，靜之則合。」

動，變動也。動之則分陰分陽，兩儀立焉，靜之則沖漠無朕，而陰陽之理，已悉具其中矣。

太極拳術當行功時，其各姿勢，一動一靜相間，其拳術之動者，前後左右上下，均有陰陽虛實可循，故曰動之則分。其靜的姿勢，雖無痕跡可指，然陰陽虛實，已具其中，故曰靜之則合。若作運勁解，則太極之陽變陰合，即物理、力學、分力、合力之理也。

太極拳術遇敵欲制我時，則當分截其勁為二，使敵力不能直達我身（背勁），所謂動之則分是也。若將敵黏起用提勁，陽之變也。及起，須靜以定之使不得動。或敵勁落空，稍靜即發，利用合勁，陰之合也。倘敵欲發我，則應

中心坦然，審候應機，靜以俟之，微動即應，所謂後人發先人至是也。

夫道一而已矣。當混沌未判，洪濛未闢，本無動靜，何有陰陽？故以虛無為本者，無不合道。天地如是，太極如是，太極拳習至極精處亦如是也。

然此指先天而言，指習拳術功深進道者而言，初學之士，驟難語此也。及乾坤既定，兩儀攸分，有陰陽斯有動靜，則言太極者，不能不就有形象者以講求之。

太極拳之分合動靜，合乎陰陽，如動勢須求開展，運勁務明虛實。剛則化之故曰分，柔則守之故曰合。坤在靜中求動，無為始而有為終，必須伏炁。乾則動中求靜，有為先而無為了，只要還虛，蓋萬物之理，以虛而受，以靜而成，天地從虛中立極，靜中運機，故混沌開而闔闢之局斯立，百骸固而無極之藏自主，無不從虛靜中來也。重陽子曰：「此言大道之原，而功先於虛靜，虛則無所不容，靜則無所不應。」由是觀之，習太極拳者，倘以虛靜為本，則分合變化，自無不如意也。

「無過不及，隨曲就伸。」

過，逾也；不及，未至也；隨，無逆也；就，即之也。過與不及，皆為失中。失中則陽亢陰睽，未能有合也。太極拳於曲伸分合等處，運勁過則生頂抗等病，不及則有丟匾等病。欲求不即不離，則應隨之而曲，就之而伸，隨機應變，毋固毋我。因力於敵，以中為主，而沾黏連隨以就之，自無不合，所謂君子而時中也。

案初學此拳者，每失之過，迨稍懂勁，則每失之不及。學者宜審慎之。

「人剛我柔謂之走，我順人背謂之黏。」

人者，敵也；剛，指剛強有力而言；柔者，無抵抗也；走者，化也。柔以承之，變化敵力之方向，不為所制，故曰走。順者自由便利也；背者，不自由不便利也；黏者，取制敵人之力也。遇敵施剛力時，我惟順應其勢取而制之，使俯就我之範圍，如以膠著物，故曰黏。

太極拳常以小力敵大力、無力禦有力、弱勝強、柔制剛為其主旨，但以常理言之，小固不可以敵大，弱固不可以勝強。柔固難期以制剛，然云敵之勝之制之者，必有其所以制勝之理在。蓋敵力須加吾身方生效力，苟御制得道，趁其剛發動之始，審機應變，採取擒獲，使還制其身。則我雖弱，常居制人地位，敵雖強，常居被制地位，難於自由發展，力雖巨奚益？此老聃齒敝舌存之說也，頗合太極拳剛柔之義。然非好學深思之士，未足以語此。

「動急則急應，動緩則緩隨，雖變化萬端，而理為一貫。」

此言己動作之遲速，當隨敵動作遲速之程度而異，但欲識敵之遲速程度，須先體察敵力之動機，方能因應咸宜。何謂動機？周濂溪《通書》有云：「動而未形有無之間者曰機」，又曰「機微故幽」。難識如此，設非功深，不易知也。然苟得其機，敵雖變化萬端，由一本而萬殊。而我則執兩用中，扼萬殊使歸一本，審機應候，無過不及。

敵運動甚速，而我應付遲緩，則失之緩；敵勁尚未運到，而我先逆待，或加以催迫，則敵反有機可乘，是謂性急，其弊一也。守一以臨，純任自然，無絲毫之凝滯矣。故曰「得其一而萬事畢」是也。

「由著熟而漸悟懂勁，由懂勁而階及神明，然非用力之久，不能豁然貫通焉。」

此言習太極拳者，進功自有一定之程度，而不可躐等躁進也。太極拳之妙全在用勁（此勁字係靈明活潑由功深練出之勁，不可僅作力量解），然勁為無形，必附麗於有形之著，始能顯著。言太極拳者，每專恃善於運勁，而輕視用著，以致習者無從捉摸，有望洋興嘆之概。虛度光陰，難期進益，較循序漸進者，反事倍功半，不遵守自然之程式故也。

昔孔子講學，常因材授教，故諸門弟子，各得其益。拳術雖屬小技，然執塗人而語以升堂入室之奧，未有能豁然者也。故習此拳者，應先模仿師之姿勢，姿勢正確矣，須求各姿勢互相聯貫之精神。拳路熟習矣，須求勢著數之用法。著熟矣，其用是否能適當，用均得其當矣，其勁是否不落空，勁不落空，是真為著熟。再由推手以求懂勁，研求對手動作之輕重遲速，及勁行之趨向方位。久之自微懂而略懂，進至於無微不覺，無處不懂，方得稱為懂勁。

懂勁後不求用著，而著自合，進至無勁非著，無著非勁，漸至不須用著，只須用勁，再至不求用勁，而勁自合。洵至以意運勁，以氣代意，精神所觸，莫之能禦，則階及神明矣。是非數十年純功，曷克臻此。

「虛領頂勁。」

虛，一作須，似宜從虛。虛者，對實之稱。實即窒滯難巧也。頂者，頭頂，亦曰顖門。小兒初生時，此處骨軟未合，常隨呼吸顫動，道家稱為上丹田泥丸宮，蓋藏神之府也，佛家摩頂受記，道家上田練神。《易》曰「行其庭不見其人（庭，指天庭頭頂也。行，神氣流行也。不見其人，虛也）。《黃庭經》云：「子欲不死修崑崙（山名，喻頭頂）。」均示人修養之要訣也。

夫人之大腦主思想，小腦主運動。而頭頂實首出庶物，支配神經，為主宰之樞府。其地位重要如此，宜為修養家所注重。練太極拳者，向主身心合一、內外兼修，精神與肉體二者同時鍛鍊。故運勁時必運智於腦，貫神於頂，務使頂上圓光，虛靈不昧。所以練神也，蓋頭為全身綱領，綱舉則目張。頭頂懸則周身骨骼正直，筋肉順遂。偶有動作，全身一致，左右前後，無掣肘之虞矣。

「**氣沉丹田**。」

丹田，穴名。道家謂丹田有三，一居頭頂，以藏神；一居中脘，以蓄炁；一居臍下，以藏精。此指下丹田也（臍下三寸）。常用深呼吸使氣歸納於此，自能氣足神旺。《黃庭》云：「呼吸廬外入丹田，審能行之可長存④。」蓋常人呼吸短促，每至中脘而回（中脘，橫膈膜也），不能下達此處。因之循環遲緩，肺力薄弱，不足以排泄腹中炭養，血脈不能紅活，於人之壽命關係至鉅。

老子曰：「天地之間，其猶橐籥⑤乎？」又曰「虛其心，實其腹。」蓋吐故納新（吐，吐腹中濁氣；納，吸新鮮空氣也），歸根復命（根，根蒂，指下丹田命門精氣也。歸復者，以意逆志於此也），以心意導精氣於下丹田而施烹煉也，久之自能延年卻病。

下丹為全身重點所在，習拳術者，沉氣於此，則屹然不動，不易撼倒。但沉者徐徐而下，在有意無意之間。非若外家之用力下沉，外贓小腹也。倘或不慎，每致腸疝諸症。邇來日本之靜坐家剛田虎二郎罹糖尿病逝世，議者疑係努力下丹田所致。非無因也。

「不偏不倚，忽隱忽現。」

偏，偏頗失中也；倚，倚賴失正；隱，隱藏；現，表現。忽隱忽現者，神明不測也。上指身體姿勢，下指神氣運動而言。太極，虛明中正者也。於姿勢則必中必正，於運勁若有意無意，使神氣意力，全身貫澈，無過不及，忽隱忽

現，令人不可捉摸。練習純熟，便易領悟。

幾何學定理，兩點之間只可作一直線，太極拳上領頂勁，下守重心，周身中正，便無不是處矣。但領守均須含活潑之意，富自然之趣。過於矜持，則神氣凝滯，姿態呆板，運勁不能虛靈，動生障礙矣。故曰「忽隱忽現」也。

「左重則左虛，右重則右杳。」

此仍承上文而言。吾隱現無常，敵以吾力在左，思更加重吾左方之力，使失平衡，吾則虛以待之，令敵力落空。敵揣吾右方有力，可以擒制。吾即隱而藏之，虛實易位，隨機善應，敵更何所施其技耶？

「仰之則彌高，俯之則彌深。」

仰升俯降也。敵欲提吾使上，吾即因而高之；敵欲押吾使下，吾即因而降之。敵遂失其重心，反受吾制矣。因仍變遷，潛移默化，運用之妙，在於一心。

「進之則愈長，退之則愈促。」

進，前進也；長，伸舒也，退，後退也；促，逼迫也。吾前進時，倘敵順領吾勁時，吾則長身以隨之，使無可退避。或敵乘勢前進，吾急引而伸之，使力到盡頭，自不得再逞。吾若退後，敵力逼來，每致迫促無路可逃。然退而急進，雖促不促矣。《易》云：「天行健，君子以自強不息」，示人遇事當積極進行，不可退縮也。

太極拳雖以柔靜為主，但非務退避，其佯退者，乃以退為進，非真退也。若竟退時，倘遇敵隨之深入，則逼迫不自安矣。又敵退後時，吾進而迫之使愈促，吾退後時，敵力跟來，吾則或俯身折疊以促其指腕，或旁按臂彎，使敵促迫不安，而不能再進。全在因勢利導，不必拘泥也。

「一羽不能加，一蠅不能落。」

羽，翎羽也；加，增之也；落，降也，著也。言善太極功者，感覺敏銳，

稍觸即知，稍縱即逝。雖輕如一羽，微如蠅蟲，稍近吾體，亦即知覺，趨避而不令加著也。夫虛靈不昧之謂神，有知覺然後能運動。致虛極，守靜篤，寂然不動，感而遂通，有不期然而然者。非鍛鍊有素，支⑥體軟靈，富有觸力，未足語此也。

「人不知我，我獨知人，英雄所向無敵，蓋皆由此而及也。」

虛靜則陰陽相合，覺敏則剛柔互濟。敵偶動作，吾無不知。吾之動作，敵盡難知。拳術家所向無敵，蓋均由此，孫子曰：「善戰者無赫赫之功。」又曰：「知彼知己，百戰不殆。不知彼而知己，一勝一負。」人不知我，我能知人，則所向無敵矣。

「斯技旁門甚多。」⑦

泛指他項拳術而言。

「雖勢有區別。」

流派不同，姿勢各異。

「概不外乎壯欺弱，慢讓快耳。」

他種拳術重力量，尚著法而不求懂勁，故於機勢妙合、運用靈敏、以靜制動諸訣概不過問。

「有力讓無力，手慢讓手快，此皆先天自然之能。」

謂力大與敏捷二者，均為天賦的能力。非關學力而有所為也，非由學而能者。

「察四兩撥千斤之句（見搭手歌牽動四兩撥千斤）**顯非力勝。」**

如秤衡秤物，滑車起重，全賴槓桿斜面等理。太極拳以小力勝大力，以無力制有力，與科學暗合。

「觀耄耋能禦衆之形，快何能為。」

古稱七十曰耄，八十曰耋。年老之人，舉動遲緩。然古之名將，如廉頗等，雖老尚能勝眾，是必不僅恃手足速快已也。

「立如平準。」

中正安舒，不偏不倚，脊背三關，自然得路也。

「活似車輪。」

圓妙莊嚴，靈活無滯，則周身法輪，常轉不已矣。

「偏沉則隨。」

偏指一端也。如吸水機，如撤酒器，使一端常虛，故能引水，如欹器之不堪盈滿，滿則自覆矣。

「雙重則滯。」

有彼我之雙重，有一己之雙重。太極拳以虛靈為本，單重尚且不可，況雙重乎？

「每見數年純功，不能運化者，率皆自為人制，雙重之病未悟耳。」

古云：「恃德者昌，恃力者亡」，《易》曰：「天行健，君子以自強不息」，蓋言虛則靈，靈則動，動則變，變則化，化則無滯耳。善應敵者，常致人而不致於人，而況自為人所制乎？用功雖純，苟不悟雙重之弊，猶未學耳。

「欲避此病。」

雙重之病。

「須知陰陽。」

陰陽之解甚多，前已述之，茲不復贅。

「黏即是走，走即是黏。」

一而二，二而一者也。制敵勁時謂之黏，化敵勁時謂之走。制而化之，化而制之，制即化，化即制也。

「陰不離陽，陽不離陰，陰陽相濟，方為懂勁。」

知彼己之剛柔虛實，則陰陽互為消長。以虛濟盈，而不失其機，斯真懂勁。

「懂勁後愈練愈精。」

反襯不懂勁則愈練愈不精也。

「默識揣摩，漸至從心所欲。」

懂勁後能自揣摩，默而識之，有餘師矣。

「本是捨己從人。」

毋意，毋必，毋固，毋我，隨機應便⑧，不拘成見。

「多誤捨近求遠。」

不知機而妄動者，動則得咎。

「所謂差之毫釐，謬之千里。」

區別甚微，人易謬誤。

「學者不可不詳辨焉，是為論。」

古人云：「獲得真訣好用工」，苟不詳為辨別，則真妄費工夫矣。

此論係三豐先生入室弟子王君宗岳所作，語簡而賅，要之於太極拳之奧理已闡發無遺。原經甚多，先取此篇加以注釋。臆斷之處，在所難免，閱者諒之。

【注釋】

①此章《〈太極拳經〉詳注》，曾在一九一八年《體育季刊》第一期上單獨發表。

陳微明《太極答問》：「自以王宗岳先生《太極拳論》為宗」，承認楊家太極拳奉《王宗岳太極拳論》為圭臬，甚至將此文稱作為《太極拳經》，即太極拳的經典，作為行拳走架、推手的行為模式、價值標準以及思維模式。

《太極拳經》，或名《太極拳論》，或《王宗岳太極拳論》（簡稱《王論》）。一九一二年，關伯益油印名稱為《太極拳經》；一九二一年，許禹生也稱《王論》為《太極拳經》。一九二五年，陳微明著《太極拳術》中《太極拳經》也是「太極者，無極而生。……」，而將「一舉動周身俱要輕靈。……」稱為《太極拳論》。一九三一年，董英傑在《太極拳使用法》中則稱「太極者，……」為《王宗岳遺論》。一九三三年，《太極拳體用全書》稱「一舉動，……」為《太極拳論》，稱「太極者，……」為《明王宗岳太極拳論》，兩文都稱「論」。一九四二年，王新午在《太極拳闡宗》中稱「一舉動……」為《太極拳論》，稱「太極者，……」仍為《太極拳經》。一九六二年，《楊式太極拳》附錄，又將兩者都稱《太極拳論》，在「太極者，……」的《太極拳論》旁注：「王宗岳」；在「一舉動，……」的《太極拳論》又注「武禹襄」三字。以後學術界都把「太極者，……」稱為《太極拳論》或《王宗岳太極拳論》。這

種稱謂前後不一，帶來了一個問題，有關王宗岳「太極者，……」的論說，其原標題究竟該是《太極拳經》，還是《太極拳論》？

一八五二年，武澄清、武禹襄從舞陽鹽店發現所謂《王論》時，實際上它是一個殘缺的拳譜抄本，僅僅剩下四篇文章，這四篇文章的體裁、觀點和文氣也確有某些不同之處，疑為編輯而成。此殘缺的原始物件有否封面，裏面四篇的原標題其名稱又究竟是何？是何人所作？是《太極拳經》，還是《太極拳論》？或是標題名稱均為武氏所加（或李氏抄寫時所加）？甚至是「太極者無極而生」等字句也是否為後人所加？等等，這關係到太極拳的名稱究竟起自何時，或為何人所創的問題，這些都是太極拳史研究中的難以破解之謎。

②動靜之機：拳論中出現「動靜之機」四個字最早的出版物，就是一九二一年《太極拳勢圖解》。爾後是一九二七年《太極拳淺說》；一九二九年《康健指南》《太極拳全圖》……

楊氏《太極拳譜》傳本在《太極拳論》的「陰陽之母也」之前，添加了：

「動靜之機」四個字，不僅與「陰陽之母」四個字對仗，成為道地的駢體文句，也使之和後一句中的「動之則分，靜之則合」起到了承上啓下的對應作用，因此，在文法結構和文義用詞方面更為優雅。

據金仁霖研究，「老三本」均無「動靜之機」四個字，他認為，這四字添加時間較早，大約是楊露禪、楊班侯父子倆在北京端王府及諸旗營教拳授課時，由向他們學拳的王公們或陪伴王公們學拳聽課的文人學子所增添的。其他改動或增添的文字還有許多，可參閱《上海武術》一九九四年第三期，金仁霖撰寫《楊氏太極拳學者修改太極拳經典著作的例證》一文，此處不贅。

③喻：金藏本（即第二版）「喻」字，北中本、山科本（第五版）均為「為」字。

④原文「常存」，現改「長存」。

⑤橐籥：音ㄊㄨㄛˊ ㄩㄝˋ，鼓風用具，因一面有皮囊，民間俗稱「皮老虎」。在《道德經》中老子將其比喻為天地宇宙乾坤變化之象。內中空虛而生機不已，

動靜交織而無窮無盡。

⑥支：當為「肢」。

⑦斯技旁門甚多：即使習練太極拳，如果偏離了太極拳原理，也會走入旁門。

⑧隨機應便：當為「隨機應變」。

按：許禹生是最早對太極拳經（論）作解釋的，方便了學員對太極拳理論的學習和理解，同時也帶動武術家們按各自的經驗來解釋太極拳經，豐富太極拳文化。近百年來，注解太極拳經的著作已是汗牛充棟，但良莠相雜，讀者不易分辨優劣。最近，北京科學技術出版社出版發行二水居士校注的《王宗岳太極拳論》（繁體字版：大展出版社），較為精到，專家學者可進而研讀。

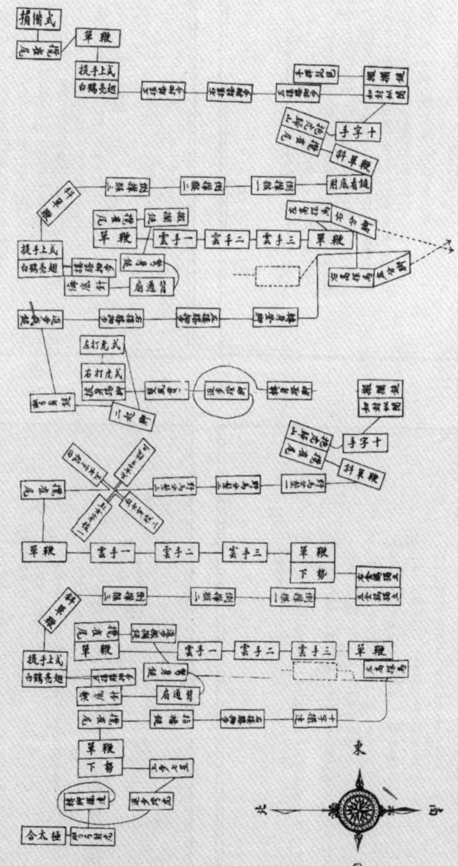
太極拳運動部位圖
預備式
單鞭
提手上式
白鶴亮翅
十字手
斜單鞭
肘底看錘
雲手一
雲手二
雲手三
扇通背
左打虎式
右打虎式
下勢
合太極
東

下編

第一章 太極拳路之順序及運動部位圖附說明

自北邊起向西作預備式。進左步、向右方轉身、面北作攬雀尾式。開左步、回身向南、作單鞭式。移右步向前、作提手上式。原地作白鶴亮翅式。開左步面南、作左摟膝拗步式。上右步作右摟膝拗步式。再上左步、作左摟膝拗步式。並右步、作手揮琵琶式。開左步作搬攔錘式。原地作如封似閉式。向右并步、面西作十字手式。開右步、向右斜後方轉、向東北作抱虎歸山式。原地作攬雀尾式。回身向西南、開左步作斜單鞭式。上右步、收左步、面向南作肘底看錘式。左腿後撤、左手前伸、作倒攆猴式一。撤右腿、伸右手、作倒攆猴式二。再撤左腿、伸左手、作倒攆猴式三。退右步向西北（或進左步向東南）作斜飛式。移右步向前、作提手上式。原地作白鶴亮翅式。開左步面南作左摟膝拗步式。左腿後撤半步、屈腿作海底針式。再開左步、作扇通背式。右後轉作撇身錘式。撤右步、作卸步搬攔錘式。再上右步、作攬雀尾式。開左足、回身向南、作單鞭式。並右足、作雲手式一。開左足作雲手式二。再并右足、作雲手式三。開左

足、作單鞭式。左足後撤半步作左高探馬式。踢右足、作右分腳式。落右足、作右高探馬式。踢左足、作左分腳式。左後轉、作轉身蹬腳式。落左足、作左摟膝拗步式。上右足、作右摟膝拗步式。再上左步、作進步栽錘式。右後轉、作翻身撇身錘式。提左腿踢右腿、作二起腳式。落右腿、撤左足、向左方作左打虎式。撤右足、向右方作右打虎式。原地作披身踢腳式。落右足向前作雙風貫耳式。踢左足、作進步蹬腳式。右後轉面向東、落左足、踢右足作轉身蹬腳式。落右足、上左步、作搬攔錘式。原地作如封似閉式。向右并步、作十字手式、開右步。向右斜後轉、向東北作抱虎歸山式。原地作攬雀尾式。回身開左步、向西南作斜單鞭式。上右步、作野馬分鬃式一。上左步、作野馬分鬃式二。再上右步、作野馬分鬃式三。上左步向西北作玉女穿梭式一。右後轉向西南作玉女穿梭式二。再上左步向東南作玉女穿梭式三。右後轉向東北作玉女穿梭式四。原地作攬雀尾式。開左足、回身向南作單鞭式。并右足作雲手式一。開左足作雲手式二。再并右足作雲手式三。開左足作單鞭式。原地屈腿作下勢式。立身、提右腿作右金鷄獨立式。落右足提左腿作左金鷄獨立式。撤左足作倒攆猴式一。撤右足作倒攆猴式二。撤左足作倒攆猴式三。退右足向西北（或進左足向東南）作斜飛式。移右足向前

作提手上式。原地作白鶴亮翅式。開左足面南作左摟膝拗步式。左足後撤半步、屈腿作海底針式。開左足、作扇通背式。右後轉、作撇身錘式。進左足作上步搬攔錘式。原地作攬雀尾式。開左步、回身、作單鞭式。并右足作雲手式一。開左足作雲手式二。并右足作雲手式三。開左足作單鞭式。左足後撤半步、作左高探馬式。開左步、穿左掌、右後轉作十字擺連式。右足落地、作右摟膝拗步式。進左足作摟膝指襠錘式。上右足作攬雀尾式。開左足、回身作單鞭式。原地屈腿作下勢式。立身上右足、作上步七星式。退右足、收左足作退步跨虎式。右後轉、上左足、穿左掌、再右後轉作轉腳擺連式。向右方落右足。作彎弓射虎式。上左足龔攏。雙手下垂、還原預備式。

附太極拳運動部位圖說明

(一)凡練習武術。例在某地方開始練起。即應仍在某地方收勢。今爲易於觀覽起見。特舒展圖面。故起訖不能在於一處。

(二)凡在一處繼續練習數式、不移動地方者。難於疊寫。祇得接近排列。以示在原地練習之意。如□是。

(三)凡兩式同在原地、而位置略移動者。特參差其位。以表明之。如□□是。

(四)凡動步者、則於兩位置間畫一直線。以示前進之意。如□□是。其斜向移動者、則畫一斜線。但綫之長短。與前進之度無關。

(五)凡姿勢之斜正。均以圖位之方向斜正表明之。

(六)每式注字之方法。各按每式所向之方向而定。閱者注意。

(七)凡身體旋轉之式。以℮綫表明之。其半轉身者。則畫ↄ線以表明之。

(八)左右分腳圖之指標線。乃示其足尖所向之方向。

(九)凡畫虛綫位者。乃示下一式當居之位。因該處地勢窄狹。不便引畫。故移畫於下方。

(十)全圖方向。另有指標。與普通所謂上爲北下爲南者不同。

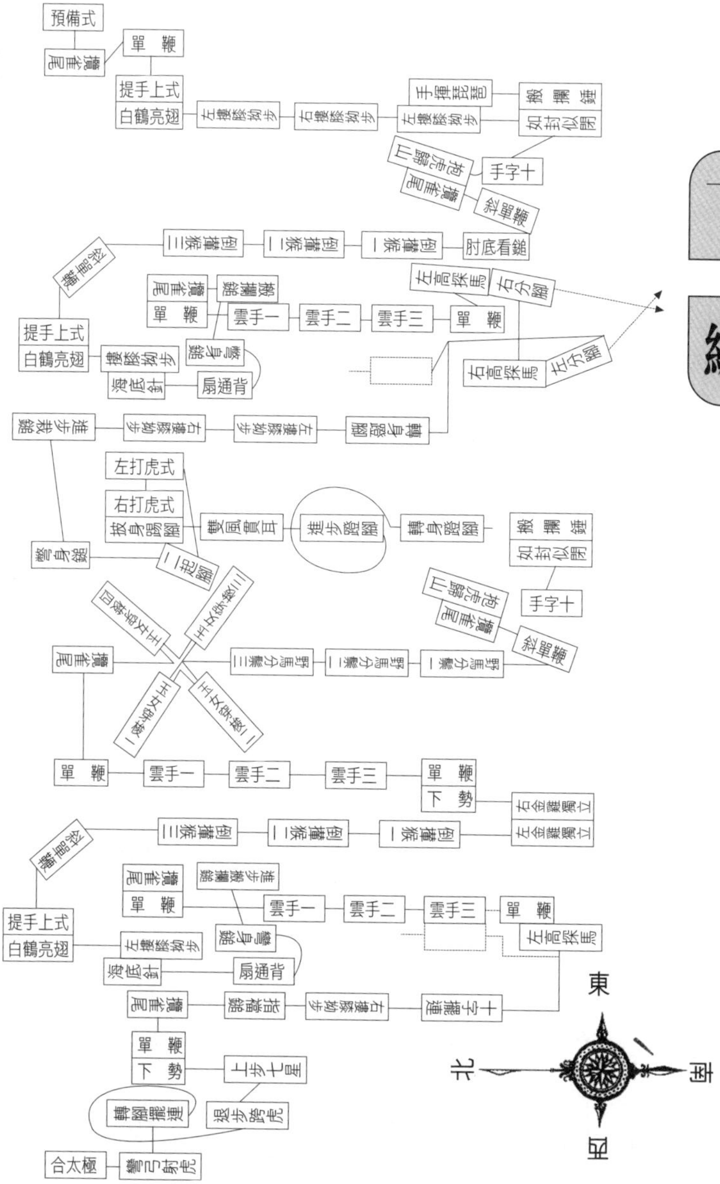

下編

預備式
攬雀尾
單鞭
提手上式
白鶴亮翅
左摟膝拗步
右摟膝拗步
左摟膝拗步
手揮琵琶
搬攔錘
如封似閉
十字手
抱虎歸山
攬雀尾
斜單鞭
肘底看錘
倒攆猴一
倒攆猴二
倒攆猴三
斜單鞭
提手上式
白鶴亮翅
左摟膝拗步
海底針
扇通背
彎身錘
搬攔錘
攬雀尾
單鞭
雲手一
雲手二
雲手三
單鞭
左高探馬
右分腳
右高探馬
左分腳
轉身蹬腳
左摟膝拗步
右摟膝拗步
進步栽錘
翻身
二起腳
左打虎式
右打虎式
披身踢腳
雙風貫耳
進步踢腳
轉身踢腳
搬攔錘
如封似閉
十字手
抱虎歸山
攬雀尾
斜單鞭
野馬分鬃一
野馬分鬃二
野馬分鬃三
攬雀尾
玉女穿梭一
玉女穿梭二
玉女穿梭三
玉女穿梭四
攬雀尾
單鞭
雲手一
雲手二
雲手三
單鞭
下勢
右金雞獨立
左金雞獨立
倒攆猴一
倒攆猴二
倒攆猴三
斜單鞭
提手上式
白鶴亮翅
左摟膝拗步
海底針
扇通背
彎身錘
進步搬攔錘
攬雀尾
單鞭
雲手一
雲手二
雲手三
單鞭
左高探馬
十字擺蓮
右摟膝拗步
指襠錘
攬雀尾
單鞭
下勢
上步七星
退步跨虎
轉腳擺蓮
彎弓射虎
合太極

東
南
西
北

太極拳運動部位圖

第一章　太極拳路之順序及運動部位圖 附說明

自北邊起①向西作預備式。進左步，向右方轉身，面北作攬雀尾式。開左步，回身向南，作單鞭式。移右步向前，作提手上式。原地作白鶴亮翅式。開左步面南，作左摟膝拗步式。上右步作右摟膝拗步式。再上左步，作左摟膝拗步式。並右步，作手揮琵琶式。開左步，作搬攔錘式。原地作如封似閉式。向右併步，面西作十字手式。開右步，向右斜後方轉，向東北作抱虎歸山式。原地作攬雀尾式。回身向西南開左步，作斜單鞭式。上右步，收左步，面向南作肘底看錘式。左腿後撤，左手前伸，作倒攆猴式一。撤右腿，伸右手，作倒攆猴式二。再撤左腿，伸左手，作倒攆猴式三。退右步向西北（或進左步向東南）作斜飛式。移右步向前，作提手上式。原地作白鶴亮翅式。開左步面南作

左摟膝拗步式。左腿後撤半步，屈腿作海底針式。再開左步，作扇通背式。右後轉作別②身錘式。撤右步，作卸步搬攔錘式。再上右步，作攬雀尾式。開左足，回身向南，作單鞭式。併右足，作雲手式一。開左足，作雲手式二。再併右足，作雲手式三。開左足，作單鞭式。左足後撤半步作左高探馬式。踢右足，作右分腳式。落右足，作右高探馬式。踢左足，作左分腳式。左後轉，作轉身蹬腳式。落左足，作左摟膝拗步式。上右足，作右摟膝拗步式。再上左步，作進步栽錘式。右後轉，作翻身別身錘式。提左腿，踢右腿，作二起腳式。落右腿，撤左足，向左方作左打虎式。撤右足，向右方作右打虎式。原地作披身踢腳式。落右足，向前作雙風貫耳式。踢左足，作進步蹬腳式。右後轉面向東，落左足，踢右足作轉身蹬腳式。落右足，上左步。作搬攔錘式，原地作如封似閉式。向右併步，作十字手式。開右步，向右斜後轉。向東北作抱虎歸山式。原地作攬雀尾式。回身開左步。向西南作斜單鞭式。上右步，作野馬分鬃式一。上左步，作野馬分鬃式二。再上右步，作野馬分鬃式三。上左步向西北作玉女穿梭式一。右後轉向西南作玉女穿梭式二。再上左步向東南作玉女穿梭式三。右後轉向東北作玉女穿梭式四。原地作攬雀尾式。開左足，回身向南作單鞭式。併右足作雲手式一。開左足作雲手式二。再併右足作雲手式三。開左足作單鞭式。原地屈腿作下勢式。立身，提右腿作右金雞獨立式。落右足提左腿作左金雞獨立式。撤左足作倒攆猴式一。撤右足作倒攆猴式二。撤左足作倒攆猴式三。退右足向西北（或進左足向東南）作斜飛式。移右足向前作提手上式。原地作白鶴亮翅式。開左足面南作左摟膝拗步式。左足後撤半步，屈腿作海底針式。開左足，作扇通背式。右後轉，作別身錘式。進左足作上步搬攔錘式。原地作攬雀尾式。開左步回身，作單鞭式。併右足作雲手式一。開左足作雲手式二。併右足作雲手式三。開左足作單鞭式。左足後撤半步，作左高探馬式。開左步，穿左掌，右後轉作十字擺連③式。右足落地，作右摟膝拗步式。進左足作摟膝指襠錘式。上右足作攬雀尾式。開左足，回身作單鞭式。原地屈腿作下勢式。立身上右足，作上步七星式。退右足，收左足，作退步跨虎

式。右後轉，上左足，穿左掌，再右後轉，作轉腳擺連式。向右方落右足，作彎弓射虎式④。上左足靠攏，雙手下垂，還原預備式。

附太極拳運動部位圖說明

㈠、凡練習武術，例在某地方開始練起，即應仍在某地方收勢。今為易於觀覽起見，特舒展圖面，故起訖不能在於一處。

㈡、凡在一處繼續練習數式，不移動地方者，難於疊寫。只得接近排列，以示在原地練習之意，如□□是。

㈢、凡兩式同在原地，而位置略移動者，特參差其位，以表明之，如□□是。

㈣、凡動步者，則於兩位置間畫一直線，以示前進之意。如□—□是，其斜向移動者，則畫一斜線。但線之長短，與前進之度無關。

㈤、凡姿勢之斜正，均以圖位之方向斜正表明之。

㈥、每式注字之方法，各按每式所向之方向而定，閱者注意。

㈦、凡身體旋轉之式，以◎線表明之，其半轉身者，則畫つ線以表明之。

㈧、左右分腳圖之指標線，乃示其足尖所向之方向。

㈨、凡畫虛線位者，乃示下一式當居之位，因該處地勢窄狹，不便引畫，故移畫於下方。

㈩、全圖方向，另有指標，與普通所謂「上為北、下為南」者不同。

按：《太極拳勢圖解》中的拳架部分是本書的重要部分，但此拳架距今久遠，且與現行拳架有許多不同，如果單是對其中文字或詞句做校注，是很難有較為立體的認識。因此，本次校注除了對個別文字作校點外，對《圖解》拳架，招式的釋名、注意、應用三方面作羅列式注釋。這樣便於瞭解招式的編排、應用及其增減變化，也就瞭解了套路演化的過程，有利於習練的動作規整、規範、合理；也有利於練習時意念運用和精氣神的涵養。

楊振基也說過：「楊式太極拳每一式都是為搏擊編的，是帶有技擊性的，必須明瞭拳的本意，明確了後反過來加強練成周身一個勁的意識。」

曾昭然在《太極拳全書》也說：「拳式之動作必有其目的與作用，若已確知者，則拳式必臻正確，亦必不至變動。然先師（楊公澄甫）對此，非得其人則決不輕於傳授，故學者僅僅模仿其形式，日久自然變異；有雖已得其傳授，而以健忘之故，致動作變易而不自知；坐此病者，可望滔滔皆是也。」又說：「尚未知其動作用意所在，徒事表形模仿，致拳式潛變而不自覺，故自稱為楊門正宗者，實際與原拳式乖離又遠。數傳而後，此技不難成為北京城『王麻子刀剪』，辨偽為難矣。」

校注一九二一年許禹生編寫的《太極拳勢圖解》，主要參照：一九二五年陳微明著《太極拳術》、一九三一年董英傑執筆的《太極拳使用法》；一九三四年鄭曼青修改的《太極拳體用全書》；以及參考同時代一些太極拳著作，如王新午著《太極拳闡宗》，姜容樵著《太極拳講義》（一九七九年，日本松圖

隆智《中國武術史略》把一九三〇年版《太極拳講義》稱為研究中國各派太極拳重要參考文獻之一）。也參閱：一九六〇年曾昭然《太極拳全書》；一九六二年傅鍾文《楊式太極拳》；二〇〇〇年楊振基《楊澄甫太極拳》。這些著作比較眞實或接近眞實地反映了楊澄甫大架的原貌和演化的過程。校注也將以上述相關資料歸類羅列，便於讀者對照《圖解》原文作閱讀研究。

注釋過程中，較多參考《太極拳闡宗》，因為它著重於對許禹生《太極拳勢圖解》的注釋，也反映了楊公早期拳架的一些特點。又特意抄錄楊公《太極拳體用全書》的相關原文，便於讀者將楊公晚年拳架的動作與早期《太極拳勢圖解》的動作做比較。校注中也抄錄《太極拳術》《太極拳使用法》《太極拳全書》以及《太極拳講義》等書中部分文字，引作楊架中期演化的參照，以方便讀者研究楊澄甫架的演化及其定型的全過程。

「太極拳運動部位圖」原書置於上編末，此次整理糾正了位置，置於下編。

【注釋】

①自北邊起：「拳路須有一定方向，庶不至於亂。」「凡習武者，但須識別方位，然後有拳不致貽誤，此方位圖之所由作也」。陳微明也說：「太極拳時時變動方向，說內不得不以東西南北方向表示，俾閱者易明。」拳式示意圖中拳由何方起始，則與傳統文化有關。

民國初期與之前的武術拳譜，在描述動作方向時，不少拳種都是向北或以北方為起點的。其原因之一可能與古代習武者常在晚上子時練武，以北斗星為方向的參照物有關。原因之二，與民間崇拜北方之神——眞武大帝有關。習武之人崇尚勇武，尊眞武（玄武）為武術之祖師，自北而立，有示敬之意。

一九二一年許禹生整理楊家（楊澄甫架）太極拳，編寫《太極拳勢圖解》時，拳架自北邊起，即「自北邊起向西作預備式。進左步，向右方轉身，西北作攬雀尾式」。其中「玉女穿梭」等式，也以北方為方向參照。

一九二五年，陳微明整理楊澄甫拳架，著《太極拳術》時，方向改為向南，以南方為基準，如「向南正立，兩足平行分開，與兩肩齊；眼向前視，兩手下垂。此太極未動之形式也」，其中個別動作的方向角度也有改變。吳志青《太極正宗》亦是「面南背北，正身直立」。有學者認為，之所以改為向南正立的觀念，是按老子《道德經》「萬物負陰抱陽，沖氣以為和」，「向南正立」則寓「負陰抱陽」之意。

當時也有受西方體育影響的，如姜容樵在一九二九年《太極拳講義》中主張：「由何方入場，即以入場處為起點，以起點之對方為終點，便是圖中正前方。」

陳微明在《太極答問》中說：「聞以前太極拳，是單式練法，而不連貫。不知始於何時，將單式之各式，連為一氣。」單式連為一氣後，形成套路，於是有了起頭，從何處起頭，就有了方向問題。研究拳架也會談到方向，方向是用來表示動作的角度、位置，以明行拳走架之趨向，便於教學實踐，也有利於研究動作的正確性。

套路開始的方向，由北起也好，面向正南也好，甚至從任何方向均可，其實都是用來表示動作方向，便於行拳走架，之所以不同，卻與傳統文化有關聯，但與陰陽八卦等玄之又玄的東西關係不大，學者不必過於拘泥，練習時以能避風、陽光不直射眼睛為宜。

②別：撇（彆，原書用「彆」字）。

③連：蓮。

④作彎弓射虎式：本《圖解》的套路，至「彎弓射虎式」為收尾，以「合太極」作為結束，與楊澄甫晚年的拳式有明顯不同。

按：有人認為：「許禹生為楊健侯的學生，拳式與楊澄甫定型拳式有較大區別。」其實，有區別不在於許禹生向誰學的拳，許禹生《太極拳勢圖解》有許多地方與楊澄甫晚年的（所謂「定型」）拳式有所不同，這是因為楊澄甫晚年的拳式，不僅與楊健侯的拳式有所不同，與楊澄甫自己早年的拳式也有些不同。而《太極拳勢圖解》是反映楊澄甫早年拳式的第一本教材，所以極有研究價值。

第二章　太極拳各勢圖解

太極拳術以虛無爲本其所鍛鍊神氣二者而已。非如外功拳術之專尙形勢也。則曷貴乎姿勢。但人之神氣曷所寄寄於肉體。由肉體以鍛鍊精神。以心意作用。運動肢體而俯仰屈伸。各如其意。使身心二者合一。由開合、鼓盪、呼吸、進退、以鍊其氣。由體覺、筋覺、觸覺、以敏其神。使太極之體用兼備。則習太極拳術者。於姿勢之講求。似亦未可從緩。嘗考太極拳之流派有三。有以姿勢之多寡命名者。如三十七、小九天、等是也。有以易象異名者。如先天拳、後天拳、等是也。有以運勁行步之方位定名者。如十三式、是也。其姿勢名目、練習方法、各有不同。雖均可採。然除十三式外。多用單式練習。無固定之次序。於聯貫教練上未盡相宜。當另爲編製。今先就十三式拳路各姿勢之原有次序。繪圖立說。聊備參考云爾。

（1）預備式

（釋名）　凡拳路於演習之前。必有預備。以喚起全身注意。若警告其振作精神。從事練習。且致敬禮於參觀者之意。與體操之立正相同。太極拳以心意作用、運動筋肉。將練習時。必須精神專注。方克有濟。故預備式於太極拳術中尤爲重要。

（動作）　有一、（一）預備、

預備式圖

（圖解）　身體直立。兩手下垂。腕與胯齊。掌心下按。目前視。兩足距離與肩之寬相等。

（注意）　教練時。宜體靜神舒。氣沉丹田。精神貫頂。（頭頂）全身須靈動活潑。無絲毫着力處。

（2）攬雀尾式

（釋名）　取兩手持雀頭尾、而隨其旋轉上下之意。一名攬切尾。擬敵人之臂爲雀尾、攬之以綏其前進之力、即乘勢前切以擲之也。二說均可。

攬雀尾式圖一

（動作）　有六、初習時僅分攬切二動作。熟習後則兩手由內向外。復由外向內。其運行路線。爲左右兩圓形。細分之爲提擠掤按掤切六動。（一）開步提手、（二）進步冲擠、（三）坐步握攬、（四）進身按手、（五）外掛前擲、（六）推切手、

攬雀尾式圖二

（圖解）　（一）由前式左足向前踏出一步。足踵着地。同時屈右膝蹲身。左掌自左胯側。由外向內作圈。彎轉前伸而上。至腹前。右手下按。指撫左肱。以助其勢。逐漸上提。至胸而止。左足尖隨之下落至着地時。全身重點。移於左足。（二）進右步。向右方。同時右臂曲肱向外前擠。垂肘。大指約對鼻部。右腿隨同前屈。（三）左腿後坐。兩臂向懷內合。若攬物下握之意。（四）兩手前按。（五）右手上仰前掛。隱含擲意。（六）兩手旋轉向內。指尖作圈。右手轉至掌心向下。即向前推切。左手約居右肘彎處。兩手參差。向同一方向前推。

（注意）　練時手尖路線須成一雙環形。腰脊隨之作同一動作。方能靈活。此勢運動身體腹腰肩背各部。

（應用）　搭掛手時。搭外則外掛前推。搭內則內攬採起前推。若搭順手時。則攬其肘外方前推。搭內則向外掛其肘或腕。即前推。

（3）單鞭式

（釋名）　單者、單手之意。鞭者、如鞭之擊人也。單式練習時。亦可改爲雙手。同時向左右分擊。名雙鞭式。

單鞭式圖

（動作）　有二、（一）垂腕、（二）伸臂放掌、

（圖解）　（一）由前勢右臂不動。手腕下垂。五指微攏作鈎形。右足尖微向左前轉。約九十度。（二）屈左臂。左掌循右臂左行。經胸前略作上弧形。向左伸與右臂成一直線。坐左腕。五指分張微屈向上。食指對鼻。肘彎微屈。同時左足略抬。向左前方踏出半步。與足尖作同一方向。兩足成斜平行方形。足尖隨手

落下。作弓箭步椿。使全身重點移於右足。

（注意）　前手向前進勁時。後手須用通臂勁以助之。略含自上下擊之意。而左右二足相隨。務須一致。後肩與前肩水平勿上聳。此勢爲四肢暨背部之運動也。

（應用）　敵以順手進擊時。乘勢引領其臂。使敵身略前傾。即伸掌進擊其胸。用推按勁。或切勁均可。

（4）提手上式

（釋名）　提者、勁名。若提物向上也。一名上提手。

（動作）　有二、（一）合手、（二）上提手、

提手上式圖一

（圖解）　（一）由前式右足前進。至兩足距離之中分處。（如以兩足距離爲三角形之底邊線。則右足踵適落其頂角。）兩臂向懷內抱。右手略前。兩掌心左右相對。（如圖一）但右臂向內合抱時。其法有二。一、從上而下

向內抱。二、從下而上向內抱。（二）垂右手腕。從左掌內經過向上提。約對鼻準。（如圖二）

提手上式圖二

（注意）　練此式時。宜提頂勁。而腰腿隨其伸縮上下。方得機勢。此式練習脊骨之伸縮力。

（應用）　敵用順手迎面直擊時。一法、我由上落其臂。用腕擠擲之。或下蹲身向上以擲之。二法、用左手下按敵腕。掏出右手。提腕上擊敵之頦鼻等處。

（5）白鶴亮翅式

（釋名）　此式分展兩臂斜開作鳥翼形。兩手兩足。皆一上一下。一伸一屈。如鶴之展翅故名。華陀五禽經之鳥形。婆羅門導引術第四式之鶴舉。第十二式之鳳凰展翅鬪之鶴拳。均取此意也。習太極拳者。練此勢時。有斜展正展之別。實則一爲展翅。（斜）一爲亮翅。（正）可連續爲之。如圖一爲展翅。圖二爲亮翅。

（動作）　有二、（一）展臂、（二）雙舉手、

（圖解）　（一）分展兩臂。斜開若雁翼形。左掌斜下外撥。身隨之半面向左轉。左足斜出一步。足尖點地。右手經過面前。斜上展至腦右方而止。手背向外。掌心相應。兩臂展開時。須速度相同。全身重點寄於右足。（如圖一）（二）收左足。身體直立。左手曲肘上舉。約與頭齊。或略高。掌心向上。同時右手亦翻轉向前。兩手作同一姿勢。頭與兩臂恰如山字。（如圖二）

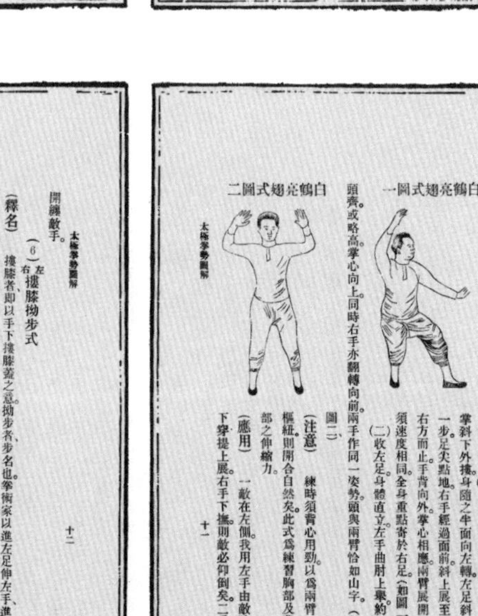

白鶴亮翅式圖一

白鶴亮翅式圖二

（注意）　練時須背心用勁。以爲兩臂之樞紐。則開合自然矣。此式爲練習胸部及背部之伸縮力。

（應用）　一敵在左側。我用左手由敵腋下穿提上展。右手下撫。則敵必仰倒矣。二爲

開纏敵手。

（6）摟膝拗步式（左右）

（釋名）　摟膝者、即以手下摟膝蓋之意。拗步者、步名也。拳術家以進左足伸左手、進右足伸右手、謂之順步。反是、如出左足伸右手、出右足伸左手、謂之拗步。

（動作）　有二、（一）原地摟膝、（二）上步摟膝、（三）拗步掌、

摟膝拗步式圖

（圖解）　（一）由前式蹲步。左手不動。右手向外下摟右膝暫停。（二）左足向左方踏出一步。右手順鼻準下落至胸前。順勢向左外摟左膝。至左胯旁暫停。掌心向下。指向前。臂微屈。肘尖向後。此時身左轉向前方。（三）身向左轉時。右手由後下方宛轉上伸。經過右耳之旁。掌心幾與耳相摩。時肩肘手三者成水平線。直向前伸。伸至極處。指尖上翹。掌心吐力。腿爲弓箭步。（如圖）

（注意）練時須蹲身。兩臂動作悉腰力運動。左右手運行路線皆為褲圓形。此式練習兩臂腰膝之屈伸力。

（應用）敵由下方擊來。即以順手向旁摟開。以拗手前推其胸。

（7）手揮琵琶式

（釋名）兩手相抱。如抱琵琶狀故名。手揮者、兩手搖動如以指撥弦者然。

（動作）有二、（一）抱手、（二）弁步外揉、

手揮琵琶式圖

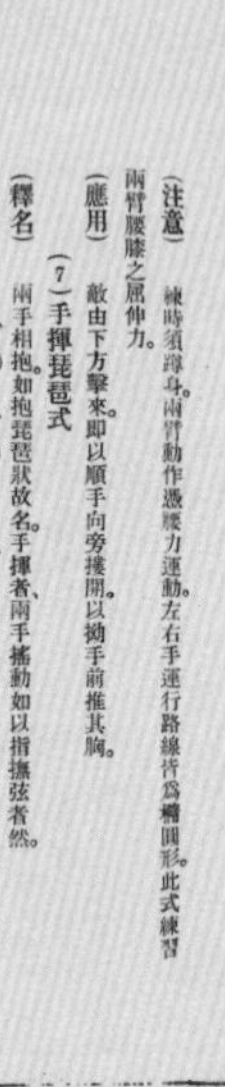

（圖解）（一）由前摟膝拗步式。身漸撤回。使全身重點。移於右腿。如丁虛步。右手後撤。同時左手順左膀上舉。雙手內抱。兩手參差相對，若抱球狀。兩肘微垂。前手食指約對鼻準。後手當胸。掌心約對前手臂彎處。（如圖）（二）弁右足至左足後踵。同時雙手作環形外運。

（注意）以手外運時。須用腰脊之力。

（應用）敵握吾右腕時。吾右手向懷內後撤。以揉化其力。遂進右足、以左手按其肩下前推。

（8）進步搬攔鎚式

（釋名）搬攔鎚者、即用手搬開敵人手而攔阻之。復用拳迎擊之稱。南人名拳為鎚。此為太極拳五鎚之一。進步搬攔鎚者、與後之退步搬攔鎚、卸步搬攔鎚、之對稱也。

（動作）有三、（一）裏搬手、（二）外攔手、（三）前擊鎚、

進步搬攔鎚式圖一

（圖解）（一）由前式以在前之左手肘臂向內搬。腰身隨之。右手當胸。指尖向上。（二）左足向左前方進半步。左手隨之外攔。約對左耳為止。肘微屈下垂。肘尖約對左膀。指尖上指。（如圖一）（三）右手握拳內轉。虎口向上。沿左掌向前直擊。（如圖二）（此為上搬攔。若下搬攔。則由左腕上出拳前擊）

（注意）練時腰背肩胯須一致。搬攔時須空腋鬆肩。擊拳時須正身用脊力。不可探身向前。因探身則僅用腰力矣。此式運動脊椎。靈活肩胯。

（應用）敵拳當胸擊來。即以順手向內搬開。敵欲外逃。即攔之。乘機拳擊其胸。

搬攔鎚式圖二

（9）如封似閉式

如封似閉式圖

（釋名）封閉者、即格攔敵手之意。與岳氏連拳之雙推手。形意拳之虎形相同。

（動作）有三、（一）十字搭手、（二）雙分手、（三）前推手、

（圖解）（一）左手不動。身後坐。右腿微屈。右拳向左畫一平圈形。右腕收回至左腕上面時。兩手腕成十字交叉。（二）將右拳撤回變拳為掌。雙手隨即分開。兩手距離與肩之寬等。（三）雙手內合前推。身隨前傾。重點寄於左足。或抬左足略向前邁亦可。（如圖）

（注意）撤拳時須全身後坐。將拳帶回。不可僅屈臂彎。搭腕即須分開。分開即須前推。不可停滯。分手時兩肘微彎。肘尖下垂近肋。切勿旁開。致勁分散。前推時手指前伸。掌心吐力。

（應用）用搬攔鎚時。敵若以左手推吾右拳。即將右拳向內撤回。而以左手從下外方攔其手。復騰出右手向前推之。

（10）十字手式

（釋名）十字手者、兩手腕交叉相搭。狀如十字故名。凡兩式相連轉折不便者。均可加十字手以資銜接。

十字手式圖

（動作）有一、（一）十字手、

（圖解）由前式左足向右內轉。約九十度。全身隨之右轉。兩足距離與肩之寬等。左

手在內。右手在外。同時上舉交叉於頭項上。兩臂微屈。

（注意）演練此式。須連續下式。不可稍有停頓。

（11）抱虎歸山式

（釋名）抱虎歸山者、擬敵爲虎抱而擲之也。又名抱虎推山。當抱敵時。敵思逃遁。卽乘勢用手前推也。兩說均是。學者於此式多不注意。或有以如封似閉代之者。蓋此式與後式攬雀尾連絡一氣。最易混淆之故。

（動作）有五、（一）原地摟膝、（二）上步摟膝、（三）拗步掌、（四）內抱、（五）前推、

（圖解）（一）由前式右手不動。左手下摟左膝。坐身向右斜後方轉。（二）開右步落右手。下摟右膝。（如圖）（三）伸左掌爲右式摟膝拗步式。（四）左手不動。右手向後伸。以肩爲中心。臂爲圓圈之半徑。從下後方翻轉向上。至前方作大圓圈下抱。至手肘與肩平時。

抱虎歸山式圖

卽坐身雙手隨向後攦。作交叉狀。（五）雙手分向前平推。

（注意）此式須以腰身運動肩背。五動作宜連成一氣。

（應用）設敵以左手由吾身後右側擊來。卽以右手下摟其臂。以左掌迎面擊之。倘敵左臂乘勢上抬外逃。或左轉隨手擊吾頭部。應卽進身以右肩承接其臂根。圈右臂後抱敵身。設敵思逃遁。應回身以右手外挒其雙手前推其胸。

（12）攬雀尾式　（見前）

（13）斜單鞭式

（釋名）斜者、指方位而言。前抱虎歸山式。係斜方位。此依前式方向故名斜單鞭式。

（動作）與單鞭式同。

（圖解）與單鞭式同。

（注意）斜方向。

（應用）與單鞭式同。

（14）肘底看鎚式

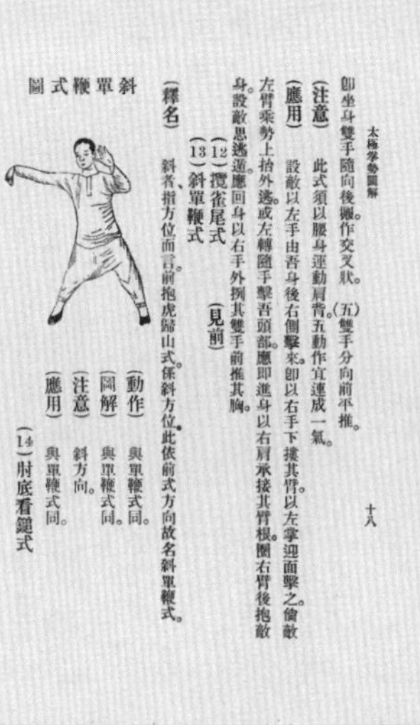
斜單鞭式圖

（釋名）立肘時、肘之下曰肘底。看者、看守之意。一名肘下鎚。

（動作）有三、（一）移步領手、（二）收步舉手、（三）肘下鎚、

（圖解）今作三角形。前式左足在甲點。右足在乙點。（一）左足不動。右足向右方踏出半步。移至乙點。右手隨之。（二）左足向內收半步。由甲點移至甲點。足踵著地。足尖向上。同時左手由外向內作圈。順胯而上至胸前上舉。掌心向內。約與眼平。（三）左腕略外轉上托。右手作拳置左肘下。右腿微屈。成丁虛步。全身重點寄於右足。

（注意）右臂運行之線路。成一半平圈形。左臂在左方畫一斜立圈形。出拳時身須隨之略含向前之意。同時鬆腕聳身。尤須注意三合。（卽肩與胯合。肘與膝合。手與

肘底看鎚式圖

肘底看鎚步法圖

足合。）

（應用）此式練習深呼吸。設敵以右手擊來。以左手握敵右肘前領。轉腕上托。而以右手下擊其脅。

（15）倒攆猴式

（釋名）倒攆猴者、因猴遇人卽前撲。先以手引之。乘其前撲。一方撤手。一方以手按其頭頂之意。一名倒趕後。卽向後倒退。引敵趕來。隨以手乘勢襲擊之意。

（動作）有二、（一）退左步伸掌。（二）退右步伸掌、

（圖解）（一）由前式右足不動。左足向後退半步。左手順耳邊前伸至極處。五指尖上指。掌心吐力。腕與肩平。同時右手下落至胯旁。與摟膝拗步姿勢同。（二）左足不動。右足向後退半步。右手由後翻轉向上至耳邊。前伸至極處。指尖上指。掌心吐力。腕與肩平。左手下落至胯旁。與摟膝拗步姿勢同。

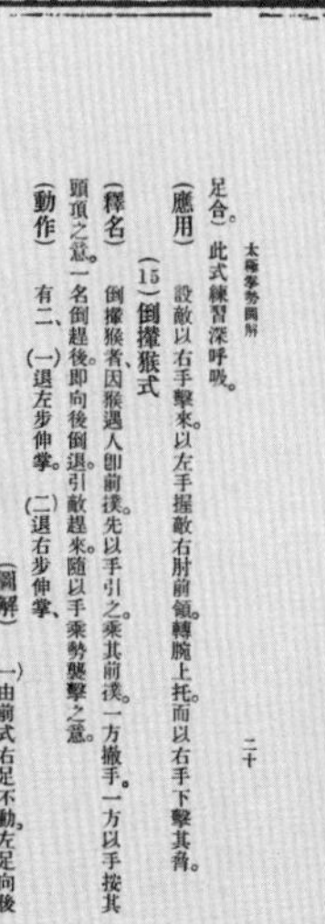
倒攆猴式圖

(注意) 兩腿彎宜微屈。兩足足尖與踵前後宜成直線。兩足分開之寬度。宜與肩齊。須正身軀。懸頭頂。提脊骨。以運動督脈。(十二神經)此式動作次數。宜取單數或三或五均可。

(應用) 設敵用拳擊或足踢。卽以前手下摟以格攔之。復以後手迎擊其面部。

(16)斜飛式

(釋名) 此式如鳥之斜展兩翼而飛故名。有左右兩式。但練左式。初習者每易斷勁。不如右式之順也。

(動作) 有二、(一)搭腕、(二)斜飛、

(圖解) (一)由前式俟練至右腿在前時。左手在前不動。右手由後方翻轉向前畫一圓圈形。向左腕下落。(二)約將至左腕時。左手從右腕上挽過。使掌心相對。同時退右步復向右後斜方踏出半步。右手斜向右方。左手斜向左方。若鳥張兩翼狀。目注視右手。

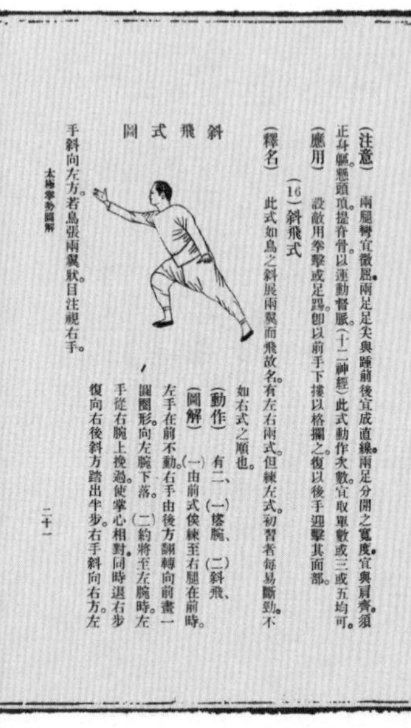

斜飛式圖

(注意) 須以腰身運動手足。

(應用) 此式爲騰手法。如右手與敵左手相搭。卽以左腕上挑敵腕。以右手進擊之。

(17)提手上式

(18)白鶴展翅

(19)白鶴亮翅

(20)摟膝拗步

以上四式均見前

(21)海底針式

(釋名) 海底者、人體之穴名、海底針、卽手向海底點刺之意。

(動作) 有二、(一)提步摟手、(二)海底針刺、

(圖解) (一)左手摟膝同時收左足。足尖點地。(二)右腿下屈。坐身。右臂沿左膝內向下直伸。指尖下指。此

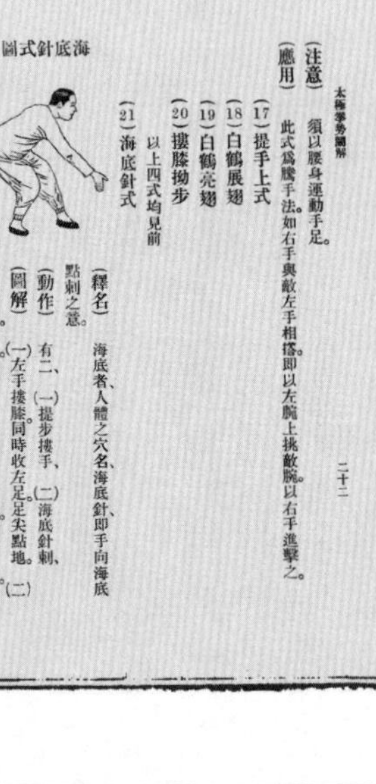

海底針式圖

時左手或拊右肱。或沿胯後撤均可。

(注意) 脊骨務須直立。不得屈曲前傾。手下指時。略含點刺之意。此式練習脊骨及膝之伸縮力。

(應用) 敵用右手擊來。卽以左手向旁摟開。以右手還擊敵胸。如敵用左手握吾右腕時。則轉腕向下直指。則吾勁前發。敵必倒矣。

(22)扇通背式

(釋名) 扇通背者、擬脊椎骨爲扇軸。兩臂爲扇幅。如扇之分張狀。通背者、使脊背之力。通於兩臂之謂也。

(動作) 有二、(一)立身合腕、(二)通背掌、

(圖解) (一)立身兩腕相抱。(二)左足前進一步。左臂向前直伸。右臂彎曲上抬。手背覆額。此時須正身。兩腿成騎馬式。惟左足尖須前向。

(注意) 運勁時。左掌心之力與左肋骨相

扇通背式圖

應。作向前之勢。同時右臂之力。須通於左手。此式練腿力及肩背力。

(應用) 敵以右手擊來。卽以右手反刀敵腕上提。以左掌擊敵肩下。

(23)鷩身鎚式

(釋名) 鷩身鎚者、腰部後鷩。使身折疊。復用腕進擊之謂。此爲太極拳五鎚之一。

(動作) 有二、(一)肋下交叉手、(二)鷩身鎚、

(圖解) (一)由前式身向右轉屈左腿。兩手相合下落。兩腕相搭於左肋下。全身重點寄於左足。(二)左手不動。提右足向右後方斜移半步。身隨右轉。右手拳心向上作拳。屈肘鷩身。肘浮依右肋。拳由上落下。與肘成水平爲度。左手當胸作掌。指尖向上。食指約對鼻準。目前視。步爲丁八步。

鷩身鎚式圖

(注意) 轉身時。手腿動作須以腰脊爲樞紐。方能靈活無滯。

（應用）敵人自身後一手按腕。一手按肘。將擲吾時。卽向後蹲身屈肘。擒制敵臂。乘勢抬步握拳迎擊。

（24）卸步搬攔鎚式

（釋名）搬攔鎚已說明於前。卸步者、將步向旁挪移。與退步之向後退者不同。

（動作）有二、（一）裏搬手、（二）前擊鎚、

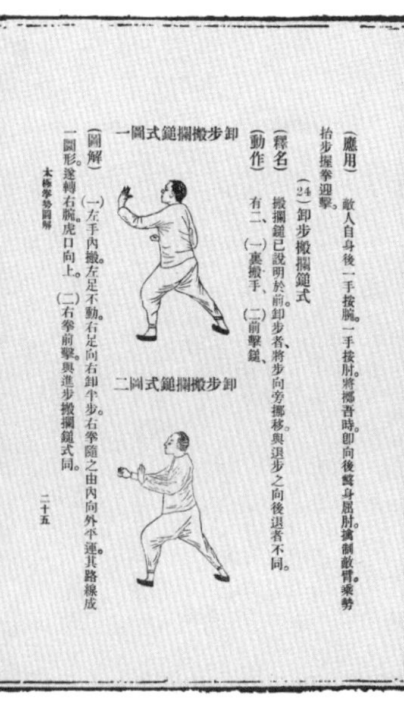

卸步搬攔鎚式圖一

卸步搬攔鎚式圖二

（圖解）（一）左手內搬。左足不動。右足向右卸半步。右拳隨之由內向外平運。其路線成一圓形。遂轉右腕。虎口向上。（二）右拳前擊。與進步搬攔鎚式同。

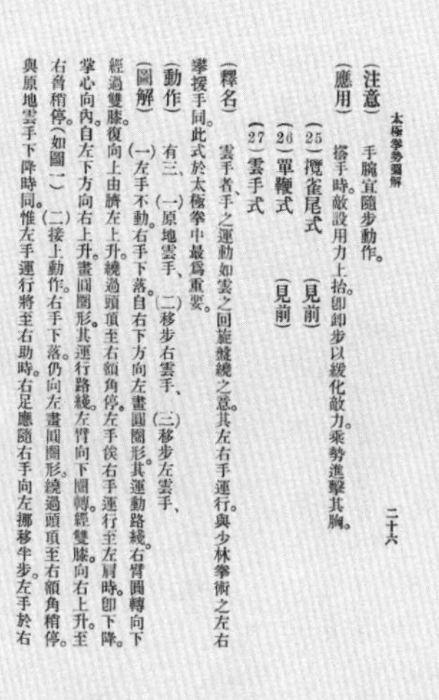

（注意）手腕宜隨步動作。

（應用）搭手時。敵設用力上抬。卽卸步以緩化敵力。乘勢進擊其胸。

（25）攬雀尾式

（見前）

（26）單鞭式

（見前）

（27）雲手式

（釋名）雲手者、手之運動如雲之回旋盤繞之意。其左右手運行。與少林拳術之左右搴援手同。此式於太極拳中最爲重要。

（動作）有三、（一）原地雲手、（二）移步右雲手、（三）移步左雲手、

（圖解）（一）左手不動。右手下落。自右下方向左畫圓圈形。其運動路綫。右臂圓轉向下經過雙膝。復向上由臍左上升。繞過頭頂至右額角停。左手俟右手運行至左肩時。卽下降。掌心向內。自左下方向右上升。畫圓圈形。其運行路綫。左臂向下圓轉。經雙膝。向右上升。至右脅稍停。（如圖一）（二）接上動作。右手下落。仍向左畫圓圈形。繞過頭頂至右額角稍停。與原地雲手下降時同。惟左手運行將至右肋時。右足應隨右手向左挪移半步。左手於右

手向下運行時。卽向上繞頭頂至左額角稍停。（如圖二）（三）左手接上動作下降。繞過雙膝向右上升。至右脅旁。右足向左挪移半步。右手同時繞過頭頂至右額角稍停。左右雲手每手以三次爲度。至末次仍復前單鞭式。

雲手式圖一

雲手式圖二

（注意）雙手運行。速度須等。步須隨身移動。上身不宜搖擺。眼注視在上部運行之左右手。

（應用）設敵自後襲擊右肩。卽以右手迎之。及觸敵手。卽翻掌發勁擲之。左手亦然。又敵用左手自前面擊來。卽以右手向右運開。乘勢進擊。

（28）左高探馬式

（釋名）高探馬者、身體高聳。向前探出。如乘馬探身向前狀故名。左高探馬。在右分脚前。右高探馬。在左分脚前。

（動作）有二、（一）捋手、（二）撲面掌、

左高探馬式圖

（圖解）（一）收左足。足尖點地。左手外挽下捋。仰手屈肘。置左肋旁。同時右手自右上方下落經過面前。搭於左腕上。成十字手。兩手虎口向上。（二）左手掌心向上。肘向後微撤。右掌心向下。由左掌上面前伸。掌心吐力。食指對鼻準。

（注意）捋手時。足之起落須與手一致。

（應用）設敵以左手進擊吾胸。卽順右手捋敵拗腕。隨手擊之。

（29）右分脚式

（釋名）分脚者、卽用脚向左右分踢之謂。此爲右分脚式。下又有左分脚式。

（動作）有二、（一）撤步攌手、（二）分踢、

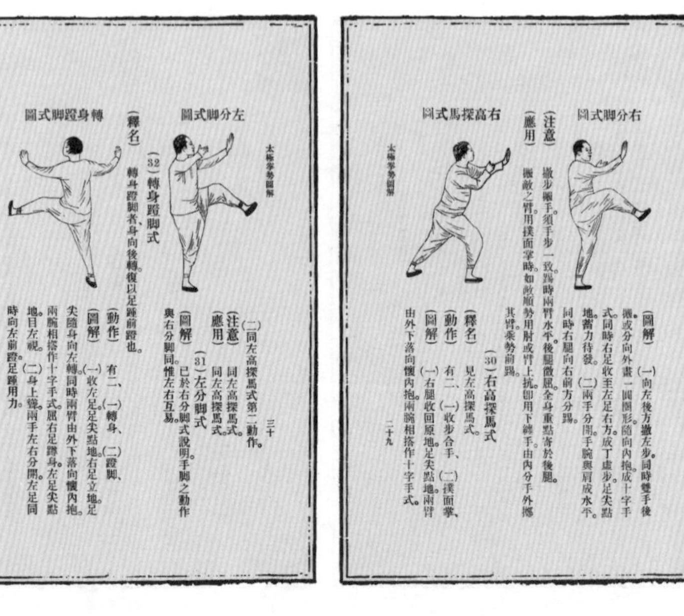

右分脚式圖

(圖解)(一)向左後方撤左步。同時雙手後撇。或分向外畫一圓圈形。隨向內抱。成十字手式。同時右足收至左足右方。成丁虛步。足尖點地。蓄力待發。(二)兩手分開。手腕與肩成水平。同時右腿向右前方分踢。

(注意)撤步撇手。須手步一致。踢時兩臂水平。後腿微屈。全身重點寄於後腿。

(應用)撇敵之臂。用撲面掌時。如敵順勢用肘或臂上抗。即用下纏手。由內分手外撇其臂。乘勢前踢。

右高探馬式圖

(30)右高探馬式

(釋名)見左高探馬式。

(動作)有二、(一)收步合手、(二)撲面掌、

(圖解)(一)右腿收回原地。足尖點地。兩臂由外下落向懷內抱。兩腕相搭作十字手式。

(二)同左高探馬式第二動作。

(注意)同左高探馬式。

(應用)同左高探馬式。

左分脚式圖

(31)左分脚式

(圖解)已於右分脚式說明。手脚之動作與右分脚同。惟左右互易。

轉身蹬脚式圖

(32)轉身蹬脚式

(釋名)轉身蹬脚者、身向後轉。復以足踵前蹬也。

(動作)有二、(一)轉身、(二)蹬脚、

(圖解)(一)收左足。足尖點地。右足立地。足尖隨身向左轉。同時兩臂由外下落向懷內抱。兩腕相搭作十字手式。屈右足蹲身。左足尖點地。目左視。(二)身上聳。兩手左右分開。左足同時向左前蹬。足踵用力。

(注意)轉身時。身須直立不可前俯。

(應用)設敵由身後襲擊。即轉身避過。並乘勢用脚前蹬。兩手隨向左右分開。以防敵之摟腿也。

(33)落步摟膝拗步式

(釋名)落步摟膝拗步者、承前式。左足向前落步。隨以左手摟膝之謂也。餘與前摟膝拗步式同。

進步栽鎚式圖

(34)進步栽鎚式

(釋名)進步栽鎚者。步向前進。同時將拳由上下擊。如栽植之狀故名。爲太極拳五鎚之一。

(動作)有二、(一)並步摟膝、(二)開步摟膝栽鎚、

(圖解)(一)足進半步。屈左腿。右手下摟至

膝。左手從後下方上舉至耳邊。屈臂向前。掌心內向稍停。(二)進左步。左手下落。向前外摟。同時右手作拳。手心向內。向下方斜擊。左手撫右腕以助其勢、左腿前弓。右腿彎微屈。作弓箭步亦可。

(注意)頭頂不可傾斜。冒過足尖。栽鎚須用脊骨力。摟左膝時。左手宜浮蓋左膝。

(應用)設敵以右拳迎擊吾胸。即以左手向外摟開。隨以右手進擊敵面部。倘敵以左手內握吾腕。即覆手作拳前擊其腹。

翻身蹩身鎚式圖

(35)翻身蹩身鎚式(與前蹩身鎚式同惟加一翻身動作而方向不同耳)

(36)二起脚式

(釋名)二起脚者、左右脚連續起踢也。

(動作)有二、(一)拊手前踢、(二)落步前踢。

(圖解)(一)由前翻身蹩身鎚式。左手屈肘仰掌收回。貼於左肋。右手前伸。(同撲面掌)左

腿前踢。如彈腿式。(二)左足落下。兩手由右上方向左下方下摑。左右甫及地時。右足提起前踢。兩臂前伸。兩掌拍右脚背。

(注意)　第二動作之路線宜成圓圈形。

(應用)　敵用左拳當胸擊來。即以左手進握其腕。以右手迎撲其面。乘其不意。起左腿踢之。設敵退避或下格吾足時。則復躍起換右腿踢之。

二起脚式圖

左打虎式圖

(37)左右打虎式

(釋名)　此式氣象凶猛。狀類打虎。故名。

(動作)　有二、(一)左打虎式、(二)右打虎式、

(圖解)　(一)由前式左足向左後方斜撤半步。弓膝作左弓箭步樁。身左傾。半面向左。右足

隨之後撤半步。落於前式左足所在地。同時、左臂由腹前、向左後撤至脅下。握拳由外上舉。仰拳(虎口向後)覆左額側。右臂隨同後撤、覆拳橫置左脅下。(虎口貼左脅)(二)右足右移半步。弓膝作右弓箭步樁。身右傾。半面向左。同時兩拳下落。經小腹前。至右脅下。左臂覆拳橫置右脅下。右拳由外上舉。仰拳覆右額側。

右打虎式圖

(注意)　左右兩式。拳之運行路線。宜成左右兩圓形。其交叉綫。在大腹之前。

(應用)　敵以雙手握吾之臂。即將臂後撤上轉。復用他手。由脇下穿。替出所握之臂。迎頭擊之。

(38)披身踢脚式

(釋名)　披身踢脚者、身後傾作斜披勢。起脚前踢也。

(動作)　有三、(一)披身攔手、(二)十字手、(三)分手前踢、

(圖解)　(一)由前左足向左方斜後撤半步。身向左後坐。同時兩手作拳。由右向左運行半圈。左手置胸左側。右手置胸前。食指約對鼻準。(二)撤右脚至左足右側。足尖點地。左腿下蹲。同時撤右手搭左腕下。左手稍向前伸。兩掌向胸作十字手。(三)兩手分向前後展開。同時起右脚前踢。

披身踢脚式圖

(注意)　披身、須以腰為樞紐。運動雙臂。起脚前蹬時。左腿宜微屈。使重心寄於左足。

(應用)　敵以左手當胸擊來。即披身用手攔敵之臂。復以右手向外挑擊。同時起右脚踢敵胸脇。

(39)雙風貫耳式

(釋名)　此式以兩拳從側方貫擊兩耳。敏捷如風。故名。

(動作)　有二、(一)落步鎖手、(二)分手雙貫、

(圖解)　(一)由前式右足向前落下。約離後足一步。膝前弓。同時兩臂由外方向內平運。至膝前。雙腕交叉。(左腕在上虎口向上)(二)身後撤。腿後坐。雙手(掌心向上)向左右分開。至胯側作拳。由內而外。向前上方運行。至與肩成水平時。兩拳相遇約離四五寸。此時覆拳垂肘。兩臂水平。雙臂內彎成橢圓形。

雙風貫耳式圖

(注意)　雙臂進退。須與兩腿一致。活潑無滯。

(應用)　敵以拳當胸擊來。即以雙手分格。乘勢進擊敵之雙耳。

(40)進步蹬脚式

(釋名)　此式先向前進步。次起脚前踢故名。

(動作)　有二、(一)進步合手、(二)分手蹬脚、

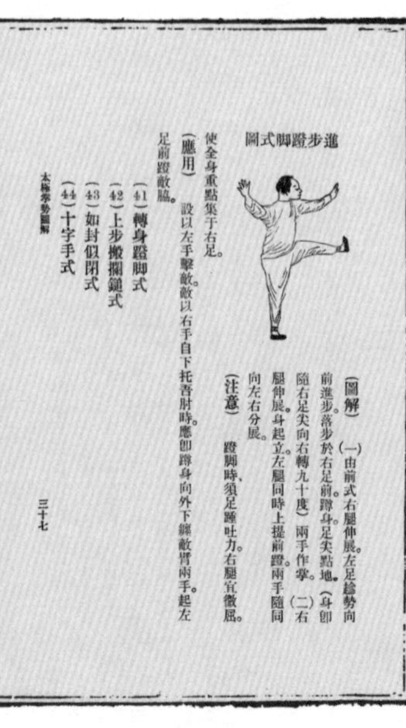

進步蹬脚式圖

使全身重點集于右足。

（應用）　設以左手擊敵。敵以右手自下托吾肘時。應卽蹲身向外下纏敵臂兩手。起左足前蹬敵脇。

（41）轉身蹬脚式

（42）上步搬攔鎚式

（43）如封似閉式

（44）十字手式

（圖解）　（一）由前式右腿伸展。左足趁勢向前進步。落步於右足前。蹲身。足尖點地。（身卽隨右足尖向右轉九十度）兩手作掌。（二）右腿伸展。身起立。左腿同時上提前蹬。兩手隨同向左右分展。

（注意）　蹬脚時、須足踵吐力。右腿宜微屈。

（45）抱虎歸山式

（46）斜單鞭式

以上六式均見前

（47）野馬分鬃式

（釋名）　此式運動狀態。如野馬奔馳。兩手分展、如馬之頭鬃左右分披。故名。

（動作）　有二、（一）擰身合手、（二）上步分手、

野馬分鬃式圖一

（圖解）　（一）由前斜鞭式。兩足尖向右方移轉約九十度。身隨之向右轉。屈身。雙手內抱作十字手。（二）右足前進半步。膝前弓。全身重點寄於右足。同時右手向右前方。左手向左後方分展。遙遙相對。若鴟之展翼。此爲右式。左式動作同右式。惟肢體左右互易。按拳路練習言之。本式動作。宜取奇數。如右式二次。左式一次。但第一次動作。只前進半步。餘均前進一步。

野馬分鬃式圖二

玉女穿梭式圖一

（注意）　兩臂分合。務須腰胯一致。全身動作。須舒展活潑。

（應用）　敵直擊吾胸。卽以拗手進按敵腕。隨進順步至敵腿後彎。伸順臂自敵腋下斜上挑擊。

（48）玉女穿梭式

（釋名）　此式先前進。次後轉。再後轉。週行四隅。連續不絕。如織錦穿梭狀。故名。

（動作）　有二、（一）擰身合手、（二）曲肱探掌、

（圖解）　此式在拳路中。向四隅運動。共分四次。每次動作有二。身有轉身回身之別。一三兩次爲回身。二四兩次爲轉身。每次所對方向。

玉女穿梭式圖二

玉女穿梭式圖三

有一定順序。如自南而北演習。則先西北。次西南。次東南。次東北。（第一次運動）（一）如野馬分鬃式第一動。（二）左足向左前方踏出一步。膝前弓。身前傾。右手自左腋下向前探出。掌心吐力。（第二次運動）（一）合手回抱胸前。作十字手。身向右後轉。（二）向右斜方踏出一步。手之動作、如第一次運動。惟左右互易。（第三次運動）左足向左橫踏一步。手之動作、如第一次運動。（第四次運動）身向右後轉。手之動作、如前第二次運動。

（注意）　轉身時。須腰步相隨一致。運動方向雖斜。而身體姿勢仍宜中正毋欹。

（應用）　敵以拗手從後方側面擊來。即回

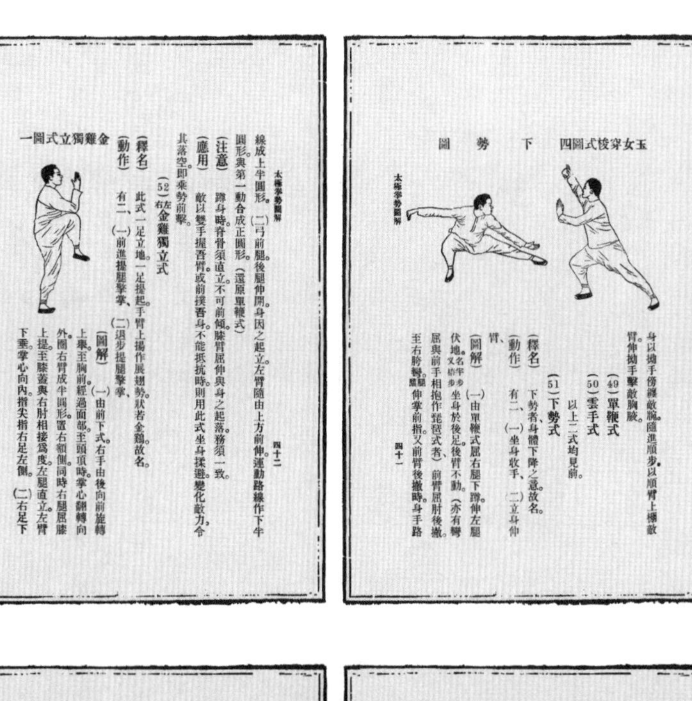

玉女穿梭式圖四

下勢圖

身以擲手傍踄敵腕。隨進順步。以順臂上擲敵臂。伸拗手擊敵胸脇。

（49）單鞭式

（50）雲手式

以上二式均見前。

（51）下勢式

（釋名） 下勢者。身體下降之意。故名。

（動作） 有二、㈠坐身收手、㈡立身伸臂、

（圖解） ㈠由單鞭式屈右腿下蹲。伸左腿伏地。名仆步又名平步 坐身於後足。後臂不動。（亦有彎屈與前手相抱作琵琶式者）前臂屈肘後撤。至右胯彎。屈腿 伸掌前指。又前臂後撤時。身手路

線成上半圓形。㈡弓前腿。後腿伸開。身因之起立。左臂隨由上方前伸。運動路線作下半圓形。與第一動合成正圓形。（還原單鞭式）

（注意） 蹲身時。脊骨須直立。不可前傾。膝臂屈伸與身之起落。務須一致。

（應用） 敵以雙手握吾臂。或前撲吾身。不能抵抗時。則用此式坐身採避。變化敵力。令其落空。即乘勢前擊。

（52）左右金雞獨立式

（釋名） 此式一足立地。一足提起。手臂上揚作展翅勢。狀若金雞。故名。

（動作） 有二、㈠前進提腿擊掌、㈡退步提腿擊掌、

（圖解） ㈠由前下式。右手由後向前旋轉上舉。至胸前。經過面部。至頭頂時。掌心翻轉向外。圓右臂成半圓形。置右額側。同時右腿屈膝上提。至膝蓋與右肘相接為度。左腿直立。左臂下垂。掌心向內。指尖指右足左側。㈡右足下

金雞獨立式圖一

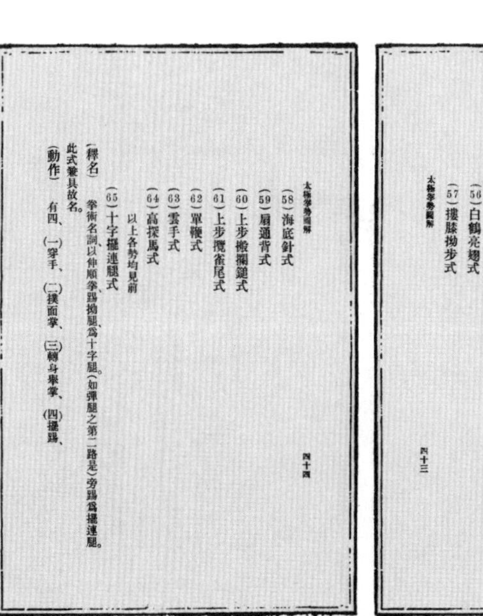

金雞獨立式圖二

落。左手左足上提如第一動作。右臂下垂。指尖指左足右側。

（注意） 此式運動樞紐在腰項。全身重點寄於一足。務使穩如山嶽。不可動搖。手足起落。尤須一致。

（應用） 設以拳掌進擊敵胸。敵以手格攔。應即以手向上挑開敵手。以後腿之膝衝敵小腹。並以前手同時進擊。

（53）倒攆猴式

（54）斜飛式

（55）提手上式

（56）白鶴亮翅式

（57）摟膝拗步式

（58）海底針式

（59）扇通背式

（60）上步搬攔錘式

（61）上步攬雀尾式

（62）單鞭式

（63）雲手式

（64）高探馬式

以上各勢均見前

（65）十字擺蓮腿式

（釋名） 拳術名詞。以伸順拳踢拗腿。為十字腿。（如彈腿之第二路是）旁踢為擺蓮腿。此式兼具故名。

（動作） 有四、㈠穿手、㈡撲面掌、㈢轉身舉掌、㈣擺踢、

十字擺連式圖

(圖解)(一)由高探馬式。左足前進半步。左手仰掌。由右手腕上面穿出。右手掌心向下。同時隨右臂抽回。屈肱置左腋下。(二)左掌內運下合。掌心向前吐力。(三)坐左腿。向右後方轉身。略舒右腿。如丁虛步。左臂由頭左上舉。圈留頭上。掌心向前。(四)右足由左向右擺踢。同時左掌由右向左拍右足面。左臂下垂。掌心向下。

(注意) 轉身後。須以全身重點寄於左足。方可將右足提起。右足運動路綫。宜爲正圓形。

(應用) 敵由後踢擊。即轉身以手格攔。乘勢以足側踢之。

(66)摟膝指襠錘式

(釋名) 此式於摟膝後乘勢用拳進擊敵襠。故名。此爲太極拳五錘之一。

(動作) 有三、(一)落步摟膝、(二)進步摟膝、(三)指襠錘。

摟膝指襠錘式圖

(圖解)(一)由前十字擺連腿。右足落地。右手摟右膝蓋。作右摟膝拗步。(二)左足前進一步。右手摟左膝蓋。(三)探身弓前膝。右手握拳。(虎口向上)前伸斜下指。左手置左膝旁。或撫右臂助勢均可。

(注意) 拳前擊時。力須由背脊發出。右肩須探出。右足宜直伸。

(應用) 敵以左右手足連擊下部。應以左右手格攔。乘勢進擊敵之下部。

(67)上步攬雀尾式

(68)單鞭式

(69)下勢式

以上各式均見前

(70)上步七星式及退步跨虎式

(釋名) 拳術家以兩臂相挽。兩拳斜對。名七星式。兩臂分張。兩手分作鈎掌。雙腿蹲屈。一足立地。一足提起。足尖點地。名跨虎式。此兩式有聯合練習之必要。故合之。

(動作) 有二、(一)上步七星、(二)退步跨虎。

七星式圖

退步跨虎式圖

(圖解)(一)由下勢左膝前弓。右足前進。點左足踵。足尖點地。左手握拳當胸。右手由後向前。握拳置右足前進。經過右脅旁。由左腕下前擊。與左腕交叉作十字手式。(二)右足退後半步。屈膝下蹲。左足收回至右足側。足尖點地。成丁虛步。雙臂相挽內抱。右手從左臂內翻出。向右側伸展。掌心向前。同時左手作鈎。向左下方斜摟。左膝上升。五指作猴拳。指尖後指。兩臂宜平。

(注意) 七星式。全身重點在左足。跨虎式

全身重點在右足。

(應用)(一)上步七星式。設敵以拳當胸擊來。應以左臂上架。或外攔。隨進右足。以右手從左手下擊敵胸部。(二)退步跨虎式。用前式時。設敵以手下壓。或外捋。及前踢。即以左手下摟敵手或足。抽出右手。推敵胸肩。

(71)轉身擺連式

(釋名) 轉身。動作名。轉身擺連者。轉身藉勢。藉起擺連腿也。(擺連腿解釋見前)

(動作) 有二、(一)轉身合手、(二)擺連腿。

轉身擺連式圖

(圖解)(一)由前跨虎式。右後轉身。上左步。雙手內合。當胸作十字手形。(二)起右足。由左向右擺踢。雙臂前伸。雙手自右向左拍右足背。收置腰左右。此時右足落地。足尖點地。近左足側。

(注意) 上左足時。宜足尖內向。以便迴轉。

（應用）　敵自左側擊來。即閃身上左足以避之。誘敵追襲。乃轉身起右足。從旁踢敵脇部。

（72）彎弓射虎式

（釋名）　此式取人在馬上彎弓下射之意。故名。

（動作）　有二、（一）開步曲肱、（二）舒臂前伸、

（圖解）　（一）由前式右足向右前方踏出一步。身右前傾。屈雙臂作拳內抱。由左腰際過臍前。向右運行。至右腰旁。雙臂上舉。右臂肩肘相平。覆拳。（虎口向下）近右腮。指左前方。勢如持箭。左臂屈肘近脇。舉手當胸。雙目前視。勢如握弓。（二）拳向左下方略爲旋轉。右上左下相對。兩臂伸舒。

彎弓射虎式圖

（注意）　雙拳前擊時。須隱含螺旋之意。

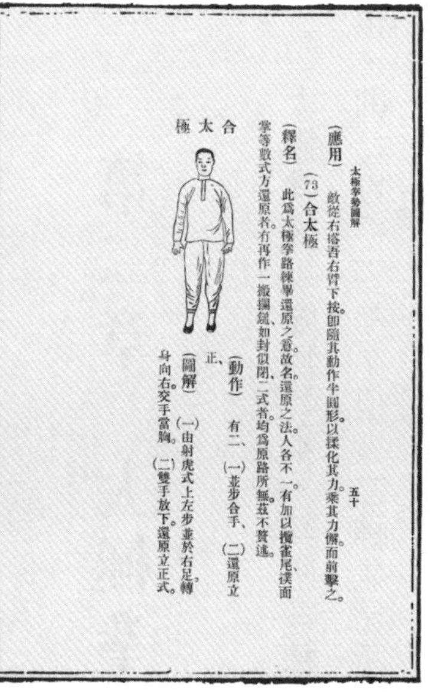

（應用）　敵從右搭吾右臂下按。卽隨其動作半圓形。以揉化其力。乘其力僻。而前擊之。

（73）合太極

（釋名）　此爲太極拳路練畢還原之意。故名。還原之法。人各不一。有加以攬雀尾、撲面掌等數式方還原者。有再作一搬攔錘、如封似閉、二式者。均爲原路所無。茲不贅述。

合太極

（動作）　有二、（一）並步合手、（二）還原立正、

（圖解）　（一）由射虎式上左步並於右足。轉身向右。交手當胸。（二）雙手放下。還原立正式。

第二章 太極拳各勢圖解

太極拳術以虛無為本，其所鍛鍊神氣二者而已，非如外功拳術之專尚形勢也，則曷貴乎姿勢？但人之神氣曷所寄？寄於肉體，由肉體以鍛鍊精神，以心意作用，運動肢體，而俯仰屈伸，各如其意，使身心二者合一①。由開合②、鼓盪③、呼吸、進退，以鍊其氣；由體覺、筋覺、觸覺，以敏其神。使太極之體用兼備，則習太極拳術者，於姿勢之講求，似亦未可從緩。

嘗考太極拳之流派有三：有以姿勢之多寡命名者，如三十七、小九天等是也；有以易象異名者，如先天拳，後天拳等是也；有以運勁行步之方位定名者，如十三式是也。其姿勢、名目、練習方法各有不同。雖均可採，然除十三式外，多用單式練習，無固定之次序，於聯貫教練上未盡相宜，當另為編製。

今先就十三式拳路各姿勢之原有次序，繪圖立說，聊備參考云爾。

【注釋】

①身心二者合一：身心一體，內外兼修。順天循地，志道遊藝。

②開合：太極拳眞義，不外一開一合，即一陰一陽，兩儀是也。每式動作，均有若干小部分，自成一小開合。集各小動作，以成一式，即為一大開合。全部姿勢，合成一總開合，故於單式練習，首須明呼吸導引大意，而由開合入手焉。

開合、進退、上下、陰陽、剛柔，皆相對之名詞，在應用亦相對連用，所謂開合勁也。凡前後、左右、上下之往復，皆屬開合。

③鼓盪：太極拳不僅要求「氣沉丹田」，還要求「氣宜鼓盪」。所謂鼓盪，就是吸氣時，內氣貼於命門穴，使內氣沿督脈上行；呼氣時，內氣沿任脈下落，彙聚丹田。這樣，隨著呼吸，就有內氣鼓盪的感覺。盪，就是盪漾——內氣要向四肢百骸盪漾開去，無微不至。做到「氣沉丹田」和「氣宜鼓盪」，這對健

身、技擊而言，都是有好處的。

此說認為內氣貼於命門穴，使內氣沿督脈上行等等，是否符合《黃帝內經》等中醫典籍以及道家內丹功理論，有待研究。

按：太極拳套路與動作的設計、增減取捨、定型，大致來說，是根據一、武術傳統的繼承發展（如十三式），不違古人定法；二、不違科學原則，研究技擊效能的科學合理、節能高效；三、符合學者的心理，講究動作起承轉合、舒展流暢、美觀自然等因素確定的。

楊澄甫主張：每一拳架結構都符合人的生理、符合力學原理、符合用法的三合為一。觀察拳架正確與否，就看每一拳式是否「三合為一」。

日本松田隆智在《中國武術史略》中說：「楊健侯傳的大架式，動作比較緩慢柔和，深受許多文人、學者喜愛，其著名弟子有他的長子楊少侯、三子楊澄甫以及北京許禹生、紀德等人。許禹生以後成為北京國術館館長，著有《太極拳勢圖解》。從此書可以看出，當時的楊家太極拳還有二起腳這樣的跳躍動作。現在廣泛流傳的楊家太極拳，是楊健侯的三子楊澄甫又加以改變而創編的。這樣，太極拳經過楊家三代不斷改變，面貌改變，與當初的太極拳已經大不一樣了。」

那麼，許禹生《太極拳勢圖解》中的太極拳架，是採用了哪家的太極拳架為範例？二水居士對此有研究，他的結論是：「許龗厚（許禹生）編著的《太極拳勢圖解》，書中採用的拳勢繪圖與陳微明先生《太極拳術》中楊澄甫老師所贈的中年拳架，一一對照，結果顯而易見：許龗厚為北京體育研究社編著的這本太極拳推廣教材，最終是以楊澄甫老師的拳勢作為推廣範例的。從《太極拳勢圖解》入手，可以還原楊澄甫老師在北京時期的拳架。而楊澄甫老師南下上海、杭州後的拳架，可以作為楊澄甫老師晚年定式架的典範。所以，對照閱讀《太極拳勢圖解》《太極拳術》《太極拳使用法》《太極拳體用全書》，就能清晰地看到楊澄甫老師的拳架變化的軌跡，這對深入研究拳理拳史，頗有裨益。」

二水居士在《一多廬太極體悟錄》中敘述了確定楊家太極拳架為《圖解》原

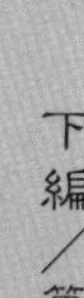

型的過程：

「上個世紀初期，北京體育研究社的學員也分成了意見截然不同的兩派：一派以為大架是長功夫的架子，一派以為小架具有技擊作用。兩派矛盾最後直指大架的代表人物楊澄甫老師與小架的另一名師。當時的北京太極拳界，沒有式派之爭，大架、小架、中架，都是楊家三代人所傳授的架子。因為少了門派之爭，什麼問題就顯得簡單化了。後來由許禹生出面，請兩位老師手談一次，最後由贏家這一風格的架子，來作為該社統一推廣傳授的拳架。手談之前，楊澄甫老師還附加了一個條件：輸者得跟從贏者改拳，日後不得再練原先架子。

「有興趣研究拳史的拳友，不妨去仔細閱讀一通許禹生先生編著的《太極拳勢圖解》，不妨將書中採用的拳勢繪圖與陳微明先生編著的《太極拳術》中楊澄甫老師的中年拳架，一一對照。結果顯而易見：許禹生為北京體育研究社編著的這本太極拳推廣教材，最終是以楊澄甫老師的拳勢作為推廣範例的。」

二水居士敘述的故事出自何處暫且不表，但對照兩者的拳照畫，確實是惟妙惟肖，無可懷疑。

《太極拳勢圖解》中的拳架
民國十年　許禹生著

民國十四年夏　陳微明編著
《太極拳術》中的拳架

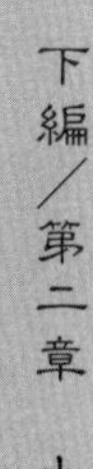

（1）預備式

〔**釋名**〕凡拳路於演習之前，必有預備①，以喚起全身注意，若警告其振作精神，從事練習，且致敬禮於參觀者之意，與體操之立正相同。太極拳以心意作用運動筋肉，將練習時，必須精神專注，方克有濟。故預備式於太極拳術中尤為重要。

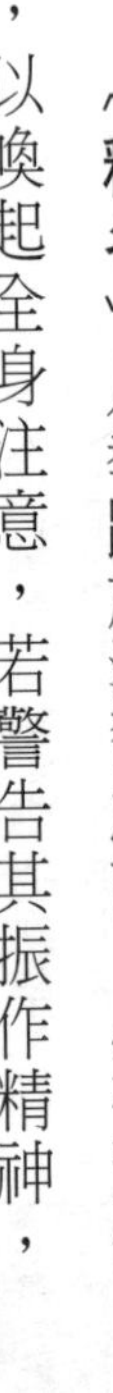
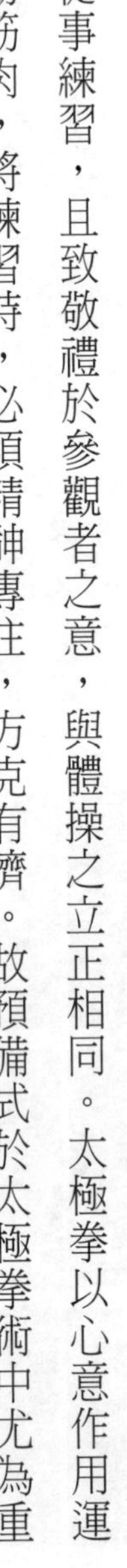

預備式圖

〔**動作**〕有一：㈠預備

〔**圖解**〕身體直立，兩手下垂，腕與胯齊，掌心下按，目前視，兩足距離與肩之寬相等。

〔**注意**〕教練②時，宜體靜神舒，氣沉丹田。精神貫頂（頭頂），全身須靈動活潑，無絲毫著力處。

【注釋】

①預備：本《太極拳勢圖解》（以下簡稱為《圖解》）拳架設預備式，但無起勢一式。

增設預備式，其作用一是提振精神，二是致禮之意。與體操立正的作用相似。

民國時期對預備式的稱呼並不統一，有的書中有預備式而無起勢；有的有起勢而無預備式；也有預備起勢合併為「預備式起勢」的。也有將預備式稱作「無極式」的。無極式，無極形者，即尋常不動之立正姿勢也。「其心中無形無象，無意無識，混混沌沌，一氣渾淪，實天然未分之性也。」惟天然順行之道，常有違乎修養之弊，是攝生之術未盡善也。於是古之賢聖，參透逆運之理、還元之道，轉乾坤、奪造化，一氣運行之道，而太極生焉。

因為原先拳架是沒有單獨的預備式，所以各家稱謂也未能一致。從預備式「釋名」的文字看，預備式是借鑒西方體操的名稱，作為套路的開頭而設立的，

其實稱為「起勢」更貼切些。但是將「預備式」稱作「無極式」，是牽強附會的。因為「預備式」是為了提振精神和表示致禮之意而設，心意已動，而「無極」卻是「無形無象，無意無識，混混沌沌，一氣渾淪，實天然未分之性也」，兩者含義不同。

②「教練」二字，在以後再版中改作「練習」。

按：古代的武術套路，無單獨的預備式。如戚繼光《紀效新書》及《王宗岳太極拳論》的「十三架勢」，都是沒有預備式的，第一動便是懶紮衣。其實懶紮衣（或攬雀尾）第一動的站立，既是武林禮節，又是迎敵之預備。如從實戰而言，尚隨勢而動，像三體式等都可以作開門手，不拘一勢。所以無須另設預備式，作畫蛇添足之嫌。

許禹生在一九一八年《體育季刊》第一期發表《太極拳術單式練習法》時，並無預備一式；《太極十三式次序名目》上也無預備一式。一九二一年許禹生正式編寫《太極拳勢圖解》時，吸取洋體操立正預備的名稱，設預備一式，開武術套路設立預備式之先河，被練家廣泛接受。許禹生曾將單式太極拳動作中配以口令，作為太極拳體操化的嘗試，但在整理《太極拳勢圖解》時，最終放棄將太極拳體操化的嘗試，保持了太極拳傳統文化，只有預備一式被保留。

一九二一年《太極拳勢圖解》第一式稱為「預備式」；一九二五年《太極拳術》無預備式，直接是攬雀尾。一九三一年《太極拳使用法》稱作「太極拳起勢預備」，一九三四年《太極拳體用全書》則命名為「太極拳起勢」。黃文叔書中直接稱作「太極出勢」。一九六二年《楊式太極拳》，傅鍾文在「預備式」後又加「起勢」一式，疊床架屋。雖然名稱各不一樣，其實都為行拳走架之始，如稱作「起勢」更為貼切。

《太極拳勢圖解》雖然用了體操「預備式」的名稱，其動作要求仍然是按照太極拳的要求不變。楊公站立的動作涵胸，「兩手下垂，掌心下按」，其實為攬雀尾初始。觀陳微明太極起勢拳照，自然站立，則涵胸、氣沉丹田、兩手手背向

外，「此太極未動之形式也」。而國家新編套路（二十四式簡化太極拳，八十八式太極拳）的預備式，則完全仿照洋體操的動作，這與傳統武術的自然站立有了質的不同。這種體操式站正，與少林等外功拳的理念相近，而與太極拳的要領相距甚遠。可能受二十四式、八十八式影響，一九六二年《楊式太極拳》的預備式，也按照體育立正的動作站立。

如果按體育立正的標準站立，看似精神抖擻，其實很容易使手臂伸直而無沉肘之意，又易犯挺胸與夾腋之病，不易做到含胸拔背、氣沉丹田，不太符太極拳練習的要求。而且因虎口向前，兩臂平舉時，兩臂須內旋，才能使手背向前向上平舉，而手臂內旋時勁勢向裏走，易被敵手所乘，不太符合技擊要求。而傳統太極拳起勢，手背即可向前向上（坐腕）平舉，比手背向外側放要好得多，而且容易勁貫掌根，有利於技擊。所以，楊公澄甫的手勢最為符合傳統太極拳的優點。

預備式的立正說明一點，太極拳畢竟不同於洋體操，其文化內涵不同，光是簡單模仿是不行的。太極拳可以也應該吸取洋體操中有用的東西，許禹生在借鑒洋體操的同時，仍然保留中國武術的傳統，使兩者有機結合，而「二十四式簡化太極拳」等規定套路，其預備式則完全體操化，失去了武術傳統特點。在吸取西方體操有用東西的同時，如何保持太極拳自身的文化，而不是削弱太極拳自身的傳統文化，是取長補短，而不是削足適履，應該是武術工作者面臨的重要課題。

一九六三年《楊式太極拳》又增設「起勢」一式，這是將原本攬雀尾的第一動中分出來，單獨列為起勢。如陳微明《太極拳術》「兩手毫不著力，向前向上提起，與胸平，手心向下，兩臂稍屈，不可太直，與腰同時下沉」是攬雀尾之初動；一九三〇年姜氏《太極拳講義》攬雀尾初二動是：「一、承上式（預備式），兩足原地不動，兩手向面前，再往上緩緩平起，起至兩手與肩齊平為止，兩手腕向下彎，手指均往下垂（曾昭然認為，兩手平舉時，手指尖仍應向前，掌心向下）鬆肩墜肘，順項貫頂，兩手向上平起時，用心意往上抬，並非兩胳膊之作用，亦非兩手之作用，身體面目均對起點右方。二、上動不停，兩手由上方朝裏微圈回至兩手距五六寸時，緩緩下按，按至肚臍下方，兩手背朝上，兩手腕手虎口均要圓，手指相對，兩胳膊如半用形，兩膝蓋彎曲，身體小蹲，含胸拔背，氣沉丹田，身體面目仍向起點右方。」「此式以腰作車軸，使心中力量，刁起右手，兩手如同生於丹田，並非胳膊用力提起也。」對此二動要求「腰作車軸，兩手如生於丹田」，並強調「用意不用力」。總之，習練套路之人對起勢十分重視，強調「此式為各式之母，注重於神，理想於氣」。認為「打拳全在起勢，一起得勢，以下無不得勢」。

太極拳增加預備式，是強調了預備的重要作用，為各練家所接受，楊澄甫《太極拳體用全書》：「此為太極拳預備動作之姿勢。立定時，頭宜正直，意含頂勁，眼向前平視，含胸拔背，不可前俯後仰，沉肩垂肘；兩手指向前，掌心向下；鬆腰胯；兩足直踏，平行分開，距離與肩齊。尤要精神內固，氣沉丹田，一任自然，不可牽強。守我之靜，以待人之動，則內外合一，體用兼全。人皆於此勢易為忽略，殊不知練法用法，俱根本於此。望學者首當於此注意。」這些要求都是體操所沒有的。

因為預備式的重要，於是練家又在預備式後加起勢，又在起勢中添加了一些動作。楊家原來自己練功是以單式為主的，即「多用單式練習，無固定之次序」，或為提高練習者興趣，或因教學需要，將許多熱身動作也加入到預備式（或起勢）之中。

如田兆麟傳的起勢一式就有數十動之多；葉大密傳「太極起式（無極、陰陽、左右、動靜、前後、開合）」，其中陰陽有「純陰式：平行步高站式，隨身軀前盪後移勢，兩臂覆掌前平舉，曲臂回收，兩臂後開，兩肘後合，兩掌左右分，再前合下按，配合呼吸，拔背頂勁和拳架相同」「純陽式：平行步高站式，隨身軀前盪後移勢，兩臂覆掌前平舉，曲臂回收，兩臂後開、兩肘下合，豎掌前按，配合呼吸，拔背頂勁，坐腕舒指，和拳架相同」，等等。

二水居士曾寫道：「金（仁霖）老師說，起勢中的這些內涵，楊家、孫家其實原本也有類似的練法。只是導引術中更為明確，也便於學生來領會拳學要義。」這些練法至今仍能一睹端倪。

王新午《太極拳闡宗》（簡稱《闡宗》）預備式：「拳式開始，為振作精神，必有準備。太極拳以知覺、感覺、觸覺煉神，由開合、鼓盪、呼吸煉氣，最重連貫。提神換氣，預備一式所關甚要，尤以輕靈無滯，呈自然之狀態，為此中三昧。其式由正式左足向左分開，兩足距離與肩之寬等，足尖向前，兩足平行；身體直立，兩臂微鬆、下垂，手心向下，指尖向前；頦微內合，頭正，頂懸，目向前平視，凝神靜氣，停止片時（如圖）。即此練習呼吸，其法由鼻孔吸氣。鬆胸收腹，兩手由左右內抱至丹田，手心向上，指尖相對，徐徐隨吸氣上提，至胸膈間，吸至胸內氣滿，不可再容之際，即呼氣。呼時用意鼓腹，不可努力，氣由鼻孔出。兩手下翻，手心向下，指尖相對，徐徐隨呼氣下按至丹田。其要在呼吸之時，手與呼吸之動作，須內外一致，升降勻緩，勿急遽，勿間斷。久之，手之按提，氣亦隨之，即鼓盪之意也。」

葉大密傳授無極式時，怕學生一站定很難立刻找到「無極狀態」，所以要求習練者，兩腳「平伏貼地」，身形在保持完整的前提下，先前移後盪。整體向前到前腳掌，再整體向後到後腳跟，整體向前到前腳掌（指去掉腳趾後的腳掌前端），再整體向後回到湧泉。這樣，前移後盪如倒鐘擺，等等。

一九三四年，楊澄甫《太極拳體用全書》，不用預備式名稱，改稱「太極拳起勢」，動作復歸簡約，但簡約並不等於簡單，其要求不減。看楊澄甫起勢：兩手坐腕，手掌心向下，手指向前，精神飽滿，外形端莊，穩如泰山。

（2）攬雀尾①式

〔釋名〕取兩手持雀頭尾，而隨其旋轉上下之意，一名攬切尾，擬敵人之臂為雀尾，攬之以緩其前進之力，即乘勢前切以擲之也，二說均可。

〔動作〕有六：初習時僅分攬切二動作，熟習後則兩手由內向外，復由外向內，其運行路線，為左右兩環形。細分之為提、擠、攦、按、掤、切六動②。

㈠開步提手③；㈡進步沖擠④；㈢坐步攬攦⑤；㈣進身按手⑥；㈤外掛前掤；㈥推切手⑦。

〔圖解〕

㈠由前式左足向前踏出一步，足踵著地；同時屈右膝蹲身；左掌自左胯側，由外向內作圈，彎轉前伸而上，至腹前；右手下按，指撫左肱，以助其勢，逐漸上提，至胸而止；左足尖隨之下落，至著地時，全身重點，移於左足。

㈡進右步，向右方，同時右臂曲肱向外前擠，垂肘，大指約對鼻部；右腿隨同前屈。

㈢左腿後坐，兩臂向懷內合，若攬物下之意。

㈣兩手前按。

攬雀尾式圖一

攬雀尾式圖二

㈤右手上仰前掛，隱含掤意。

㈥兩手旋轉向內，指尖作圈，右手轉至掌心向下，即向前推切，左手約居右肘彎處，兩手參差，向同一方向前推。

〔**注意**〕練時手尖路線須成一雙環形，腰脊隨之作同一動作，方能靈活，此勢運動身體腹腰肩背各部⑧。

〔**應用**〕搭拗手時，搭外則外掛前推。搭內則內攬採起前推。若搭順手時，則攬其肘外方前推。⑨搭內則向外掛其肘或腕，即前推⑩。

【注釋】

①攬雀尾：楊家此動一直稱作「攬雀尾」，而其他拳家又稱：攬切尾、攬紥衣、懶擦衣、藍鵲尾、爛雀尾、攬切尾、攬雀畏等等。蓋方言不同之轉言，口口相傳，音轉音訛。攬紥衣之名，不僅太極拳有，通臂長拳開式亦有。其實太極拳一開始就是攬雀尾乃戚繼光遺風，戚繼光《紀效新書》十八卷本之《拳經捷要篇第十四》載：「懶紥衣出門架子，變下勢霎步單鞭，對敵若無膽向先，空自眼

明手便。」《王宗岳太極拳論》的「十三架勢」，第一動便是懶紮衣。

由懶紮衣之後拉單鞭，這種「勢勢相承」的拳架套路的編排，至今依然在楊式、武式、孫式、吳式、陳式、趙堡等拳架中沿襲著。

姜容樵稱攬雀尾「此一式一通，餘式易精，以禦敵為余事」。可見此式在太極拳中極為重要。甚至有人認為，學練好了「攬雀尾」，就等於學好了一半拳架。也許因為此式重要，所以楊家對此式也十分用心，反覆琢磨，不斷改進。因此，此式動作變動亦大。

②細分之為提、擠、搌、按、掤、切六動：現行楊架攬雀尾一式，均為掤、搌、擠、按的四正演示，而一九二一年《圖解》中此式與現行的不一樣。即「太極拳攬雀尾式，動作有六。初習者以其繁難，僅攬切二動作，習熟後再增為提、擠、搌、按、掤、切，六動」。

③開步提手：《圖解》攬雀尾第一動「㈠開步提手——由預備式左足向前踏出一步，足踵著地；同時屈右膝蹲身；左掌自左胯側，由外向內作圈，彎轉前

升而上，曲肱平橫於前胸前，掌心向內，指尖向右；右手亦同時翻轉內合，垂肘，撫按於左胸內側，指尖向上。上體正直向前；左腿屈膝，右腿正直，成左弓箭步。」

在現行楊式太極拳的攬雀尾中，無開步提手，此式卻在吳式太極拳的起勢中依稀可見（按：吳氏太極拳源自楊氏太極拳）。

一九二五年，陳微明《太極拳術》攬雀尾第一動：「兩手毫不著力，向前向上提起，提與胸平，手心向下；兩臂稍屈，不可太直，與腰同時下沉。」這一動就是「提」，這是一九二一年《圖解》攬雀尾中未作明示的。一九三四年《太極拳體用全書》又取消了這一動作，直接作掤式。一九六二年《楊式太極拳》，傅鍾文則將這「提」的動作單獨列作「起勢」，另成一式。

現行楊式太極拳起勢都有提手平舉的動作，其他式樣的太極拳也大都以提手平舉為起勢第一動，而不作為攬雀尾第一動了。

一九二一年《圖解》的㈠開步提手，至一九二五年《太極拳術》，變成「左手轉至丹田，手心向內向前伸出（此即是掤），略與胸齊；右手同時向右向下分開，手心向下五指向前；左足同時斜向前進。此時全身坐在左腿，右足伸直不動。左實右虛」，即演化為「左掤」原動。而一九三四年《太極拳體用全書》，又在此動作前，增有「由起勢，設敵人對面用左手擊我胸部，我將右足即向右側分開坐實」，這增加了欲左先右的動作。在一九六二年《楊式太極拳》（俗稱八十五式）中，又將此演化為「右抱球」，然後接作「左掤」，左掤方向也由面南改為西南；右掤向西。

④進步沖擠：《圖解》進步沖擠：「㈡進右步，向右方，同時右臂曲肱向外前擠，垂肘，大指約對鼻部；右腿隨同前屈。」這動標明為「擠」式。而一九二五年《太極拳術》又在這動前增加「左抱球」，並將此動由「擠」改作「右掤」。《太極拳術》此動無相對應的拳照來匹配。《使用法》與《體用全書》改為「右掤」後，也均無拳照匹配。

⑤坐步攦攬：《圖解》「攦」，以及《太極拳術》《體用全書》等書，此動

均為「擺」不變。唯一不同的是：《圖解》的動作示意圖，是之初動，右腿仍前弓，尚未後坐左腿。與「掤」或「擠」式粗略相似；而《使用法》《體用全書》的拳照，則按「左腿後坐，兩臂向懷內合，若攬物下之意」拍攝配製的。

⑥進身按手：《圖解》此動是㈢「擺」，之後直接接㈣「按」。王新午注：「手約擺至左胯間，即變雙手進身前按。」注意《圖解》在「擺」與「按」的中間並無「擠」式。此式以後演化為在「擠」式之後。

⑦㈤外掛前掤；㈥推切手：「兩手旋轉向內，至右手心轉向下時，即進身前推切；左手在右肘彎處，參差向同一方向前推，仍為右弓箭步；或平曲右肱，左手撫之，進身前擠。」《圖解》此處是按後再擠，以後此「推切」演化為「擠」式，而將上式進身按手，調在此式之下，作「按」式。

一九二一年《太極拳勢圖解》的攬雀尾是由「提、擠、擺、按、掤、切」六動組成，附圖只有「開步提手」與「進步沖擠」二圖。至一九二五年，《太極拳術》的「提」前半作攬雀尾的「起勢」，攬雀尾剩餘的「擠、擺、按、掤、切」

之序列演化為「掤、攦、擠、按」，不僅將原有動作調整改進，並分別附圖表示。攬雀尾正式按「掤、攦、擠、按」四動排列，是一九二五年《太極拳術》定型的。如此定型，傳承至今。

太極拳攬雀尾各動排序，在二十世紀二〇年代作了較大的變動，折射出其是受楊家老譜「八門五步」思維的影響而理順的。「掤、攦、擠、按，採、挒、肘、靠」是拳勢中八個基本勁別，與文王八卦配伍之方位，上下相綜，陰陽交變，再以五行配伍「進退顧盼定」，用以闡述拳勢裏「手眼身法步」的陰陽顛倒、周而復始之理。

而按原來《圖解》的「擠、攦、按、掤」程式，在八卦中分別對應：「震、坎、兌、離」即「東、北、西、南」。《太極拳術》調整為：「掤、攦、擠、按」以後，在八卦中分別為「離、坎、震、兌」；對應方位是：「南、北、東、西」四個正方位；對應臟腑為「心、腎、肝、肺」，如此排序，比「攬、切」二動，或「提、擠、攦、按、掤、切」六動，排列規整有序。調整後，透過一攻一防，派生出相生相剋的掤、攦、擠、按四種勁，更能體現「掤攦擠按須認眞，上下相隨人難進」的含義。

所以表面看只是動作程式的改變，而實際上則是太極文化理念發酵的結果。至此，攬雀尾成為練習四正手的主要招式，也成為太極拳主要招式之一。

一九二九年，姜容樵《太極拳講義》攬雀尾：「實含掤攦擠按，取手攬雀尾之意。」共有十一動：1.平提；2.下按（按：此1.、2.二動現行拳架列為起勢式）；3.掤起式；4.掤止式；5.攦起式；6.攦二式；7.攦止式；8.推擠；9.平按；10.右攬；11.左攬。而其中「10.右攬、11.左攬」，在一九三四年《太極拳體用全書》中插入單鞭初始，延續至今。

⑧〔注意〕練時……腹腰肩背各部：曾昭然《太極拳全書》指出：「左掤：有以兩手分由外向內畫圈，而後以右掌向右牽動，此與原義無悖，尚屬可行，惟其左手由下向上作掤勢則非。又有先將兩膝曲下而後以右掌畫圈者，亦非。至以右掌牽右後緊貼腹部者，或以四指尖皆向前（南）者，則更非矣。攦：有於回攦

時，儘量向左傾側，至面眼及胸皆正向南者；又有將右肘橫起，而以下臂近腕處用力作攦者，皆非。擠：有將肘橫起作擠而高與肩平者；又有右手先作掤勢而後加左掌作擠勢者，皆非。按：有將兩掌由上勢向左右平抹使兩肘皆成直角形，而面與眼始終向前（西）者，非。又有按出時，兩掌由下向上推，至高於肩而止者，更非。」

⑨〔應用〕……則攬其肘外方前推：《太極拳體用全書》的攬雀尾，是按「掤攦擠按」程式定型的，與《圖解》所示不同，現將其動作的技擊應用抄錄如下，可與《圖解》中攬雀尾作對比。

1. 掤法：由起勢（預備式直立），設敵人對面用左手擊我胸部，我將右足即向右側分開坐實；隨起左足往前踏出一步，屈膝坐實，後腳伸直。遂為左實右虛，同時將左手提起至胸前，手心向內，肘尖略垂，即以我之腕貼在彼之肘腕中間，用橫勁向前往上掤去。不可露呆板平直之像。則彼之力既為我移動，彼之部位亦自不穩矣。（按：此式是向正南方左手掤出，現行左掤方向改向西南或西）

2.摵法：由前勢，設敵人用左手擊我側肋部，我即將右足向右前正面踏出，屈膝踏實，左腳變虛，身亦同時向右面轉。眼隨往平看；左右手同時圓轉，往右前出動，右手在前，手心側向裏；左手在後，手心側向內（按：此為右掤）。轉至右手心向下，左手心向上時，速將我右肘腕間，側貼彼肘節上，側仰左腕，以腕背黏彼之腕背臂上，向左外側，全身坐在左腿，左腳實，右腳虛。

3.擠法：由前勢，設敵人往回抽其臂，我即屈右膝，右腳實，左腿伸直，伸腰長往，隨之前進；眼神亦直前往上送去；同時，速將右手腕向外翻出，左手心貼我之右腕臂間，向前往；乘其抽臂之際，隨出擠之，則敵必應手而跌矣。

4.按法：由前勢，設敵人乘勢從左側來擠，我即將兩腕從左側往上用提勁，空其擠力；手指向上，手心向前；沉肩垂肘、坐腕、含胸，全身坐於左腿；速用兩手心按其肘及腕部，向前逼按去；屈右膝坐實，伸左腿，腰亦同時往前進攻。眼神隨動往前從上送去。則敵人即後仰跌出矣。

⑩搭內……即前推：《太極拳勢圖解》攬雀尾的應用：「搭拗手時，搭外

則外掛前推；搭內則內攬採起前推；若搭順手時，則攬其肘外方前推；搭內則向外掛其肘或腕即前推。」

王新午在《太極拳闡宗》對許師此話做了如下的注釋，即：

與敵搭手，第一先須隱含掤意，掤勁在未發之先，不上不下，不前不後，純然中正之動。兩臂抱圓，不頂不丟，不匾不抗，不隨不滯，是為得之。

拗手相接，先施掤勁。敵若以剛力直進，吾對準來力一掤，敵即仰跌。此掤勁發之甚驟，類撞勁也，其要在鬆肩沉肘耳。

拗手相接。順化其力，反手按擲。此與外掛前推左右相反。

上掤敵臂。繼變下按手，直入敵圈內。謂之陰陽相濟。

拗手相接。驟由腕外內撞前推；同時以順手撫按敵臂，下用前進後跟步。此法須至靈至速，一接即進，於半秒鐘成功也。

掤手禦敵，繼變按手或搬手、採手，再變推、擲、打、擊。擠手擊敵，繼變按手，或搬手、提手，若手化敵，繼變擠手或前擊。按手拒敵，繼變提手或搬

採，為慣用之著法也。

拗手相接。最簡捷者，曰掤、攦、採、擊。順手相接，曰採、纏、提、擊。此百不失一之著法，須口授，而不可以筆墨傳也。

按：楊澄甫拳架中攬雀尾一式變化較大，因此，爭議也多。比如，顧樹屏先生在《楊式太極拳述眞》中討論左掤的方向，他說：「面部方向，我從一九四一年看到兩位傅老師練的都是面向正西的，不容置疑。目前有的打正南，有的打西南，值得探討。」顧先生所說的「左掤，面向正西」的問題，既「不容置疑」又「值得探討」，那就不妨在此探討一下。

現行左掤大都方向是「面向正西」，但當時楊澄甫又是怎樣教授的？看楊澄甫的拳照似乎是「面向正西」，所以不少人認定是「面向正西」的，但這卻是由於拍攝角度誤差等因素造成的。楊振基曾在《楊澄甫式太極拳》中說明：「照片中為什麼向右側（正西）看去了呢？現在看來，可能是照相時，拍照者出現失誤。這種失誤是可以理解的。因為拍照者不懂拳。類似失誤，書中（按：指《太極拳體用全書》）個別相片還有，屆時再述。一些寫楊式太極拳的拳書，把左足向前踏出，腳落地時內扣約四十五度，也顯然與楊公澄甫的圖像並不相符。」這下說明了左掤並不是「面向正西」的。

李品銀曾聽濮冰如老師講：她（濮冰如）曾經問楊公澄甫：「楊老師，你原來教的左掤是向南的，怎麼改成向西南了？」楊公笑著回答：「馬馬虎虎。」楊公也許是指這一動的拳照，拍攝時方向上有偏差，因而造成學者誤會。後人將錯就錯「左掤面向正西」，並非是楊公的原意。

一九二一年《太極拳勢圖解》上述之左掤，是預備式後攬雀尾第一動，是「向西作預備式。進左步，向右方轉身，西北作攬雀尾式。」當時拳架起頭的方向是自北而起，向西作預備式。在一九二五年以後，方向有了改變，預備式方向改作向正南，攬雀尾第一動左掤是向正南方。《太極拳術》寫明攬雀尾「向正南」，左掤「左足同時斜向前進（圖示左足向南）」，其左掤是向正南的。然後右

足往西邁，作勢」。楊澄甫南下廣州教拳，此動「左足即於左肩正向南處邁一步，先成左丁字步後成左前弓步，而手背即向前（南）碰擊，是即『掤』勢。此時面眼及胸皆向南」。說明楊公中、晚年左掤方向都是向正南的，並非向正西的。楊公之子楊振基，一直保持左掤「向正前(南)」並「眼隨身轉向南平視」。

至於後來左掤向西南、甚至向正西的問題，原因可能：一、原先左掤前無其他動作，後來添加了些過渡動作（如右抱球等）致使方向發生變化。二、左掤時先左腳向正南踏出，而作勢（後改作右掤）時，右腳向右（正西）踏出，兩腳掌夾角成九十度，兩腳處於彆扭的狀態，左足須調正夾角。於是1.向正南作左掤時，邊將左腳掌內旋四十五度，然後右足向西出步，這樣比較順遂。2.作左掤時，身腰先轉向西南，然後左足向正南踏出，面向西南或西作左掤。3.後人的理解、領會產生偏差，遂使左掤方向發生變化。

攬雀尾是太極拳中主要的招式，此式變化較大。從此式變化為典型的四正招式，也可以說明楊家太極拳並不是照搬照套陳家的東西，而是有其自己的創造革新的，是一種融入太極文化的嬗變。

（3）單鞭式

〔**釋名**〕單者，單手之意。鞭者，如鞭之擊人也。單式練習時，亦可改為雙手，同時向左右分擊，名雙鞭式①。

〔**動作**〕有二：㈠垂腕；㈡伸臂放掌。

〔**圖解**〕㈠由前勢右臂不動，手腕下垂。五指微攏作鈎形；右足尖微向左前轉，約九十度。

㈡屈左臂，左掌循右臂左行，經胸前略作上弧形，向左伸與右臂成一直線，坐左腕，五指分張微屈向上，食指對鼻，肘彎微屈；同時左足略抬，向左前方踏出半步，與足尖作同一方向，兩足成斜平行方形②，足尖隨手落下，作弓箭步樁，使全身重點移於右足③。

單鞭式圖

〔**注意**〕前手向前運勁時，後手須用通臂勁以助之，略含自上下擊之意。而左右二足相隨，務須一致。後肩與前肩水平勿上聳。此勢為四肢暨背部之運動也④。

〔**應用**〕敵以順手進擊時，乘勢引領其臂，使敵身略前傾。即伸掌進擊其胸，用推按勁或切勁均可⑤。

【**注釋**】

①〔釋名〕……名雙鞭式：單鞭，即單手擊敵之意；鞭者，指鞭法而言，並非皮鞭也。蓋古兵中之鞭法，多用由上直下之擊法。即鍘、摔、挫、沖等訣，此式仿之，故而得名。雙鞭式是類似單練的練法，套路中無。

②兩足成斜平行方形：前弓步，弓箭步，弓登步，手字步。傳統弓步「兩足成斜平行方形」，前（左）腳掌與後（右）腳掌成斜平行方形（菱形），是「騎乘式單鞭」，與體操式的兩腳掌夾角成四十五度「左弓步」之步形略有不同。

許禹生在編寫《圖解》之前，曾在《體育季刊》上發表「太極拳單式練習法」，其中單鞭「因其樁步之不同，有騎乘式單鞭、丁八步單鞭、丁虛步單鞭、弓箭步單鞭之別」，並有左右單鞭二式。一九二五年《太極拳術》單鞭樁步：左足尖向東略偏於北，右足尖略向東南，成丁步。《體用全書》：「左足提起，偏左踏出，屈膝坐實，右腿伸直。」兩足尖方向不清，或是左弓步。一九六二年《楊式太極拳》單鞭：「成左弓步。」

現行單鞭，由攬雀尾之按，經左攬右攬的往復盪動轉身，然後再拉單鞭。而一九二一年，《圖解》單鞭由上勢推按後直接轉身拉單鞭，中間無左攬右攬之盪動。直接轉身是：「右足尖微向左前轉，約九十度。」此時右足為實腿。然後向後拉單鞭。

③使全身重點移於右足：「右」字錯，應「移於左足」，再版已作訂正。

④〔注意〕……背部之運動也：曾昭然《太極拳全書》中說：⑴「有將八卦魚勢省去者（按：即一九二一年《圖解》的練法），有先以左手曲就右手而後向

東南畫圈，隨又以右手曲就左手向胸處畫圈，一如叉麻雀牌之撈牌形式者，皆非。」(2)單鞭等前弓步，曾昭然說：「間有若干人因初學時不注意致成習慣之弓步，前蹠者向而後蹠竟橫擺，此澄甫師所常言『連站也不會』者也。」前後兩蹠（俗稱腳掌）勿踏一直線上，後蹠須向旁斜出，其寬度以兩肩之闊度為準。前足尖勿過直，宜朝內稍斜；後蹠與前蹠成平行線（按：即不成四十五度角。體操弓步，前後腳掌夾角成四十五度，而傳統太極拳的前弓步與現行體操的弓步略有不同，也可「後蹠與前蹠成平行線」）。(3)單鞭定勢：如按「實腿扭轉」作弓箭步，「弓左腿，蹬右腿，成左弓步」。一些八十五式練家，由於「實腿扭轉」時，右腳掌不易轉到位，以致弓步須右腿蹬直之時，右腳跟不得不浮欠作外碾，以求與前足方向成四十五度夾角，其實這是病。

許禹生在單鞭單練法中強調：「作弓箭步樁時，前膝不可逾足尖以外，以免重點移出底盤，致身易傾倒。後腿宜盡力伸直，惟足踵不可離地。……」《太極拳使用法》指出：「左足在前作弓式，右足在後為直線，足跟不可欠起，其根在

足。」一九三二年田鎮峰在《太極拳講義》單鞭一節中特別提醒：「切記凡是川字步（左弓步），後足之足跟竭力向下蹬勁，足跟勿稍離地；因後足足跟為領氣之源。項要豎勁，足跟要蹬勁，則氣自由脊發。」明人唐荊川在《武編》「拳」一節中就強調「前腿如山，後腿如撐」。國家體委制定的《武術標準》，明確規定弓步後腳跟與腳外側不得掀起。而某些八十五式的名家後腳跟掀起向外碾動，是違反規範的錯誤。總之，前弓步的後足腳跟是不可欠起、滑動的。

拳架中作前弓步的動作有多個，如：單鞭、摟膝拗步、斜飛勢、扇通背、撇身錘、搬攔錘、栽錘、野馬分鬃、打虎式、玉女穿梭、彎弓射虎等，其後腳跟都不宜任意掀起滑動的。

⑤〔應用〕……用推按勁或切勁均可：《太極拳體用全書》：由前勢，設敵人從身後來擊，我即將重心移在左腳；右腳尖翹起，向左側轉動坐實；左右手平肩提起，手心向下，一致隨腰，左右往復盪動，以稱（按：「稱」當為「乘」）轉動之勢。兩手盪至左方時，乃將右手五指合攏，下垂作吊字式。此時

左掌暫駐腰間，與吊手相抱，手心朝上，右足就原位向左後轉動翻身向後，左足提起，偏左踏出，屈膝坐實，右足伸直；同時轉腰，左手向裏，由面前經過，往左伸出一掌，手心朝外，鬆腰胯，向敵之胸部逼去。沉肩、垂肘、坐腕，眼神隨之前往，俱要同一時動作。則敵人未有不應手而倒。

《太極拳闡宗》言其散手應用：

鞭者，勁名。如以鞭擊人之勁。如敵以左手來擊，即以右手順其來勁路線引領，繼仍以右手撲擊其面。敵若以左臂外挑，即順勢鈎掛其臂；同時，突發左掌，以鞭勁擊其面部。

以拗手採捋敵臂，使敵前傾，隨以順手撲擊，或摸眉、摸額，敵多向我後側仰倒。

左手與敵右手相搭，攬化其力，即向前推，與單手平圓推揉同。此式著法簡而勁緊，推手術中，用處甚多。亦有用挒勁者。

一九五五年十二月，顧留馨應唐豪之托向田兆麟、吴雲倬、張玉等人瞭解楊家人掤、攦、擠、按、採、挒、肘、靠八法的練法，其中單鞭練法有如下記載：「在拳式中攬雀尾末了定式的雙按轉為單鞭，當雙手斜上往左轉時有掤勁，也有攦勁；再往右運時，右手在上者有挒勁，左手稍在下者有掤勁，左手斜向上再往左運時有掤勁，左手斜向左下方分開為按勁、採勁、挒勁。」看來「兩手抹平圓」之說是為方便普及的簡易教法。

按：一九二一年《太極拳勢圖解》的單鞭，由攬雀尾按勢後轉身直接拉單鞭，中間無左攬右攬及兩手抹平圓（八卦魚勢）等其他動作，而是「右足尖微向左前轉，約九十度」，「遂速往左方轉身」，此右足轉動似「實腿扭轉」（以右實腿之足跟為軸轉身）。一九二五年《太極拳術》與《圖解》相同：即「右足向西者，將足跟轉使向南，全身坐在右腿上」。一九三一年《太極拳使用法》亦是「右足就原地向左轉動」。也就是說：一九二一——一九三一年，均是簡單的「右足就原地向左轉動」，作「實腿扭轉」，然後拉單鞭的。

然而就在一九三〇年前後，如一九三四年《太極拳體用全書》，則在拉單鞭前加入「左攬右攬」（同時，兩手如陰陽太極魚式抹平圓），即「左右往復盪動，以乘轉動之勢」，此轉身為「虛腿扭轉」（轉身時重心在兩腿間盪動轉換）。同時期，一九三〇年，姜容樵《太極拳講義》云：「左橫攬、右橫攬：行動如雲，以腰脊之力量，領著手動」，「擰身抱肋其勁不散，預備埋伏式，遇敵放手便擊」。盪動中兩手如鞭，對此《太極拳講義》中示意圖也畫得十分清楚。吳志青《太極正宗》中「左右往復盪動」之圖，也明顯畫出了「虛腿扭轉」之勢。又如一九三二年田鎮峰《太極拳講義》點明：「蓋太極拳兩足時時變換虛實，使全身重量由兩腿輪流負擔，既可調劑疲勞，且予骨節以相當之活動。此太極拳合於生理之優點也。」這些說明：在一九三〇年左右，由攬雀尾接轉單鞭的練法開始有了變化，由「實腿扭轉」向「虛腿扭轉」的練法演化。

楊公晚年南下廣州授拳，則明確以「虛腿扭轉」教學。曾昭然所著《太極拳全書》表明楊公是「虛腿扭轉」的，曾昭然描述如下：「當兩掌動至東南隅時，

左腿實而右腿虛，右足尖即擺向東南踏實。兩掌動至西隅時，右腿復變實。」由於缺少楊公澄甫虛轉動作的拳照，曾昭然則以陳微明的一幅「虛轉」拳照加以補充說明。楊振基在《楊澄甫式太極拳》一書中強調：「楊式太極拳在動作轉換方向時，不是以實腿扭轉的」「這種由兩腳變虛，用帶虛腿腳掌震動的練法，貫徹到以後動作中去，這種練法是楊家祖傳」。在楊澄甫後人中，楊振基、楊振國比較好的保持楊家風格，他們的單鞭都是「虛腿扭轉」。

其實，太極拳原本是單練的，以後才將單個動作串成套路。單鞭單練法有多種：有騎乘式單鞭、丁八步單鞭、丁虛步單鞭、弓箭步單鞭、雙單鞭。其中丁八、丁虛步單鞭式重心在右腿，而其他式則不然，所以，並非只有「實轉」一種。

《太極拳使用法》中單鞭「實轉」，而在《太極拳體用全書》變成「虛轉」，有人認為是鄭曼青「改錯了的」。二〇一五年，臺灣逸文書店出版了李慶榮先生《楊澄甫太極拳架過程演練解說》一書，他在第五十四頁寫道：「右足

『實轉』還是『虛轉』。楊公在《太極拳使用法》（一九三一年），中說：『設敵人從我身後來擊，右足就原地向左轉動，左足提起……』，非常明確地表達了「要避開敵人身後來擊，只能原地左轉，左足才能提起。」「絕不能移動重心到左足，將自己左腰脅送打。」儘管在《太極拳體用全書》（一九三四年），中有如下描述：『設敵人從身後來擊，我即將重心移在左腳……』，我估計是鄭曼青重編此書時自行改動的。他未研究董英傑在《太極拳使用法》中表述的拳理，是改錯了的。」「傅鍾文老師在親示和教授時，都是實轉，且特別強調『不能後坐送打』」。對此筆者曾將「要避開敵人身後來擊，只能原地左轉，左足才能提起」「絕不能移動重心到左足，將自己左腰脅送打」這兩句話，與李先生核對，李先生承認這兩句並非是董英傑的原話，而是李先生自己的觀點，是不該使用引號的。李先生認為單鞭只有一種練法，看到腿部動作不是「實轉」就認為不對。他沒有從整體上做分析，忽略了手部動作的相應變化，就認為鄭曼青「自行修改」「改錯了的」，冤枉了鄭曼青。

《太極拳使用法》等原先設定的動作，是攬雀尾後立即轉身，左手直接向後擊去，中間兩手無「左右往復盪動，以乘轉動之勢」的動作。而《太極拳體用全書》是在兩手作左右往復盪動（左攬右攬）的同時，重心在兩腿之間挪移（虛轉）。所以不是鄭曼青「自行修改」「改錯了的」，而是李先生自己理解錯誤，因為整個手與腿的動作都有了變化，氣勢也強了。許禹生在單練法中說明：「而腿之重點，左右挪移，進行無礙，便於應用。……（應用）設敵迎面擊來，或順步以手引領其臂，伸掌前擊，或拗步以手引領其臂而擊之均可。」動作假設的情境不同，不存在「討打」之說。所以，楊公晚年將單鞭改作「虛轉」並兩手作左攬右攬，應變靈活氣勢更足，改得更好。

一九六二年，《楊式太極拳》出版，其中第十八圖，執筆並繪圖的周元龍，按楊澄甫主要弟子們的練法，單鞭轉身是畫成「虛腿扭轉」的，但此書出版後，被傅鍾文發現，便向審稿的顧留馨提出要求更換此圖（此書出版署名是「傅鍾文演述，周元龍筆錄（繪畫），顧留馨審」）。但此書雖然掛名傅鍾文，實際套路編排和動作說明，是由上海多位太極名家集體討論，動作原型以楊澄甫為主，缺失部分參照傅鍾文，周元龍執筆撰寫文字，並繪畫配圖。當時參加討論的這些名家，大都是左盪右動的「虛腿扭轉」；另外又有出版社等其他原因，再版時十八圖仍未能作改換。傅鍾文對此大為不爽。奚桂中在文章中說：「此圖引起『十八圖風波』，成了傅先生的一塊心病。」傅鍾文先生（八十五式）堅持按「實腿扭轉」教授，成了傅傳楊架的一大招牌。

筆者研究認為：「實腿扣轉」是早期兩手不抹平圓、不作盪動的簡單練法，其原始用意是直截了當轉身迎敵；而「虛腿扭轉」是原來攬雀尾的「左攬右攬」加入到單鞭後，以盪動之勢轉身的，其動作比較流暢，或或肘，攻防技擊含意明顯，楊澄甫改得好，楊家人堅持得對。如田鎮峰《太極拳講義》說明：「蓋太極拳兩足時時變換虛實，使全身重量由兩腿輪流負擔，既可調劑疲勞，且予骨節以相當之活動。此太極拳合於生理之優點也。」

筆者為了證實「實足扭轉」是楊公澄甫「正宗」所授，曾查閱民國時期多本太極拳著作，並走訪楊澄甫在上海的各家再傳弟子，均未能找到與實轉相似的練法，更無法證實確是楊公所傳。傅鍾文的練法是既要有左右盪動，又要實足扣轉，另具一格，這種對楊架的變異，或是傅先生的創新之舉。

一九六二年《楊式太極拳》出版後，經傅鍾文老師的傳播，單鞭「實腿扭轉」的練法也隨之逐漸流行，其弓步時後足腳跟掀起滑動的動作，被有人視作楷模而仿效，亦被有些習練者視作「謬誤」而受到批評。

（4）提手上式①

〔釋名〕提者，勁名，若提物向上也，一名上提手。

〔動作〕有二：㈠合手；㈡上提手②。

〔圖解〕㈠由前式右足前進，至兩足距離之中分處（如以兩足距離為三角形之底邊線，則右足踵適落其頂角）。兩臂向懷內抱，右手略前，兩掌心左右相對（如圖一）。但右臂向內合抱時，其法有二：㈠從上而下向內抱；㈠③從下而上向內抱。㈡垂右手腕，從左掌內經過向上提，約對鼻準（如圖二）。

〔**注意**〕練此式時，宜提頂勁。而腰腿隨其伸縮上下④，方得機勢。此式練習脊骨之伸縮力。

〔**應用**〕敵用順手迎面直擊時，一法：我由上搭其臂，用腕擠擲之。或下蹲身向上以擲之。一法：用左手下按敵腕，掏出右手，提腕上擊敵之頦鼻等處⑤。

【**注釋**】

①提手上勢：提者上提之意，如手提重物狀。為擠按變化之法。此式與形意拳中之三體式略為相同，惟內勁不同耳。

提手上式圖一

提手上式圖二

按：形意拳三體式為一手往前劈，另外一手往回拉按，提手上勢為兩手同時往前上方送，因此兩個拳式是不同的，僅步型有些相同，但形意拳較側身，太極拳提手幾乎胸腹正對前方。

②〔動作〕……上提手：《太極拳闡宗》注解《圖解》的提手上勢：(1)「合手。由前式右足向左前方進兩足距離之中點，同時，身向右轉，兩手內抱，如琵琶式，右前左後（如圖一），但右臂內抱時，有兩種練法，一為由上而下；一為由下而上。」(2)上提手。「右腿前弓，左腿蹬直，同時，右手向前下插；復垂腕由左臂內掏出上提；左掌下按，左足向前與右足並齊，兩足距離與肩寬等；上體正直；右手提至眉間而止（如圖二）」。

而這「上提手」此動，楊架在一九二五年以後已省略減去，如《太極拳術》《太極拳使用法》《太極拳體用全書》等，均無「上提手」一式。但《太極拳闡宗》仍襲《太極拳勢圖解》不變。

一九六三年《楊式太極拳》提手上勢，除合手（如琵琶式）外，還有二動，即「動作二，腰微左轉，左胯根（股骨頭關節）微內收，右腳提起；同時，左肘向左後撤，隨撤隨著臂內旋使掌心翻朝下；右掌也同時隨轉體自前而下向左前弧形移於左手下側，隨移隨著臂外旋使掌心翻朝上；眼神稍顧左肘後撤，即轉向前平視。動作三，右腳向前仍於原地落下，先以腳跟著地，腰漸漸全部移於右腿，右腿屈膝下蹲坐實；在上步轉腰的同時，右臂向前擠出，隨擠隨帶肩靠；左掌附於右小臂裏側隨右臂前擠。眼先隨右臂前擠，即漸漸移視右掌」。

此動作二，有的拳書（如扎西著《感恩太極》）則將此二動歸入「白鶴亮翅」中。其實根據「白鶴亮翅」的歌訣：「順引合出擠肘靠」，這二動劃入「白鶴亮翅」是合理的。

白鶴亮翅歌訣云：「順引合出擠肘靠。」楊架中明顯的肩靠就在展翅之前，即原提手上勢的第二動。有學者認為《楊式太極拳》中說的「右臂向前擠出，隨擠隨帶肩靠」的程式，似有不妥，因為，「肩靠」為近身之用，「擠」可比「肩靠」距離略開些，如果先行「擠」，兩人距離被擠開了些，就不好用肩靠了；相反胯、肩靠在先，再邊肘或邊擠，則較為得勢；因此「隨擠隨帶肩靠」，應改作「隨肩靠隨帶肘擠」才較為合理，這批評似乎有些道理。然而這「隨擠隨帶肩靠」並不是「流程」，而是「選項」，在實戰中，近身則靠，略開則可施肘擠，視情而動，視機而發，靈活機動，或擠或靠都可以單獨用，也可以混合用。而且靠也不單是用肩，胯、肘也可作靠，肩、臂作靠時，另外一手作為支撐就是擠靠。總之，練習時必須要有靠意，但不必拘泥於「擠肘靠」或「靠肘擠」的字面之中。

③㈠：應為「或」。此句擬是：「其法有二：㈠從上而下向內抱；或從下而上向內抱。㈡垂右手腕，從左掌內經過向上提，約對鼻準（如圖二）。」

④〔注意〕練此式時……伸縮上下：此式練習脊骨之伸縮力。練習時，頭宜頂勁，兩臂宜鬆，兩胯宜抱勁，兩腿宜坐勁。右手如提物，左手如擠物；右手不高過肩。

⑤〔應用〕……頦鼻等處：《太極拳體用全書》：由前勢，設敵人自右側來擊，我即將身由左向右側回轉，左足隨向右側移轉，右足提起向前進步，腳跟

點地，腳尖虛懸，全身坐在左腿上；胸含背拔、鬆腰、眼前視。同時，將兩手互相往裏提合，是為一合勁。右手在前，左手在後，兩手心左右相向，兩腕提至於與敵人之肘腕相銜接時，須含蓄其勢，以待敵人之變，或即時將右手心反向上。用左手掌合於我右腕上擠出亦可。身法步法，與擠亦有相通處。

《太極拳使用法》：前式單鞭，如乙持左拳以直打來，甲含胸雙手往一處合，勁敷在乙左膊上，往前下方沉打，將乙打倒坐在地上。提手用法有二，提上打，沉下打皆可也。

《太極拳闡宗》：上提手。重在用合勁。敵手一來，即由外合往，則敵手常在下，我常在上，我以單臂內合下壓，敵必回力上抗，則隨其上抗之力，而提擊其頦面。左壓右提，左右咸宜也。凡以順手扣壓敵臂，敵若上抗，則隨力上提，不限於任何一式。平時練著，養成一扣一提之習慣，隨時演練，則發無不中矣。

下提手式。係誘敵使勁下合，上部空虛而前傾，則易於提擊。設如敵以右手來擊，我即用左臂向外掤開，隨以右手立五指直插其襠間，敵必急以左手下按，頭必前傾，乃用外掤之左手，順力向下搬扣敵之左臂；同時，以右腕上提敵之頦鼻面部；右步前進，腰身聳起以助勢。凡擊敵下部時，皆可變下提著法，所謂有下即有上也。

按：唐豪在一九五七年十一月十四日寫給顧留馨的書信中說：「今天下午李劍華來訪，談起楊少侯練的提手上勢，還保存金剛搗碓的痕跡，即將高舉的左手握拳落至左掌心。」楊公後來將原第二動「上提手」簡略後，金剛搗碓的痕跡便蕩然無存了。

（5）白鶴亮翅式①

〔**釋名**〕此式分展兩臂，斜開作鳥翼形。兩手兩足，皆一上一下，一伸一屈，如鶴之展翅，故名。華陀五禽經之鳥形，婆羅門導引術第四式之鶴舉，第十二式之鳳凰展翅，閩之鶴拳均取此意也。習太極拳者，練此勢時，有斜展正展之別，實則一為展翅（斜）；一為亮翅（正）。可連續為之。如圖一為展翅，圖二為亮翅。

〔動作〕有二：㈠展臂；㈡雙舉手②。

〔圖解〕㈠分展兩臂，斜開若雁翼形。左掌斜下外摟，身隨之半面向左轉，左足斜出一步，足尖點地，右手經過面前，斜上展至腦右方而止，手背向外，掌心相應。兩臂展開時，須速度相同，全身重點寄於右足（如圖一）。

㈡收左足，身體直立，左手曲肘上舉，約與頭齊，或略高，掌心向上，同時右手亦翻轉向前，兩手作同一姿勢，頭與兩臂恰如

白鶴亮翅式圖一

白鶴亮翅式圖二

山字（如圖二）。

〔**注意**〕練時須背心用勁，以為兩臂之樞紐，則開合自然矣。③此式為練習胸部及背部之伸縮力。

〔**應用**〕一、敵在左側，我用左手由敵腋下穿提上展，右手下撫，則敵必仰倒矣。二、為開纏敵手④。

【注釋】

①白鶴亮翅式：《太極拳勢圖解》中，原白鶴亮翅有二動，「展翅」與「亮翅」。一九二五年後去掉「亮翅」，只留「展翅」。現行拳架中「白鶴亮翅」，實為「白鶴展翅」。

姜氏《太極拳講義》白鶴亮翅接提手上勢，1.進步束身；2.上步展臂。

②雙舉手：「兩手曲肱上舉，至頭與兩臂恰如山字而止」。此動如同「投降式」，查一九二五年後楊式太極拳各著作，已無「亮翅」式（吳式太極拳中仍保留）。

③〔注意〕……則開合自然矣：白鶴亮翅有向南作靠勢後，左足移向東作左鈎馬步，同時右掌由左下向上畫圈，以尺骨作格勢，掌至右頭角上以一尺而止，掌心向外，指斜向北。如以右掌由內向外置右耳旁者，又有以右掌由外向內移動，在額上作遮攔，一如戲臺上武生之手勢以示威者，皆非。

④〔應用〕……為開纏敵手：此第二動「雙舉手」，「二為開纏敵手」，此動在以後教習中被簡略，因此此應用也隨即簡略，現行楊架均按《太極拳體用全書》中提示操作。

《太極拳體用全書》：由前勢，設敵人從我身左側用雙手來擊，我速將右腳收回，即提起直前踏出，稍屈坐實；身隨右腳同時轉向左方正面；左手心同時合於右手肘裏，沉下至於腹時，右手隨沉隨起，提護至右頭角上展開，右手心向上側，左手急往下，從左側向下展開至左胯旁，手心向下，則彼之力即分散而不整矣。

《太極拳使用法》：（散手應用）如提手式將人打出，如乙外功甚大，手勁有練抓力的，自上抓來，甲遂進身上步閃過乙手，甲再往上將右膊抬起托乙肘處，身法再往上往外，掤勁將乙打出。如乙或用左手或用右手來抓，皆可以白鶴亮翅應之。

《太極拳闡宗》：（散手應用）腰輪平轉，至靈至速。設敵在左側擒我左腕，即仰腕後撤，至左胯附近；同時，右掌用鞭勁擊敵左耳，謂之展翅，敵必傾倒。若繼以左掌擊其右耳，謂之亮翅，敵必負重傷矣。此著完成，其速度不過一秒鐘。如搌採敵之左臂，使之前傾，繼用展翅、亮翅，為法亦同。

搌採敵之左臂用展翅式時，敵若以左手來防，即以左手穿提敵之右肘，敵必傾倒。

按：《太極拳勢圖解》中白鶴亮翅第一動，「右手經過面前，斜上展至腦右方而止，手背向外，（左右）掌心相應」。一九二五年《太極拳術》中亦如是。自一九三〇年左右，白鶴亮翅由展翅、亮翅二動，改為只有展翅一動，無亮翅，而其右手由最初「手背向外」，改為「掌心向外」。

（6）左右摟膝拗步式

〔釋名〕摟膝者，即以手下摟膝蓋之意。拗步者，步名也。拳術家以進左足伸左手，進右足伸右手謂之順步。反是如出左足伸右手，出右足伸左手，謂之拗步。

〔動作〕有二①：㈠原地摟膝②；㈡上步摟膝；㈢拗步掌。

〔圖解〕㈠由前式蹲步，左手不動，右手向外下摟右膝暫停。㈡左足向左方踏出一步，右③手順鼻準下落至胸前，順勢向左外摟左膝，至左胯旁暫停，掌心向下，指向前，臂微屈，肘尖向後，此時身左轉向前方。㈢身向左轉時，右手由後下方宛轉上伸，經過右耳之旁，掌心幾與耳相摩。時肩肘手三者成水平線，直向前伸，伸至極處，指尖上翹，掌心吐力，腿為弓箭步（如圖）。

摟膝拗步式圖

〔**注意**〕練時須蹲身，兩臂動作憑腰力運動，左右手運行路線皆為橢圓形。此式練習兩臂腰膝之屈伸力④。

〔**應用**〕敵由下方擊來，即以順手向旁摟開，以拗手前推其胸。⑤

【**注釋**】

①有二：誤，當是「有三」，此誤在以後再版中已改正。

②原地摟膝：《太極拳闡宗》：「由前式，虛右足，屈左膝，身下蹲，左掌護右肩，右手下摟右膝，或作右白鶴展翅式亦可。」一九二五年《太極拳術》後，此式廢除。因此式本是接白鶴亮翅中「亮翅」一式，「亮翅」取消，此式隨之簡略。同理，《圖解》中「㈠……暫停」亦取消。

③「右」字誤，當是「左」手，此字在以後再版中已改正。

④〔注意〕……屈伸力：兩臂之動作，全憑腰力運轉。兩肩塌力，前肘墜力，發出之手切莫伸直。前弓步時後足跟切不可欠起滑動。即「左足向前開出一大步，微偏左，成為川字步。……後足蹬勁」。

(1)有些人在作弓步時後足本該有蹬勁時，後腳跟卻隨意滑動（如同單鞭時後跟欠起外碾）失去蹬勁，病也。

(2)右掌經右胯外向後撩，以手背擊打後方敵之襠部或腹胸，然後翻掌向上（宛轉上伸），收至耳旁，再由耳旁向前推打。而有些練家右手收至耳旁時，即豎掌向前拍打。其實右手掌從耳旁探出，手掌心斜向下，手指向前作探物狀，探至近敵胸部前方再作豎掌，以掌根擊打敵胸，比過早拍打更能發勁。即手掌「直向前伸，伸至極處，指尖上翹，掌心吐力」。

⑤〔應用〕……推其胸：此式是挒按提掛之法。

《太極拳體用全書》：由前勢，設敵從我左側中下二部，用手或足來擊，我將身往下一沉，實力暫寄於右腿；左足即提起向前踏出一步屈膝坐實，右足亦隨之伸直；左手同時轉上至右胸前向左外往下，將敵人之手或足摟開。右手同時仰手心垂下，直往後右側輪轉旋上至耳旁，張掌，手心朝前，沉肩墜肘，坐腕鬆腰前進。眼神亦隨之前往；向敵人之胸部按去。身手各部須合成一勁，意亦揚長前往，便為得力。

《太極拳使用法》：甲如白鶴亮翅式，如乙右手自前斜方擊來，甲左手自外繞至乙膊前節，往下摟去；同時，甲右手落下向後轉繞至膀尖齊，直往乙胸前拍去，左足弓，右足在後蹬勁。

散手見《太極拳闡宗》：敵手進擊我之中下兩盤，皆可以順手下摟，以拗手前推；或直撲擊其面部。或向肩推擲，此則拗手摟順手擊也。

敵拳進擊吾圈內，或頭部，或下方，（吾）均可以順手旁摟；同時，以拗手橫貫敵頭鬢之間，隨即以橫貫之手，再復下摟，而以前摟之手，繼續橫貫，左右揚鞭，攻防兼至，輕靈神速，謂之左右摟打，連環不斷，敵雖聖手，不易防也。惟步法則弓箭步、進步、跟步、斂步、卸步，隨宜用之。

用順手摟敵時，如敵臂外逃上轉，將擊吾頭時，（吾）即隨黏其臂，向內扣合，仍用摟手，繼以他掌推撲之。

按： 摟膝拗步是楊架中比較主要與多用的招式。楊架早期第一節中，手揮琵琶後直接作搬攔錘，無左摟膝拗步一式，後添加了，而且陳微明認為：「蓋若遇寬闊之處，左右摟膝拗步，本可多打數次，不但左摟膝可即，右摟膝亦可即加。」

（7）手揮琵琶式①

〔釋名〕 兩手相抱，如抱琵琶狀故名。手揮者，兩手搖動如以指撫弦者然。

〔動作〕 有二：㈠抱手；㈡併步外揉②。

〔圖解〕 ㈠由前摟膝拗步式，身漸撤回，使全身重點，移於右腿，如丁虛步③，右手後撤，同時，左手順左胯上舉，雙手內抱，兩手參差相對，若抱球狀，兩肘微垂，前手食指約對鼻準，後手當胸，掌心約對前手臂彎處（如圖）。㈡併右足至左足後踵；同時雙手作環形外運。

手揮琵琶式圖

〔注意〕以手外運時，須用腰脊之力④。

〔應用〕敵握吾右腕時，吾右手向懷內後撤，以揉化其力。遂進右足，以左手按其肩下前推⑤。

【注釋】

①手揮琵琶式：兩手如抱琵琶以指撫弦者然。此式為活步鬆腰運用兩臂之法。

田鎮峰認為：「此式雖極簡單，而意想極其複雜。蓋凡是一種運動，應確信其心有當然之效果，而加以想像之。如意欲行氣，則應作行氣想；如意欲沉重，則應作沉重想；如意欲沉氣，則應作氣沉丹田想。推之一切方法，皆應作如是想。此種方法一經道破，固極簡單，然其宏效則非常迅速也，亦如形意拳中之三體式，然其意義與提手略同。所不同者，惟吾人每一發手，多喜先出右手。此為拳家向例之通病。此式則獨操其左，久而自然，尤易出奇制勝也。」

一九二五年《太極拳術》：「右足略提起隨落下，右手隨身之落勢，收回在後；左手隨身提起在前，兩手心相對，如抱琵琶。沉肩墜肘，鬆開捧起，不可有夾勁；左足隨身收近，足跟點地，足尖翹起，右腿仍實。」此為「抱手」。

《太極拳勢圖解》白鶴亮翅式—左右摟膝拗步式—手揮琵琶式，其中左右摟膝拗步式之中，並沒有「抱手」動作。王新午在《太極拳闡宗》詮釋許師《圖解》時，在左右摟膝拗步式之中加入了「抱手」一動。楊澄甫編著《太極拳體用全書》，第七節，白鶴亮翅；第八節，摟膝拗步；第九節，手揮琵琶；第十節，（左）摟膝拗步；第十一節，右摟膝拗步；第十二節，（左）摟膝拗步式；第十三節，手揮琵琶式。說明此時，「抱手」一動已演化為「手揮琵琶」式，而且由一次，增加為二次。傅鍾文還在第二次手揮琵琶式和進步搬攔錘式中間，加進左摟膝拗步式，並配上第十五節拳式圖照。

一九三四年《太極拳體用全書》出版，確定了：「左摟膝拗步式—手揮琵琶式—左摟膝拗步式—右摟膝拗步式—左摟膝拗步式—手揮琵琶式—左摟膝拗步式—進步搬攔錘式」的順序。但民國時期外傳的楊架太極拳，均在第二次手揮琵琶式之後，直接作進步搬攔錘，中間不做左摟膝拗步式。姜氏《太極拳講義》、田氏《太極拳講義》均無左摟膝拗步一式（現行八十八式亦是）。至一九六〇年《太極拳全書》和一九六二年《楊式太極拳》，均在第二次「手揮琵琶式」之後，增加了一次左摟膝拗步式，然後作進步搬攔錘。

陳微明在《太極答問》中說：「澄甫先生現在所練之架子，惟第二次琵琶式後，又添一摟膝拗步。」所以，第二次手揮琵琶後，又增加一左摟膝拗步，可視為楊公晚年所定。

②併步外揉：此併步外揉一動，在一九二一年之後的教習中被簡略了。《太極拳勢圖解》：「㈡併右足至左足後踵；同時雙手作環形外運。」王新午《太極拳闡宗》詮釋此動為「併步外揉」：「由原式再向後坐勢，上身向左平轉，以腰為樞紐，；同時，兩手隨向右揮撫，手心向外，手指向上。但此式兩手運行路線，原有三種練法，或為平圓，或為順勢立圓（由上而下），或為逆勢立圓（由下而上）均可。」此式還有：併步前推—抱手—揮手裏揉—併步前推。

王新午認為：「練習此式，重在揉推，或裏或外，或平或立，或逆或順，兩手之運行，悉為圓形。要在能運用腰脊之力，注於掌心，以增加進迴旋柔化之勁。抱手式本為太極拳之站樁勢，固當特加注意。然有僅練一抱手，而即以之代表手揮琵琶式，竟將揉推諸動作闕而不練者，似太簡略也。」

一九二五年，陳微明的《太極拳術》中，已去掉了「併步外揉」這一式。僅以「抱手」代表手揮琵琶式。「外揉、裏揉」逐漸被簡略，王新午感歎：「手揮琵琶式，竟將揉推諸動作闕而不練者，似太簡略也。」

《太極拳使用法》在手揮琵琶之後，就是進步搬攔錘，無再一次左摟膝拗步。在《太極拳體用全書》增加一次左摟膝拗步式。據姜容樵《太極拳講義》云：「此式（左摟膝拗步）本為手揮琵琶變動式，亦名外揉，其定式與摟膝拗步姿式相仿。」看來，所增加的摟膝拗步式，可能是「外揉」的變通，只在某些練家中存在，或是楊公南下廣州時增改的，當《太極拳全書》《楊式太極拳》出版後，此式遂成為楊架八十五式的「標配」。

③丁虛步：或稱丁字步。後腿坐步，如後坐步，惟前腿之足尖略起（按：不可過分翹起），而足踵仍著地耳。丁虛步在拳式上有提手上勢、手揮琵琶及肘底錘等。此式足踵著地，如勢難以立足，則可即行退卻，如勢能立足，則由踵而足尖全身之勢向前踏實，視上步時以全腳掌立即踏實為穩當而得力也。亦有上步時，以腳掌尖踢出而後全腳掌踏實者，姿勢頗為美觀，然不如上述原來姿勢之切於實用。

④〔注意〕……腰脊之力：進後足時，全身勿稍上聳。抬左手時，以全身之力由脊而肩而肘而手發之於稍，肘向下沉，手向下塌，右胯與右足踵成一重線。

⑤〔應用〕……按其肩下前推：《太極拳體用全書》：由前勢，設敵人用右手來擊我胸部，我即含胸、屈膝坐實，左腳隨稍往後提，腳跟著地，收蓄其氣勢。右手同時往後收合，緣彼腕下繞過，即以我之腕黏貼彼之腕，隨用右手攏合其腕內部，往右側下採捺之；左手亦同時由左前上收合，以我之掌腕，黏貼彼之肘部作抱琵琶狀。此時能立定重心，左捌右採，蓄我之勢，以觀其變，謂之手揮

琵琶也。

散手見《太極拳闡宗》：敵手來擊，吾用抱手式，運勁於腕，合擊其肘腕，敵必負痛而逃，或竟毀折其腕。設敵以右拳來擊，我用左手下摟，右掌撲推。敵如以左手擒我右腕時，（吾）即將右手向懷內後撤，隨以左手穿插敵左肘後，向上扣托。復以右手稍向外捌直敵臂，遂對準敵肩直勁推擲，敵必仰倒，甚至損折其肘腕焉。

用雙手攌採敵右臂，使之突然前傾，繼即釋右手，變掌或拳，驟擊其面。或採時，勁稍高提，則可繼擊其中脘，或下丹田。此為致命之著，不可輕易用也。

《太極拳使用法》：如左摟膝式，甲立，敵人如乙右手自右外方繞裏直打來，甲右手隨乙手繞直時，甲右手回勁扣黏乙裏手腕；同時，甲左手掌起托乙的肘尖，甲指掌俱要伸開，手心用力將乙膊托直，將乙的前足尖提起，使乙不得力也；甲右足坐實，左足為虛式。

（8）進步搬攔錘式①

〔釋名〕搬攔錘者，即用手搬開敵人手而攔阻之，復用拳迎擊之稱。南人名拳為錘，此為太極拳五錘之一。進步搬攔錘者，與後之退步搬攔錘、卸步搬攔錘之對稱也。

〔動作〕有三：㈠裏搬手②。㈡外攔手。㈢前擊錘。

〔圖解〕㈠由前式以在前之左手肘臂向內搬，腰身隨之；右手當胸，指尖向上。

㈡左足向左前方進半步，左手隨之外攔，約對左耳為止，肘微屈下垂，肘尖約對左胯，指尖上指，（如圖一）。

進步搬攔錘式圖一

進步搬攔錘式圖二

㈢右手握拳內轉，虎口向上，沿左掌向前直擊（如圖二）。（此為上搬攔。若下搬攔，則由左腕上出拳前擊。）

〔**注意**〕練時腰背肩胯須一致，搬攔時須空腋鬆肩，擊拳時須正身用脊力。不可探身向前，因探身則僅用腰力矣。此式運動脊椎，靈活肩胯③。

〔**應用**〕敵拳當胸擊來，即以順手向內搬開，敵欲外逃即攔之，乘機拳擊其胸④。

【注釋】

①進步搬攔錘式：王新午對此式作注解：搬攔錘有名之為演手錘者，意或謂以一手敷演敵手，而以拳擊之也。又名掩手錘，即謂先以手掩蔽之注意，而以拳擊之也。然掩手錘僅為搬攔錘之一招，似不能概括名之。

《太極正宗》術解：太極拳，以搬攔錘一式為變化之妙，以錘為攻擊之巧，練功實用均有獨到的精神，撇攔進擊為左搬右轉，鬆腰墜肘，含胸拔背，軀幹轉動之靈活，尤為致用之妙術。

②裏搬手：是「由前式以在前之左手肘臂向內搬」，因前式是手揮琵琶，左手在前，「敵拳當胸擊來，即以順手向內搬開」。左手曲肘向裏即可。而在以後的教習中，「左手肘臂向內搬」，逐漸改成「左手即往後翻轉至左耳邊，手心向下，右手俯腕，隨轉至左脅間，握拳，翻腕向右轉腰；右拳隨之旋轉至右脅下，此之謂搬」，須「將左足微向左側分開，腰隨往左拗轉」，同時作「搬」，較前者更重腰勁。

③〔注意〕……靈活肩胯：此式動作，搬攔與擊錘多屬同時，然以姿勢說明之方便起見，不得不分述之耳。尤以搬勁明顯，而攔勁暗藏，致一般練者，多僅一搬一擊，將攔字無形遺失，且有不知攔在何處者，此實不可不注意也。練時，須含胸鬆肩，腰身手足動作均須一致。前擊錘時，務須正身正胯，用脊骨力，切忌探身前傾，徒用腰力，而失重心。運動方面，重在肩背，其目的在發育此處各筋肉及肩胛關節運動靈活，上體左右旋轉，可使脊柱旋屈自由，且保持脊柱端正有促進消化循環等作用。

此式係運動脊柱，活潑肩胯，練習時，須空腋鬆肩。擊出之拳不可握緊；蓋握緊則氣滯，而內力亦無由發出。發拳須用脊力擊出。後腿彎切莫蹬直，不可探身向前；蓋探身則僅為腰力，易向前傾。

曾昭然說：「有於右拳扳下而出左掌時，左膝隨右膝曲下作疊步者；又有以右拳由下斜向上擊者，皆非。又體用全書所列此式，右拳打出時，肘伸直幾於肩平。余以此與澄甫師在陳著所列此式不符合，向澄甫師質疑，承答『體用全書』所列肘部確高一點云。故在此書所列之圖係採陳（微明）著（《太極拳術》）澄甫四十餘歲時所演者」。

④〔應用〕……拳擊其胸：搬攔為化敵制敵進擊法。

《太極拳體用全書》：由前式（手揮琵琶式），設敵人用右手來擊，我即將左足微向左側分開，腰隨往左拗轉，左手即往後翻轉至左耳邊，手心向下，右手俯腕，隨轉至左脅間，握拳，翻腕向右轉腰；右拳隨之旋轉至右脅下，此之謂搬。同時，提起右腳側右踏實；鬆腰胯沉下，左手即從左額角旁側掌平向前擊，謂之攔。左足同時提起踏出一步，坐實；右足伸直，右手拳即隨腰腿一致向前打出。然此拳之妙用，全在化人擊來之右拳。先以我之右手腕，黏彼之右手腕，從左脅上搬至右脅下。其時，恐敵人抽臂換步，即將左手直前隨步退追去。寓有開勁。攔其右手時，即速將我右拳，向敵胸前擊去，則敵不遑避，必為我所中。此拳之妙用，所以全在搬攔之合法也。

散手見《太極拳使用法》：如甲直立，若乙外力甚大而且又快摹右拳打來，力重千斤，將至臨近，甲速含蓄身略往右邊側，乙拳已經打空，甲右拳速自乙右拳外方繞乙手腕上，沉勁，此為秤錘雖小壓千斤，理在是也。甲左手同時將乙方膊搬開，甲右拳不落遂直擊乙身，上左足，同時，上步弓式，右足為直線如搬攔錘圖是也。

《太極拳全書》：右拳將敵右手扳下時，右足提起，可踢敵脛，亦可踏敵足面。左掌既擊敵面，右拳隨擊其右脅。先輩常言「一打就是三下」者，蓋指此式而言。

陳微明說：「琵琶式變搬攔錘，與拗步變搬攔錘，均無不可。」

（9）如封似閉式①

【**釋名**】封閉者，即格攔敵手之意，與岳氏連拳②之雙推手，形意拳③之虎形相同。

【**動作**】有三：㈠十字搭手。㈡雙分手。㈢前推手。

如封似閉式圖

【**圖解**】㈠左手不動。身後坐，右腿微屈，右拳向左畫一平圈形。右腕收回至左腕上面時，兩手腕成十字交叉。

㈡將右拳撤回變拳為掌，雙手隨即分開。兩手距離與肩之寬等。

㈢雙手內合前推，身隨前傾，重點寄於左足，或抬左足略向前邁亦可（如圖）。

【**注意**】撤拳時須全身後坐，將拳帶回，不可僅屈臂彎，搭腕即須分開，分開即須前推。不可停滯，分手時兩肘微彎，肘尖下垂近肋，切勿旁開，致勁分散，前推時手指前伸，掌心吐力④。

〔應用〕用搬攔錘時，敵若以左手推吾右拳，即將右拳向內撤回，而以左手從下外方攔其手，復騰出右手向前推之⑤。

【注釋】

①如封似閉式：封者，逢迎以自固；閉者，前進以逼敵，開合之勢也。有稱為推山手者，蓋第就其形式度之耳，又稱六封四變，則並開合用勁之配備也。動作有三。此式動作，為單純之開合。此式名為封閉，純係象形，一蓄一發，一開一合，由腳而腿而腰，以達內勁於手指。腹鬆氣沉，陰陽相濟，肩鬆肘沉，切忌旁開，致勁分散。撤拳時後坐，分手時進身，前推時上體正直，不可前傾。搭腕即須分開，分開即須前推，勿稍停滯，致勁間斷，本此練習，庶不致誤。

如封後分手，兩手按住敵之手腕，使敵不得走化，又不使分開，似閉。但注意兩手距離不宜分得過寬，以防敵人掙脫後乘機反攻我中路；分手時，或如遇敵

之雙手攻我中路（如胸口），我即兩手掌同時下切，向外撥開敵之兩臂，乘機向敵胸口推打。

②岳氏連拳：岳氏連拳是一種古老的漢族拳術。據傳說此拳為宋代岳飛所創，此拳最初僅九手，其中上盤三手，中盤四手，下盤二手，左右互換皆為散練手法，故名岳氏連拳；後來逐漸發展，每手各演化為二十手，共一百八十手。

步型多為側身半馬步，步法多以足尖由外弧形向內勾盤進步。清代河北雄縣人劉仕俊擅長岳氏散手，後來他在散手的基礎上，逐步改進歸納為八母勢，形成簡單套路，可以連貫練習，故名岳氏連拳，又名八翻手，也叫子母拳，表示拳法子母相生，富於變化。

岳氏連拳分八路，有掙捶式、進退連環式、回身靠擠式、攔腰捶式、雙推手式、捆鎖靠擠式、琵琶式、研肘架打式。每路動作多則五六勢，左右輪換，一氣貫注，動作簡單，節奏鮮明，與形意拳的五行、十二形拳術練法近似。其手法包括：捆、拿、鎖、靠、推、打、刁、擺。步法以直進直退為主。勁力剛健明快，講究吞吐沉浮，剛中寓柔。樁法有三門樁、四門架、木人樁等。樁步穩固，進退起止皆有節序。此拳後來不斷豐富，共發展為三十二路。清末民初時，岳氏連拳在北京一帶較為流行，現在開展不廣。

③形意拳：又稱行意拳，中國傳統拳術之一。雖然起源說法不一，但廣泛認可的最初創始人是明末清初山西蒲州人（今永濟市）姬際可（一六〇二——一六八〇年）。形意拳創立之初叫心意六合拳，即心與意合，意與氣合，氣與力合，肩與胯合，肘與膝合，手與足合。現行流傳的形意拳為道光年間河北深州人李洛能在心意拳的基礎上改革創立而成，形意拳講究內意與外形的高度統一。

形意拳基本內容為三體式樁功、五行拳和十二形拳。三體式為形意拳獨有的基本功和內功訓練方式，有「萬法源於三體式」之稱。五行拳結合了金、木、水、火、土五行思想，分別為劈拳（金）、鑽拳（水）、崩拳（木）、炮拳（火）和橫拳（土）；十二形拳是仿效十二種動物的動作特徵而創編的實戰技法，分別為龍形、虎形、熊形、蛇形、形、猴形、馬形、雞形、燕形、鼉形、鵠形、鷹形。

④掌心吐力：前進時手掌宜前伸，掌心吐力，不可用正掌。

⑤〔應用〕……向前推之：此為格敵封閉推按之法。

《太極拳體用全書》：由前式（進步搬攔錘），設敵人以左手握我右拳，我即仰左手穿過右肘下，以手心緣肘護臂，向敵左手格去。如敵欲換手按來，我即就右拳伸開，向懷內抽折，至兩手心朝裏斜交，如成一斜交十封條形，使敵手不得進也。猶如盜來即閉戶，此謂之如封之意也。同時，含胸坐胯，隨即分開，變為兩手心向敵肘腕按住，使不得走化，又不得分開，此謂之似閉，似閉其門不得可也。隨急用長勁，照按式按去。眼前看，腰進攻；左腿屈膝坐實，右腿隨胯伸直。合一勁，向敵擊去，此為合法。

《太極拳全書》：敵以左手圖推或冀握我以右手時，即此式應之。

散打見《太極拳使用法》：如甲右手打乙，乙用左手封當，甲的左手自己右膊下邊往前比住乙手腕，甲右手速抽回，再去按乙左橫肘上，雙手按勁前推去，左足在前作弓式，右足在後為直線，足根不可欠起，其根在足。（按：楊家強調弓步時後足根不可欠起，其根在足。）

《太極拳闡宗》：如封似閉之著法，一為纏手；二為擒拿；三為推擲。凡以右手前擊，遇敵以左手向裏橫推時，皆可以左手穿至敵左肘後，外攔或纏採，繼即雙手翻掌前推。

（10）十字手式①

〔釋名〕十字手者，兩手腕交叉相搭，狀如十字，故名。凡兩式相連，轉折不便者，均可加十字手以資銜接②。

〔動作〕有一：㈠十字手。

〔圖解〕由前式左足向右內轉，約九十度，全身隨之右轉，兩足距離與肩之寬等；左手在內，右手在外，同時上舉交叉於頭頂上③，兩臂微屈。

十字手式圖

〔**注意**〕演練此式，須連續下式，不可稍有停頓④。

【注釋】

①十字手式：狀如十字，故名。此為防上禦下之法。

《太極拳闡宗》指出：由如封接練此式，應手步平行旁開上舉，搭兩腕於胸前交叉，不稍停頓，即接練下式。然一般練者，多由上式蹲身併步，兩手下抱，以代此式；甚有因之而名此式為抱虎式者，與名如封似閉式為推山式者，同一謬誤。

十字手在運動方面，練腰腿兩臂之屈伸，以增進腰臂之橫力。以式的勁力是由腳下而生，命門與手腕交叉點要有對撥之勢。能運用兩臂，引勁達梢，增長足尖之抓力，與全身之坐力。此式坐身時，上身切莫前傾，右臂抽回時不可過頂，身體站起時須速轉下式，不可稍有停頓。

②以資銜接：此式可作為上下式銜接過渡法，又可作某一動作或某一段動作的收勢。

③上舉交叉於頭頂上：《太極拳勢圖解》圖示楊澄甫十字手的動作，兩手交叉高過頭頂，兩手掌十字夾角較小。而一九二五年《太極拳術》中插圖（陳微明拳照代）所示，兩手交叉在胸前，兩手掌十字夾角平緩；一九二九年《太極拳使用法》楊公拳照，兩手交叉也在胸前。說明，自一九二五年以後，十字手兩手相交，高度在胸前或與肩平。

④〔注意〕……不可稍有停頓：此式坐身時，上身切莫前傾。右臂抽回時不可過頂。兩手作十字時，兩足微屈不直立。身體站起來時須速接下式，不可稍有停頓。

應用上，此為防上禦下之法。

《太極拳體用全書》：由前式，設有敵人，由右側自上打下，我急將右臂自右向上大展分開；身亦同時向右轉；左腳與右腳合，兩手由上分開，復從下相合，結成一十字形，全身坐在左腳，右腳即提起，向左收回半步，兩腳直踏，如起式。此一開一合勁也。際我用開勁分敵之手時，正恐敵先乘虛由我胸部襲擊，故我即結兩手成一合勁。其時手心朝裏，將敵之臂部掤住。如敵變雙手按來時，我即用雙手將敵手由內往左右分開，手心朝上，或向下均可，惟結成十字手時，同時腰膝稍鬆，往下一沉，則敵所向之力，即自散失不整矣。

散手見《太極拳闡宗》：十字手為銜接手法，其用甚捷，師珍秘未言，茲略述其意，俾有心者得之。扣領敵右臂，以右掌擊敵右鬢，敵左手內推時，仍用左手由右下外方纏採敵臂；同時，右手向下平開，以腕背擊敵小腹，敵負痛蹲身來防，我則併步作雙峰貫耳掌合擊其兩鬢。此式連續三著，皆傷人殺手，心狠、意毒、手快，三者兼有之，不可輕授也。

《太極拳使用法》：甲立如乙雙拳打來，甲隨亦雙掌自下往上掤如十字，架開雙手。

按：楊公早年十字手的架子較為開展，兩手高過頭頂，晚年架子有明顯的收緊，動作幅度含蓄適度。

二〇一一年十一月二十七日，筆者與翟金錄等拳友一同拜訪金仁霖老師，金老師講了葉大密親自向他講述的故事。

金老師講：關於十字手有一段趣聞，葉老師講，在一次宴會上，有人問楊公：「十字手能不能打人？」楊公答：「能！」

於是楊公站立作十字手狀，並請幾位學生分別按住楊公兩手臂等處，當楊公微微一動，學生們就四散跌出。當時由於動作極快，葉大密等許多嘉賓都未能看清。事後，葉大密盛邀楊公去葉家，葉大密重新提起那天楊公用十字手發勁一事，楊公興緻勃勃地在葉胸前畫了個「∞」。葉大密隨即記錄（見《柔克齋太極傳心錄》）：「在胸部畫一個橫的無形無象的連環形（如∞字形）」，又寫：「此法是先師河北永年楊澄甫老先生在滬時來我家親自傳授，師娘不知道，在他家是不會傳給我的，故我異常感激，特志以為紀念。」

金老師邊講邊作十字手的「∞」形勁路的示範，翟金錄先生當場視頻錄影。

（11）抱虎歸山式①

〔釋名〕抱虎歸山者，擬敵為虎抱而擲之也，又名抱虎推山。當抱敵時，敵思逃遁，即乘勢用手前推也。兩說均是，學者於此式多不注意，或有以如封似閉代之者，蓋此式與後式攬雀尾連絡一氣，最易混淆之故。

〔動作〕有五：㈠原地摟膝；㈡上步摟膝②；㈢拗步掌；㈣內抱；㈤前推。

〔圖解〕㈠由前式右手不動，左手下摟左膝，坐身向右斜後方轉。㈡開右步落右手，下摟右膝（如圖）。㈢伸左掌為右式摟膝拗步式。㈣左手不動，右手向後伸，以肩為中心，臂為圓圈之半徑，從下後方翻轉向上，至前方作大圓圈下抱，③至手肘與肩平時，即坐身雙手隨向後擴，作交叉狀。㈤雙手分向前

抱虎歸山式圖

平推。

〔**注意**〕此式須以腰身運動肩背，五動作宜連成一氣④。

〔**應用**〕設敵以左手由吾身後右側擊來，即以右手下摟其臂，以左掌迎面擊之。倘敵左臂乘勢上抬外逃，或左轉隨手擊吾頭部，應即進身以右肩承接其臂根，圈右臂後抱敵身，設敵思逃遁，應回身以右手外捌其雙手前推其胸⑤。

【**注釋**】

①抱虎歸山式：假想敵人為虎，我用抱勢而擒之，乘機推之於外門，故名。有拳譜寫作「抱虎推山」「豹虎歸山」，雖音相似，然則其詞義不同矣。此為採捌起承之法。

由於抱虎歸山後面的攦擠按，動作與攬雀尾相似，所以《太極拳體用全書》說：「故下附攬雀尾三式攦擠按同上。」田鎮峰在《太極拳講義》中認為：「惟學者多於此式不加注意，以致與後式之擠按，誤為攬雀尾。」而有些拳譜則把後三動，稱為「斜攦雀尾」，並另列一式。如：一九三〇年姜容樵《太極拳講義》

在「變動」下說明：「（抱虎歸山）有三，一原地摟膝；二開步摟膝；三拗步抱式。下接後攦前推，編入下式攬雀尾內，以免混淆。」姜又接著寫「注意」：「近有以後攦式及前推編入下式者，易使學者疏忽。」一九三二年吳志青著《太極正宗》：「第十三式，抱虎歸山。第十四式，斜步攬雀尾。」這些說明一九三〇年前後，武術界對「抱虎歸山」動作的界定是不一致的，命名也有異，但名稱雖有異，動作和用法仍大致相同。

②上步摟膝：在以後再版中，改作「開步摟膝」。

③㈣左手不動……至前方作大圓圈下抱：本勢右手動作較大。而《太極拳體用全書》中，「右手先用仰掌收回，如作抱虎式」，即以仰掌作回抱，簡而捷。

④〔注意〕……連成一氣：曾昭然說：「有以右掌向右後作摟式時，並不仰掌收回，僅如摟膝式而已，楊公言：此與原意無背，惟有以右腿向後伸直，右手撒開向地，頭亦低顧地下者，則非。」

⑤〔應用〕……前推其胸：靈活腰身臂膀，遇敵由吾身後襲擊，我以右手摟開，進步以左手擊之。假想敵欲逃至外門，或側擊我側面，我伸右臂圈抱敵身，或臂膀再接用摟雀尾式或或推以擊之。

《太極拳體用全書》：設敵人向我右側、後身迫近擊來，未遑辨別其用手或用腳時，急轉腰分開兩手，踏出右步，屈膝坐實，左腿伸直；右手隨腰向右方敵人腰間摟去，復抱回。左手亦急隨之往前按，故右手先用仰掌收回，如作抱虎式。倘敵人手腳甚快，未能為我抱住，但僅為我摟開或按出，則彼復換左手擊來，我即用勢回。故下附攬雀尾三式按同上。

《太極拳全書》：敵向我右後身進擊，我未遑辨其用手或足，即出右步以右手向其摟抱。倘其未為我摟抱者，即可以左手按出之。倘其換左手擊來，即可以攌擠按三勢應之。

田氏《太極拳講義》：倘敵自吾右後側擊來，我宜以右手下按其臂，以左掌迎面擊之。若敵以左臂乘勢上抬，而左轉截吾頭部，我應即近身以右臂承接其臂根，圈右臂後抱敵身。設敵欲遁逃時，我可回身以右手外挒，雙手向前推其胸。

散手見《太極拳闡宗》：此式著法極橫拳、立掌各法之變，同時兼顧上中下三盤防務，而克敵制勝，操攻防之全能，為著法之首要。

凡敵以右手直擊吾胸，（吾）即以右手摟截，而以左掌貫擊其右耳。敵如再以左手技擊，（吾）即以貫耳之左掌下摟或拳截，而以右掌貫其左耳。往復摟截貫打，若雙環護身然。如係追擊，用斜行步，亦名三角步；如係閃退，用斂步；平時用功，以弓箭步為主。惟摟貫三掌之後，必夾一掤手，變為貫一手，再接摟貫兩手，此中竅要，難以筆述。又法，摟貫連環三掌之後，夾一蹬腳，所謂常山之蛇，擊其中則首尾皆應也，亦為必勝之著。

敵若在吾右後方來擊，先以右手掤接其手，旋反手下按其襠中，而以左掌推擊其胸或頭部。本式散手應用，與摟膝拗步式，有參考之必要，但須辨其同異。

《太極拳使用法》由前式設敵人自我後面右側，用右手從下部擊來或用右足來踢我，即往右側轉身，出右步，屈膝踏實左腿伸直，變虛，右手隨身轉時，將敵右手或足摟至右膝外，左手同時由左側往前腕轉運出向敵面部按去。如敵又用左手自上打來，急用左手腕由敵左手腕下繞過，黏住右手，同時圓轉提起，用腕向敵肘上臂部貼住，同時兩手往懷內左側合收抱回，則敵人自站不定。此時要鬆肩坐肘，右足實右足虛。

甲立如乙自右後方持拳直擊，甲隨轉趾扭腰，右手往後，如右摟膝摟撥乙右膊，將乙身捩歪；同時隨起左手將乙拍倒；右足弓式，左足直線。又第二依法，如乙再還左手來擊，甲亦用左手應之，甲速再用左膊拗抱敵人之身腰擒起，猶如壯士捉虎歸山之勢，此二用法也。

此式須以腰身運動肩臂，宜貫串氣，相連如抽紗為要。弓步右足時背椎萬勿前挺，否則成為上重下輕之勢，最易受擊而倒。無論任何姿勢，皆宜沉肩合胸為主，其氣自能暢達丹田也。

按：抱虎歸山亦是楊架中變動較大的一式。最初此式自十字手後，有1.右摟膝左橫擊掌；2.左摟膝右橫擊掌；3.轉身右摟膝拗步；4.內抱；5.前推。山東國術館田鎮峰《太極拳講義》中，甚至在第三動有身體左實右虛的下蹲，並向身前下方作撈物抱起之狀。或許是體現「抱虎」和「歸山」的原始用意。而在後來教學中去掉前二動，只剩第三動「轉身右摟膝拗步」。

又原來右手向身後摟之後，即4.內抱：「右手向後伸，以肩為中心，臂為圓圈之半徑，從下後方翻轉向上，至手肘與肩平時，即屈左腿，身後坐，上身微向左轉，作坐身抱式」，此動後來也被簡略。

在大架傳播過程中，由於習練者對動作原意理解有偏失，望文生義，為動作而動作，遂使「抱虎歸山」徒有其名。如許禹生指出的：「學者於此式多不注意，或有以如封似閉代之者，蓋此式與後式攬雀尾連絡一氣，最易混淆之故。」今人作「抱虎歸山」，因不明「抱虎」為何意，將此式只當作「摟膝拗步」，不僅毫無「抱虎」與「歸山」之意，右手摟之後身手分離，隨意劃動，無仰掌收回動作。

《太極拳體用全書》對抱虎歸山作了說明：「由前式，設敵人向我右側，後身迫近擊來，未遑辨別其用手，或用腳時，急轉腰分開兩手，踏出右步，屈膝坐實，左腿伸直，右手隨腰向右方敵人腰間摟去，復抱回，左手亦急隨之往前按。故右手先用覆腕摟去，旋用仰掌收回，如作抱虎式；但僅為我摟開，或按出，則彼復換左手擊來，我即勢回。」其中，關鍵字如：「摟」「抱」「仰掌收回，如作抱虎式」，把「抱虎歸山」之意點得十分明白，學者不可不注意。雖然楊公澄甫之拳照，外表看仍似「摟膝拗步」，但讀《太極拳體用全書》的文字，楊公的摟抱仍能體現出「抱虎」之意，即右手覆掌之「摟」，仰掌隨收回右胯旁之「抱」，而後作勢。整個動作連環流暢，虛實分明，毫無斷頓。

《太極拳勢圖解》中，此式向右後作摟推抱推之後，、推二動作是為斜攬雀尾而另設的，在一九二五年陳微明著《太極拳術》中合併為一式，《太極拳體用全書》亦是，流傳至今。

曾昭然著《太極拳全書》，是以楊公南下廣州所授為樣板，其抱虎歸山一式與《太極拳體用全書》細處不盡相同，抄錄如下：「（動作）由上式，左足尖略朝內（南）擺動踏實。右掌復向右後（西北）作摟式，仰掌收回置右腰旁，左掌先向左後（東南）伸開，隨西北按出。當右掌向後作摟勢時，足即向右後（西北）邁出作丁字，當左掌按出時，步即變成右前弓，繼即作攬雀尾式中擺擠按三勢，時面眼及胸皆向西北。」

以上說明楊澄甫大架是在不斷地修改完善。

（12）攬雀尾式（見前）

按：此式是《圖解》在抱虎歸山之後，又分立了「攬雀尾」一式的。一九二五年《太極拳術》則不單列此「攬雀尾」或「斜攬雀尾」一式，都合併在「抱虎歸山」一式之中，即「右手復轉上手心轉向下，至左手處，兩手隨腰回，坐在右腿上，兩手復擠出、按出，與攬雀尾同」。以後楊架拳譜大都不再將「攬雀尾」單列一式。

此處「攬雀尾」與正向掤擠按的「攬雀尾」有些不同，因此田鎮峰在《太極拳講義》中提示：「惟學者多於此式不加注意，以致與後式之擠按，誤為攬雀尾。」

（13）斜單鞭式①

〔釋名〕斜者，指方位而言。前抱虎歸山式，係斜方位。此依前式方向故名斜單鞭式。

〔動作〕與單鞭式同。

〔圖解〕與單鞭式同。

〔注意〕斜方向。

〔應用〕與單鞭式同。

【注釋】

①斜單鞭式：因抱虎歸山向西北而做，回

斜單鞭式圖

身向東南做單鞭，方向為斜向；而其他單鞭均為面東正向，故把斜方向做的單鞭稱為斜單鞭，正、斜單鞭的區別不在技術上，而在方向上。

《太極拳闡宗》中認為：太極拳以「不偏不倚」「中正安舒」為原則，此稱斜單鞭，及後之斜飛式，均運動之方向為斜隅，而非姿勢動作之傾斜也。動作與單鞭式同。

《太極拳術》中，作為「肘底看錘」的前動「兩手按出後，如單鞭式，右手鬆直，手指稍垂，不必成為吊手；左足略提起落下」，此與單鞭前動相仿，似前半個單鞭，後併入肘底看錘，不作單列。

按：一九二五年《太極拳術》，在第一次抱虎歸山後，不僅合併「攬雀尾」，也取消了斜單鞭這一式，僅在第三節（即第二次抱虎歸山之後，野馬分鬃之前）留有斜單鞭一式。《太極拳體用全書》亦同。

（14）肘底看錘式①

〔釋名〕立肘時，肘之下曰肘底。看者，看守之意②。一名肘下錘。

〔動作〕有三：㈠移步領手；㈡收步舉手；㈢肘下錘。

〔圖解〕今作三角形，前式左足在甲點，右足在乙點。㈠左足不動，右足向右方踏出半步，移至乙′點，右手隨之。

㈡左足向內收半步。由甲點移至甲′點。足踵著地，足尖向上，同時左手由外向內作圈，順胯而上至胸前上舉。掌心向內，約與眼平。

㈢左腕略外轉上托。右手作拳置左肘下；右腿微屈，成丁虛步，全身重點寄於右足。

〔注意〕右臂運行之線路，與一半平圈形，左臂在左方畫一斜立圈形，出

肘底看錘步法圖

拳時身段隨之略含向前之意。同時鬆腕聳身，尤須注意三合（即肩與胯合，肘與膝合，手與足合）。此式練習深呼吸。

〔**應用**〕設敵以右手擊來，以左手握敵右肘前領。轉腕上托，而以右手下擊其脅③。

肘底看錘式圖

【**注釋**】

①肘底看錘式：又名肘下錘；又稱葉底藏花。擬右臂如葉，右拳如花，而居其下，故名。與岳氏八翻手第四路之姿勢動作雖不同，而意義則一也。

有謂此式意在看守門戶，防敵襲擊之意。此式善能活潑周身之關節與暢達血液之循環，久練著熟，自可從心所欲。

②看者，看守之意：對「此式意在看守門戶，防敵襲擊之意」（如姜容樵《太極拳講義》等）。田鎮鋒認為：「我云則不然，而內蘊衝擊、黏手、搖身、劈擊之手法。若模仿大概較易，若實際懂勁則難。凡是一種勁，其中含有抵抗

性，不問勁之大小，皆可謂之剛勁。反之若一種勁，能隨敵勁以為伸縮，不含抵抗性者，應皆謂之柔動。若無柔動，偶遇勁敵，便無復活之望。此種剛勁，亦可稱死勁。剛勁以強為勝，遇敵則折，勢所必然。其致敗之由，雖與死勁不同，然其結果則無差異。若以活勁與死勁較，則勝敗之數，不卜可知。學者對於此式之勁，無勿忽視，應詳加注意焉。」

③〔應用〕……而以右手下擊其脅：此式為扭身轉變劈打衝擊之法。

假想敵由側面擊來，我用左手握敵臂或肘，向左領擄，再用右手橫捩敵人腰部。

《太極拳體用全書》：由前勢，如敵人自後方來擊，我即轉身，其動作如上單鞭轉身式，可參用。迨身將翻轉正面時，左腳直向正面踏實；右腳即偏向右前，踏出半步，坐即時，則左腳提起，腳尖翹起，兩手平肩，同時隨身向左轉；此時即用左手腕外平接敵人右手腕，向右推開，至其失卻中定時，即將左手指下垂，緣彼腕間，向內纏繞一小圈；右手同時向左，與其左手相接，自上黏合，則

彼之左右手都處背境，而失其所向，我既將左腕，抑其右腕，右手急握拳，轉至左肘底，虎口朝上，以蓄其勢，向機而發，未有不應聲而倒，此之謂肘底看錘也。

散手見《太極拳闡宗》：敵握吾腕，以左手作掌擊吾頭部，吾即以左手自上而下，摟壓其臂，執其腕。以左肘夾其要右腕，向外研肘，騰出右手進擊之。設右手擊敵，被敵以左手托住，同時右拳來擊，吾即以左手截按，旋以右臂扣壓，抽出左手，作拳向上衝擊其下頦；敵如以右手搬托防範，可連續以右手扣，左拳衝；稍撤即進擊，變化甚捷。

敵以右手來擊，吾順勁引入，夾於左脅，乃以右手還擊，敵必用左手下按，即以左手擒其腕，向左外方反轉，復以右拳擊其左脅。

敵如左手來擊，吾順勁引入，夾於左脅，乃以右手擊其頭；敵必用右手來防，乘機擒其腕下，交於左手擒扣，騰出右拳，任意擊之。

敵右手握吾右腕時，驟向右後方斜領，同時左手扣緊其腕背，倏其臂一伸直，即扣執其手，向外反轉，敵必向右斜倒。繼進右拳擊之。

敵以左手握吾右腕時，即隨勁下扣外轉，復以右手扣執其手，向外反轉，敵必仆倒；繼以左拳進擊之，或變用手揮琵琶式擲之。本式著法，多屬擒拿，前擊數者，皆其主要之著。

（15）倒攆猴式①

〔釋名〕倒攆猴者，因猴遇人即前撲，先以手引之，乘其前撲，一方撤手。一方以手按其頭頂之意。一名倒趕後，即向後倒退，引敵趕來，隨以手乘勢襲擊之意。

〔動作〕有二：㈠退左步伸掌；㈡退右步伸掌。

〔圖解〕㈠由前式右足不動，左足向後退半步②；左手順耳邊前伸至極處，五指尖上指。掌心吐力，腕與肩平；同時，右手下落至胯旁。與摟膝拗步

倒攆猴式圖

姿勢同。

㈡左足不動，右足向後退半步，右手由後翻轉向上至耳邊，前伸至極處，指尖上指，掌心吐力，腕與肩平，左手下落至胯旁，與摟膝拗步姿勢同。

〔**注意**〕兩腿彎宜微屈。兩足足尖與踵前後宜成直線。兩足分開之寬度，宜與肩齊。須正身軀，懸頭頂，提脊骨，以運動督脈（十二神經）③。此式動作次數，宜取單數，或三或五均可。

〔**應用**〕設敵用拳擊或足踢，即以前手下摟以格攔之，復以後手迎擊其面部④。

【**注釋**】

①倒攆猴式：又名倒輦猴、倒踚猴、倒攆後。倒攆猴者，則取其輕靈敏捷進退自如之意。以其退步之速，能追逐於猴而故名；或語猴善撲人，以退步能避其鋒。又名倒攆後，即向後倒退引敵趕來，隨以手乘勢襲擊之意。此式是楊架典型的「退」勢。

《太極拳闡宗》注：倒攆猴，亦名倒捻肱，言用倒退之步，而肱之運用，內含捻勁也。又名倒捲紅，或稱珍珠倒捲簾，均不外象其形以會其意耳。

此式柔活兩臂，練習腿趾，堅實腰脊，運動督脈。遇敵襲擊時我退步先用前手化其勁，再以後手探擊其面部、胸部或喉部。

②由前式右足不動，左足向後退半步；左（右）足向後退半步，身後退坐直，同時閃腰，手隨腰動。但不是轉腰側身，即身體並不轉向左（右）側。是閃轉騰挪之閃轉。

「身後退坐實」，成「後坐步」，在攦勢、如封似閉、倒攆猴中出現。後腿之膝蓋與關節皆曲下，坐實，支持全身重量。前腿略伸直，不用力，但膝蓋勿過直，腳掌仍貼地。《太極拳全書》中曾昭然說：有若干拳師喜用丁字步而不喜用後坐步。余嘗以此徵詢澄甫師之意見，承答：「此乃拳師之瞎鬧。丁字步之用在於進退未定之時，而此步之用在於不欲遽退之時，故前足全腳掌著地，如爬蟲類之吸盤，此其微妙處也。」

③十二神經：1.嗅神經；2.視神經；3.動眼神經；4.滑車神經；5.三叉神經；6.外展神經；7.面神經；8.位聽神經；9.舌神經；10.迷走神經；11.副神經；12.舌下神經。

④〔應用〕……迎擊其面部：設敵以拳擊或足踢時，外加以前手下攌，後手迎面前擊。

《太極拳體用全書》：設有敵人用右手緊握我左手腕，或小臂間，倘又以左手托住我肘底拳，則我先受其制，不得施展時，即翻仰左掌，用沉勁鬆腰胯，向左後縮回，左腳亦退後一步，屈膝坐實；右腳變虛，則敵之握力頓失；右手同時向後分開，至其失卻握力時，急向前按去。此式雖然倒退一步，仍可攆去敵勁，故謂之倒攆猴。其要尤在鬆肩沉氣也。

以右手按出時，胸腹皆偏向北；以左手按出時，胸腹皆偏向南者，亦非。

散手見《太極拳使用法》：甲立，如乙用換拳法，左右拳先後直打，如右拳以直打來，右足進一步，隨後左拳打來，左足進步，此為拉鑽錘進步法。甲用倒攆猴破法，退左步左手摟乙的右拳，退右步右手摟乙的左拳，往後如法速退幾步，甲如用換式亦可，左手摟乙右拳時，甲進右拳換打乙胸，甲右手摟乙左拳，甲用左掌還擊，可將乙打退，如圖是也。

《太極拳闡宗》：此式與摟膝拗步之姿勢悉同，而進退適反。彼係上步，此則倒步。摟下之手，位置亦同，惟彼為按勁，而此則採引諸勁耳。初習者，或練順步，雖較拗步為易，而求上功應用，則遜遠矣；即練拗步，亦有先撇半步，稍停再後退者，於應用上，尚有可取，然亦難免偷巧息腿，不易上功之弊，是故後退之步，必須一步通至恰當之處，是為最當。身體正直，最忌前傾，塌腰坐勢，輕靈鬆靜，頭頂懸，背脊提（穀道內提），以運動督脈。

按：南懷瑾是浙江國術館正式學員，觀南懷瑾作倒攆猴時，在左足向後退半步之同時，先乘勢後躍退步，再作倒攆猴；左右左三次則三躍，行狀矯健猶如猿猴，形象取意也。楊公定大架，已無這三次跳躍，不僅便於習練，更使拳架穩健舒展，毫無傴促之感。

（16）斜飛式

【釋名】此式如鳥之斜展兩翼而飛，故名①。有左右兩式，但練左式，初習者每易斷勁，不如右式之順也。

【動作】有二：㈠搭腕②；㈡斜飛。

【圖解】㈠由前式俟練至右腿在前時，左手在前不動。右手由後方翻轉向前畫一圓圈形，向左腕下落。

㈡約將至左腕時，左手從右腕上挽過，使掌心相對③，同時退右步復向右後斜方踏出半步。右手斜向右方，左手斜向左方。若鳥張兩翼狀，目注視右手。

【注意】須以腰身運動手足。

斜飛式圖

〔應用〕此式為騰手法，如右手與敵左手相搭，即以左腕上挑敵腕，以右手進擊之④。

【注釋】

①此式如鳥之斜展兩翼而飛，故名：此為騰手法。如右手與敵左手相搭，即以左腕上挑敵腕，以右手進擊之。此為反守為攻之法也。原「有左右兩式」，後只有「右式」。

宜含胸拔背，以腰為主。開步斜飛時，兩肘須微沉，右手上挑，左手下按。兩手分開之時，如撕綿之意。

②搭腕：《太極拳術》形容搭腕的動作「如抱圓球」，另有些太極拳講義也有作「抱球狀」「抱物狀」的比喻。

張義敬曾批評「抱球」，言辭激烈。其實陳微明先生記錄楊公澄甫拳架時，最早形容搭腕「兩掌相合，左手心朝下，右手心朝上，如抱圓球」。抱球體現了掤勁，陳微明的比喻形象直觀，便於學者記憶，並無不妥。

③由前式俟練至右腿在前時……使掌心相對：《太極拳體用全書》「如敵人自右側向我上部打來，還用力壓我右臂腕，我即乘勢往下沉，合蓄勁」，掌心相對成抱球狀的描述較為簡潔。

④〔應用〕……以右手進擊之：此為反守為攻之法。

《太極拳體用全書》：如敵人自右側向我上部打來，還用力壓我右臂腕，我即乘勢往下沉，合蓄勁；隨即將右手向右上角分展，用開勁斜擊；同時，踏出右步，屈膝坐實，似成一斜飛式。其愈益亦稱其勢也。

《太極拳使用法》：甲直立，如乙對敵正面不能進，想換繞側面進打，甲隨繞時，即用右手如大鵬展翅，往斜上方掤去，自乙膊下至身時左足用直勁，右足為弓式，左右手皆能用。

《太極正宗》：此式設敵人由右側上方進擊，我即致使，乘其勢之未；兩臂即開動將臂上托或斜擊其身後，填之以右腳使敵失去重心。

按：斜飛式，楊架在早期傳播中，尚有左斜飛式與右斜飛式並存。一九三〇年姜容樵《太極拳講義》：此式有1.左斜飛式；2.抱圓球式；3.右斜飛式。附圖48、圖49、圖50是也。

王新午為《太極拳勢圖解》注釋此式，則有如下文字：「若練左式，則於倒攆猴練至右腿在前時，並左步於右足側，右手由後翻轉向前，右腕在左腕之上，掌心相對；再向左前方進左步，前弓，左手斜向左上方，右手斜向右下方分展；目注左腕，而成左斜飛式。有為堅固根基，重視練腕，而左右兩式俱練者，則先練左式；再將左步併回於右足側，繼向右斜後方轉身；開右步，而成右斜飛式。或於左式後，左步不動，將右步併回，隨身之轉後而復開，以免換勁，亦可。總之，此式以左右俱練為善。然須力求勁之綿密不斷，轉換輕靈。手足之動作，悉以腰身帶領，尤重運動於腕，蓋本拳法以腕勁為主者，自提手上式後，當推此式。在運動方面，非特練習肩背腰脊之伸縮，即臂力腕力之增進，亦可不期而至也。」這說明在一九三〇年前後，楊家大架在傳播過程中，斜飛式有左右斜飛式並練的情況存在。

吳氏太極拳學自楊家早期架式，吳架中仍有左右斜飛式。斜飛式練法上楊公有所簡略，楊澄甫南下廣州授拳，則以右斜飛式一式為是。

另外，斜飛式與野馬分鬃有所不同，斜飛式重在腕力，以腕勁挑擊敵之頸項（或脅）。而野馬分鬃則以小臂靠挒擊敵。

（17）提手上式

（18）白鶴展翅

按：前第五式「白鶴亮翅」，有二動：展翅與亮翅，此處為「展翅」式，後名稱統稱為「白鶴亮翅」。

（19）白鶴亮翅

按：前第五式「白鶴亮翅」，有二動：展翅與亮翅，此「亮翅」式在楊架中已取消，不復存在。

（20）摟膝拗步

以上四式均見前。

（21）海底針式①

〔釋名〕海底者，人體之穴名。海底針，即手向海底點刺之意。

〔動作〕有二：㈠提步摟手；㈡海底針刺。

〔圖解〕㈠左手摟膝；同時，收左足，足尖點地。㈡右腿下屈，坐身；右臂沿左膝內向下直伸，指尖下指，此時左手或拊右肱，或沿胯後撤均可②。

〔注意〕脊骨務須直立，不得屈曲前傾，手下指時，略含點刺之意，此式練習脊骨及膝之伸縮力。

〔應用〕敵用右手擊來，即以左手向旁摟開，以右手還擊敵胸，如敵用左

海底針式圖

手握吾右腕時，則轉腕向下直指，則吾勁前發，敵必倒矣③。

【注釋】

①海底針式：又名海底珍珠。姜容樵注：「人身三百六十五穴之一，海底針者，即向海底穴針刺之意，故名。」（按：有學者認為姜容樵此注不妥，自古至今中醫所有書籍裏的三百六十五穴，並沒有海底針或者海底之穴，連別名也沒有。武術界雖然有海底穴之說，其實不同人的所指也是不同的）。

田鎮峰則認為：有云此式係向下刺海底穴者，我云則不然。查海底穴為人體重要之穴，在前陰之後，後陰之前，襠之中間。此式即向下刺，焉能命中於對方襠之中。我嘗云海底針為太極拳中最為難練之姿勢，為蓄以待發之勢，重緊湊，戒開展；譬如炮然，捲得愈緊，放得愈響。學者宜注意。

②〔圖解〕……沿胯後撤均可：左足提起收回約半步，腳尖點地；右足逐漸屈腿下沉如坐，使臀部下垂，尾閭自然中正；全身重心由右腿支撐。頭正而不低俯，身坐而不傾曲，不可前傾死彎。右掌運點刺之勁於指端。面眼皆向前處望，

不可垂向地面。此式在拳架中變動較少，但不易練到位。

③〔應用〕……敵必倒矣：此式為伸縮脊背解纏法。

《太極拳體用全書》：設敵人用右手牽住我右腕，我即屈右肘坐右腳，轉腰提回，手心向左，腳亦隨之收回，腳尖點地；如敵仍未撒手，更欲乘勢襲我，我即將右腕順勢鬆動，折腰往下一沉，眼神前看。指尖下垂，其意如探海底之針。此時雖欲採欲戰，皆往復成一直力，不意為我一挫，則其根力自斷，便可技擊也。

敵右外緊握我右腕時，我右手可借腰力抽回；如仍不能脫，則仍可借腰力往前往下一沉，必可達目的。必要時，左掌可加雲我下臂近腕處，以助我右下臂之力。此時須防其左手，故面眼須向前望。

散手見《太極拳闡宗》：敵右手來擊，可以左手托扣其肘，順勁引領運右後方，而以右手運勁於指。點刺其海底。設以右手擊敵，被敵以左手握吾右腕時，即順其勁向地下沉，旋擦地後撤，如畫立圓之路線，敵必前撲而倒也。與敵接手之先，有作此式以待敵者，問其攻防兼利云。

練習腰脊，伸縮膝部。假想敵擊我，我先用摟膝，以左手向外摟開，以右手按敵胸，敵如握我右腕，我刁腕縮轉，向下指點以擊之。

（22）扇通背式①

〔釋名〕扇通背者，擬脊椎骨為扇軸，兩臂為扇幅，如扇之分張狀。通背者，使脊背之力，通於兩臂之謂也。

〔動作〕有二：㈠立身合腕；㈡通背掌。

扇通背式圖

〔圖解〕㈠立身兩腕相抱。㈡左足前進一步。左臂向前直伸。右臂彎曲上抬。手背覆額。此時須正身，兩腿成騎馬式。惟左足尖須前向。

〔注意〕運勁時，左掌心之力與左肋骨相應。作向前之勢。同時右臂之力，須通於左手，此式練腿力及肩背力②。

〔應用〕敵以右手擊來，即以右手反刁敵腕上提，以左掌擊敵脅下③。

【注釋】

①扇通背式：或作扇通臂，又有山通臂、三通背、閃通背、閃同碑等之異稱，蓋口傳者方言不同故也。

通臂者，使脊背之力通於兩臂也；或云扇通臂，擬兩臂為扇軸，如扇之分開狀，故而名之。此式是楊架一個典型發勁拳式，勁由脊發。發勁時，勁從腳到腿到腰送至兩臂，背帶兩臂展開，由背把勁送至兩手，打擊對方。

②〔注意〕……肩背力：此式練習腿力及肩背之力。運動時，左掌心之力須與左肋骨相應，同時，右臂之力，須於左手蹲身上起時，宜使臀部下垂，則尾閭自然中正。蓋初練之人，稍稍蹲身，便將臀部外突，致使脊柱骨間受不自然之壓迫，實與氣分有極大之阻礙。

做扇通背的動作時往往容易挺胸、直臂，這不符合「勁以曲蓄而有餘」的要求，同時也不符合「含胸拔背」的要求。動作應有伸展的餘地，因此做太極拳的任何動作時，手臂與兩腿都不可過於伸直或挺直。弧形要求圓滿，處處要有能「八面支撐」的意思。

③〔應用〕……擊敵脅下：《太極拳體用全書》：設敵人又用右手來擊，我急將右手由前往上提起，至右額旁，隨將手心向外翻，以托敵右手之動；左手同時提起至胸前，用手掌衝開，直勁向敵脅部衝去；沉肩墜肘，坐腕鬆腰，左腳同時向前踏出，屈膝坐實，腳尖朝前，眼神隨左手前看；右腿隨腰胯伸勁送去，其勁正由背發，兩臂展開。欲扇通其背，則所向無敵矣。

散手：甲如海底針式，乙打來，甲由下往上用右手托乙右手腕，甲左手由下向前直推去，手心向外掌指向上，推乙身右身側面，左足同時進步弓式，右足為後直線。

《太極拳闡宗》：此式為發擲著法，推手術中多用之。設以海底針擊敵，若敵以左手握吾右腕時，即反腕上提，以左掌推擊之。此式著法吃外時，應扣住敵人右腿；吃裏時，應將左腿進插敵人襠間，乃可操勝券矣。

田氏《太極拳講義》：此式練習肩背之力，能達於梢。設敵以右手擊來，我即上左腿，以右手反刁敵腕，舉臂上提，以左掌擊敵脅下；或以右手反刁，左手上托，則敵肘必斷。

（23）別身錘式①

【釋名】別身錘者，腰部後別，使身折疊，復用腕進擊之謂，此為太極拳五錘之一。

【動作】有二。㈠肋下交叉手。㈡別身錘。

【圖解】㈠由前式身向右轉屈左腿。兩手相合下落，兩腕相搭於左肋下，全身重點寄於左足。㈡左手不動，提右足向右後方斜移半步，身隨右轉，右手掌心向上作拳，屈肘別身，肘浮依右肋，拳由上落下，與肘成水平為度。左手

別身錘式圖

當胸作掌，指尖向上，食指約對鼻準，目前視，步為丁八步。

〔**注意**〕轉身時，手腿動作須以腰脊為樞紐，方能靈活無滯②。

〔**應用**〕敵人自身後一手按腕，一手按肘，將擲吾時，即向後別身屈肘，擒制敵臂，乘勢抬步握拳迎擊③。

【注釋】

①別身錘式：別，以後出的太極拳書中，均改作「撇」字。別身錘，後改寫「撇身錘」。許禹生云：敵人自身後一手按腕一手按肘將擲吾時，即向後撇身屈肘，擒制敵臂，乘勢抬步握拳迎擊。

②〔注意〕……方能靈活無滯：撇身時，身體折疊，腰部後撇，復用腕進擊。手腿動作須以腰脊為樞紐，方能靈活自如。右拳向右撇出時不抬肘，拳腕不轉，揮動全臂，拳由上往下打。

《太極拳全書》曾昭然說：「澄甫師早年教人，皆以左掌置左額角上，晚年教人則以之置胸前。余嘗詢其故，承答此式著重在右肘，左掌目的在採敵手而

已，故其位置高低皆可，惟提高可顯威勢，放低則切實用耳。」

③〔應用〕……握拳迎擊：此式為閃身化敵反擊法。

《太極拳體用全書》：設敵人自身後脊背，或脅間用手打來；我即將左足向右偏移轉坐實；右足變虛，腰隨轉向正面，右手同時即握拳，暫於左脅間一駐；左手由上圓轉撇去。交敵之手由右脅側間用沉勁疊住。同時，左手由左側急向敵人面部擊去，則乖必眼花失措矣。

散手見《太極拳闡宗》：敵以右手擒吾右腕，即撇身屈肘，作拳反壓敵腕，左手作撲面掌擊之。

敵以右手握吾右腕，以左步扣吾右步，以左手撲面來擊時，應上掤右臂，即撇身屈肘向右前方壓迫敵身，同時，潛移右步於敵左步外以摔之。吾勁一發，敵必倒矣。此為暗步，敵不知也。

以右手擊敵，被敵左手握右腕，即以左手扣緊其腕，以右肘搶壓敵臂，向左後方驟撤，或助下交叉手式，敵必仆倒。右手繼以反背錘擊其面。再繼以右手手

左撲面掌，敵必創甚也。

按：「澄甫師早年教人，皆以左掌置左額角上，晚年教人則以之置胸前。」楊公早年拳架張揚，重氣勢；晚年拳架含蓄，重實用，這也說明有些動作（如十字手、雲手、金雞獨立等）楊公早期拳架比較開展，晚年有適度緊縮，使拳架更加中正沉穩。

（24）卸步搬攔錘式①

〔釋名〕搬攔錘已說明於前②。卸步者，將步向旁挪移，與退步之向後退者不同。

〔動作〕有二：㈠裏搬手；㈡前擊錘。

〔圖解〕㈠左手內搬，右足不動，右足向右卸半步；右拳隨之由內向外平運，其路線成一環形。遂轉右腕，虎口向上。㈡右拳前擊，與進步搬攔錘式同。

【注意】手腕宜隨步動作。

【應用】搭③手時，敵設用力上抬，即卸步以緩化敵力，乘勢進擊其胸。

【注釋】

①卸步搬攔錘式：一九二一年《圖解》「卸步」為「右足向右卸半步」。一九二五年《太極拳術》中改作「上步搬攔錘」，「右足略提起落下」；一九三四年《太極拳體用全書》改作「進步搬攔錘」，「提起右腳側右踏實」。雖然「卸步」「上步」「進步」三者名稱有別，但右腳步動作則無大區別。此式為進步化敵反擊法。

卸步搬攔錘式圖一

卸步搬攔錘式圖二

②搬攔錘已說明於前：此式說明、應用、注意等各點與第七式進步搬攔錘同。

③搭：第二版《圖解》作「搭手時」，在以後再版時，卻改作「雲手時」，疑有誤。

（25）攬雀尾式（見前）

（26）單鞭式（見前）

按：單鞭式，為勾摟按掌之法，又常在套路中作轉變銜接之用。

（27）雲手式①

〔釋名〕雲手者，手之運動如雲之迴旋盤繞之意，其左右手運行，與少林拳術之左右攀援手同，此式於太極拳中最為重要。

〔動作〕有三：㈠原地雲手；㈡移步右雲手；㈢移步左雲手。

〔圖解〕㈠左手不動，右手下落，自右下方向左畫圓圈形。其運動路線，右臂圓轉向下經過雙膝，復向上由臍左上升，繞過頭頂至右額角停；左手俟右手運行至左肩時，即下降，掌心向內，自左下方向右上升，畫圓圈形。其運行路線，左臂向下圈轉，經雙膝，向右上升，至右脅稍停（如圖一）。

㈡接上動作。右手下落，仍向左畫圓圈形，繞過頭頂至右額角稍停，與原地雲手下降時同。惟左手運行將至右肋②時，右足應隨右手向左挪移半步，左手於右手向下運行時，即向上繞頭頂至左額角稍停（如圖二）。

㈢左手接上動作下降，繞過雙膝向右上

雲手式圖一

雲手式圖二

升，至右脅旁，右足向左挪移半步；右手同時繞過頭頂至右額角稍停。左右雲手每手以三次為度，至末次仍復前單鞭式。

〔**注意**〕雙手運行，速度須等。步須隨身移動，上身不宜搖擺。眼注視在上部運行之左右手③。

〔**應用**〕設敵自後襲擊右肩，即以右手迎之，及觸敵手，即翻掌發勁擲之。左手亦然，又敵用左手自前面擊來，即以右手向右運開，乘勢進擊④。

【**注釋**】

①雲手式：雲手者，兩手左右運行盤旋回轉如雲氣旋繞，往來不斷，故名，為化敵護身之法。此為太極拳中最重要之姿勢。少林拳雖有類此釋放，但功用不同。少林勁剛，此則極柔。此式具有提、掛、掤、擲、滾、按、推諸勁。在散手及推手術中，無處不用，而尤長於纏勁。

②助：當為「肋」之誤。以後再版本均已糾正。

③〔注意〕……左右手：曾昭然說：「微明師教人，凡掌由下而上者，皆以

掌心先行作少林之撩陰勢。余嘗以此詢澄甫師，承答微明師手勢並不錯，惟不如掌心向內蓄勁而後出之有力耳。又有演此式時，腰部轉動過甚（如向西北或東北）者，或有以左掌作單鞭後停住不動，而只以右手先動者，皆非。」雙手運行須圓轉如輪。眼神與腰與手均須一致，而腿須竭力下坐。上體不宜搖擺。頭不宜左歪右斜。

④〔應用〕……乘勢進擊：《太極拳體用全書》：設敵人自右側用右手擊我胸部，或脅部，我即將右手落下，手心向裏，即以我之腕上側，與敵之腕下相接，由左而上，往右旋轉，復翻下向左行，畫一大圓圈。如雲行空綿綿不絕。左手同隨落下，手心向下，隨往下向上翻出，與右手用意同。身亦隨右手拗轉，眼神亦隨手腕看去，旋轉照應。右足往右側往左移動半步坐實，左足亦即向左踏出一步。成一騎馬式。此時兩手上下正行至胸臍相對，則有腳又變虛，向左移入半步，則續行第二式。惟變化虛實交互旋轉時，萬不可露有凹凸斷續之意。此式之妙用，全在轉腰胯。然後可以牽動敵之根力，應手翻出。

散手見《太極拳使用法》：甲如騎馬式，乙自前面，用右拳打來，甲用右手自左邊往右邊雲去。如乙用左手打來，甲用左手自右往左邊雲去，領進落空。乙力雖千斤，無所用矣。練法橫走，使法正面。

許禹生云：設敵自後襲擊右肩，即以右手迎之；及觸敵手，即翻掌擲之，左手亦然，又敵用左手自前面擊來，乘勢進擊。

王新午注釋許師的話：與敵初接手時，右手作雲手，左手作摟膝手，運行不絕。若兩環護身然。下用活步，蹲身，萬法皆可試矣。與敵接手，最忌專靠黏搭及作勢等待。以各家拳法，多尚剛猛迅疾，如烈風暴雨，徒恃耳目，不可不防也。故必先以活著活步慎密防之，而乘機攻擊。則人不知我，我獨知人焉。凡敵手進擊，皆可以順手向外運開而擊之。此亦吃裏之著，如吃外則以拗手運化。更進則掛其肘後橫運。敵若以他手來防，則繼以拗手做下纏手，挑掛其肘後橫運之。連續數次，敵必倒矣。

按：楊澄甫架雲手一式在二十世紀二〇年代的十年中逐漸變化，其晚年功架，既如行雲流水，又穩如泰山。一九二一年《太極拳勢圖解》雲手附圖，雲手的步子較寬，且雲手時上手掌心向外，上手高過頭頂；下手立腕，掌心向外側或向下。其狀如京劇武生亮相動作。一九二五年《太極拳術》，雲手插圖是補以陳微明的拳照，而陳照同樣是步子開闊，上手掌心朝外高於頭頂許多，下手掌心向上，手指尖指向外側，「鬆鬆捧起」，其「撩陰勢」如抄物狀。自一九三一年《太極拳使用法》、一九三四年《太極拳體用全書》，楊澄甫雲手（同一拳照）與前有明顯不同。步子較兩肩外側略寬，並呈騎馬步；上手高不過眼，掌心朝裏，下手高及腰，掌心向內，如抱物狀。步子開闊適度，兩手掌心改向內，確實「蓄勁而後出之有力耳」。三〇年代時期，各家傳授楊式太極的雲手大致相同，如如山東國術館田氏《太極拳講義》雲手擺動幅度較大，兩手掌手心也向內，如「抱物狀」。從拳照對比，楊公晚年的拳架確實比早年拳架含蓄穩健、莊重典雅、沉著練達，難怪楊公自己看了以後也會感歎：「且翻閱十數年前之功架，又復不及近日，於此見斯術無止境也。」

（28）左高探馬式

〔釋名〕高探馬者，身體高聳，向前探出，如乘馬探身向前狀故名，①左高探馬，在右分腳前，右高探馬，在左分腳前。

〔動作〕有二：㈠攌手；㈡撲面掌。

〔圖解〕㈠收左足。足尖點地；左手外挽下攌，仰手屈肘，置左肋旁；同時，右手自右上方下落經過面前，搭於左腕上，成十字手，兩手虎口向上。

㈡左手掌心向上，肘向後微撤，右掌心向下，由左掌上面前伸，掌心吐力，食指對鼻準。

〔注意〕攌手時，足之起落須與手一致②。

〔應用〕設敵以左手進擊吾胸，即順右手敵拗腕，隨手擊之。③

左高探馬式圖

【注釋】

①高探馬者……故名：高探馬，是縮步聳身化敵法。手向前探出，如上馬之探身。少林拳秘宗各拳中亦有高探馬，或謂高堂馬、高腿馬，姿勢亦各有不同。

②〔注意〕……與手一致：此式左足之落點，與右手之擊出均須起落一致，注意上下相隨。

③〔應用〕……隨手擊之：伸縮腰脊，柔活臂腕，遇敵吾左手，我下縮後抽，以化敵勁，以右手探掌擊之。敵換式持我右手，我右手柔化，左手由下橫出或捩或翻手按敵均可。

《太極拳體用全書》：設敵用左手，自我左腕下繞過，往右挑撥，我隨將左手腕略鬆勁，手心朝上，將敵腕疊住，往懷內採回。左腳同時提回，腳尖著地，鬆腰含胸，右膝稍屈坐實。同時急將右手由後而上圓轉向前，往敵人面部，用手掌探去，眼前看，脊背略聳有探拔前進之意。

設敵以右手進擊吾胸，即以左手反勢下黏，右手用橫撲面掌技擊敵胸。散手見《太極拳使用法》：如乙伸出左拳，甲將左手自外繞至上邊，扣住乙左手腕處往回拉許，甲左掌自外方伸打乙面。

《太極拳闡宗》：此式左右應用相同，而變著最繁，為掌法之首要。

設以右手攄敵右腕，用左撲面掌擊敵。若敵左手來防，即以左手攄其左腕，變右撲面掌擊之。此為連環掌法。

設用右攄手左撲面掌，敵左手來防，即攄之；以右掌向左前方推擲其左肩。惟左腳扣其右腳，作鈎腿盤旋步耳。

設用右攄手左撲面掌時，敵以左手執吾左腕，即隨其勁向下搬扣，變搬攔錘擊之。

攄敵右手，用左撲面掌以驚敵，即釋手，以右拳進擊。

設用右攄手左撲面掌時，被敵以拗手執吾左右腕，可蹲身以左肘夾敵右臂，向左研肘，釋右手作拳進擊，如肘下錘也。

設敵右手握吾腕，即以左手扣緊其腕背，抬步向右後方擺之，敵必前傾，而右臂直伸；吾即雙手扣執其腕；抬左步向左前方捌其手腕，敵必傷而倒也。此為擒拿著之最要者。

破敵攦手，惟擠法最捷。破敵擒腕，以拳擊其腕背為最捷。繼以點心錘進擊之。

（29）右分腳式

〔釋名〕分腳①者，即用腳向左右分踢之謂，此為右分腳式，下又有左分腳式。

〔動作〕有二：㈠撤步手；㈡分踢。

〔圖解〕㈠向左後方撤左步，同時雙手後，或分向外畫一圓圈形，隨向內抱，成十字手式，同時右足收至左足右方，成丁虛步，足尖點地，蓄力待發。

㈡兩手分開，手腕與肩成水平。同時右腿向右前方分踢。

右分腳式圖

〔**注意**〕撤步擺手，須手步一致。踢時兩臂水平，後腿微屈，全身重點寄於後腿。②

〔**應用**〕擺敵之臂，用撲面掌時，如敵順勢用肘或臂上抗，即用下纏手，由內分手外擲其臂，乘勢前踢。③

【注釋】

①分腳：即用腳向右（左）分踢之意。蓋人體各部之發達在生理上均有一定之程式，而太極拳對於身體各部之發達，可云處處平均，無微不至；而足之一部，更切主要，其他拳術之練足，多以劇烈之運用，不但不合生理之程式，尚且發生許多流弊。故太極拳行功時，一動無有不動，一靜無有不靜，於肢體任何部分，皆無偏重之虞，故在生理上有補助之功、無妨害之弊。

姜容樵《太極拳講義》認為：太極之分腳即少林二起腳。少林之二起腳多縱步高拍。此分腳緩起緩落。腳平踢起，高度至低在胯以上，前手向足背輕拍或不必拍著，手心向下。（楊家不強調在分腳時拍腳）

②〔注意〕……寄於後腿：此式須周身鬆開，須有頂勁。撤手時，須手步一致。踢足時，兩手疊住後即分向上往左右撤開，掌側立；前足尖須平，後腿微屈，全身重量寄於後腿。

曾昭然認為：「左分腳之作用與右分腳同。惟須注意者，我用手擊敵時，如彼不格，則足例不踢起，太極拳之踢勢要皆如是。」

此式在流傳過程中，也有在踢右（左）腿時，同時以右（左）手拍右腳腳背面，如姜容樵《太極拳講義》。拍腳背動作後逐漸淘汰。

曾昭然說：「有以手足同時踢打者，或足先踢而後出手者，又有兩掌在胸前分開橫擺而按出者，皆非。」

楊禮儒記載楊守中等對於左右分腳用法的解釋，此式後手為、前手為撲面掌。以撲面掌為擾亂對方、掩蓋眞實攻擊的企圖，踢腳才是最主要的攻擊，因此，實際使用應該兩手先動作、腳後動作，但腳手應該幾乎同時到位是最正確的。

③〔應用〕……乘勢前踢：此式為後退反踢法。敵以左手向右撥我左手時，我可即以仰掌黏其腕而壓下縮回，並將左足變成左釣馬步以助其勢。此時我右掌可即向敵面撲擊。

《太極拳使用法》：甲如高探馬式雙手乙左膊，飛起右腿用腳面踢乙腹上，雙手速鬆乙膊，將乙踢倒。如用左分腳式，左邊亦用高探馬，起左腳而踢乙腹上，左右一樣可用。

《太極拳體用全書》：設敵人用左手接我探出之右腕，我用右手腕壓住敵之左肘，垂肘沉肩；即將敵左臂向左側攦回；同時左手黏住敵人左腕，手心向下暗施採勁。左腳同時向前左側邁去半步，坐實。腰向左斜倚，隨將右腳提起，腳尖與腳背平直向敵人左脅踢去，同時兩手掌側立，向左右平肩（按：向上向左右）分開，以稱分腳之勢。眼亦隨右手（按：向敵）看去。含胸拔背，定力自足。則敵勢不能自支矣。

《太極拳闡宗》：分腳式，左右應用相同，向左右分踢之法皆屬之。設敵以右手擊來，吾即以右手向右分擲其臂；起右腳踢之，或以左手向外分擲其臂，起左腳踢之。

追擊敵人，距離為手所不能及時，起分腳踢之。分腳踢敵，所以及遠，必與下纏手並用，乃能防敵之手。腳步要起落輕靈，收放敏捷，不得拖泥帶水，重滯失機。

《太極拳使用法》：甲如高探馬式雙手乙在膊，飛起右腿用腳面踢乙腹上，雙手速鬆，將乙踢倒。如用左分腳式，左邊亦用高探馬，起左腳而踢乙腹上，左右一樣可用。

（30）右高探馬式

〔釋名〕見左高探馬式。

〔動作〕有二：㈠收步合手；㈡撲面掌。

〔圖解〕㈠右腿收回原地，足尖點地，兩

右高探馬式圖

臂由外下落向懷內抱，兩腕相搭作十字手式。

㈡同左高探馬式第二動作。

〔**注意**〕同左高探馬式。

〔**應用**〕同左高探馬式。

按：一九三一年《太極拳使用法》將「右分腳式」與「左分腳式」合併為「左右分腳」一式後，中間的「右高探馬」一式也取消，不單列。一九三四年《體用全書》仍將「右分腳式」與「左分腳式」重新分成二式，但中間「右高探馬」不再恢復單設，僅以「左分腳式」取代。「左分腳式」，作為由「右分腳」向「左分腳」的中間過渡動作。

（31）左分腳式

〔**圖解**〕已於右分腳式說明。手腳之動作與右分腳同，惟左右互易。

按：一九三一年《太極拳使用法》中，將「左分腳式」與「右分腳式」合併為「左右分腳」一式。一九三四年《太極拳體用全書》，仍將左分腳式與右分腳式分開，還原為二式。一九六〇年《太極拳全書》又合二為一，第三十二式為「左右分腳」。

一九三〇年姜氏《太極拳講義》則無分腳（左、右分腳）式，只有蹬腳的動作，名稱是「鵲雀登枝」。其名解：因腋掌（右手向左腋下捩回，俗稱腋掌）踢足，如鵲雀之穿樹登枝，故名。亦名十字擺蓮腿，又名左右十字腿。動作有三：㈠穿掌撲面；㈡前蹬腳；㈢轉身擺蓮。姜氏太極拳非楊家親授，傳承不同，卻又不免受楊家太極拳的影響，故呈現有同有異的形狀，也從側面反映了民國時期的太極拳傳播狀況。

左分腳式圖

（32）轉身蹬腳式①

【釋名】轉身蹬腳者，身向後轉，復以足踵前蹬也。

【動作】有二：㈠轉身；㈡蹬腳。

【圖解】㈠收左足，足尖點地，右足立地，足尖隨身向左轉；同時，兩臂由外下落向懷內抱，兩腕相搭作十字手式；屈右足蹲身。左足尖點地，目左視。

㈡身上聳，兩手左右分開，左足同時向左前蹬，足踵用力。

【注意】轉身時，身須直立不可前俯②。

【應用】設敵由身後襲擊，即轉身避過，並乘勢用腳前蹬。兩手隨向左右分開，以防敵之摟腿也③。

轉身蹬腳式圖

【注釋】

①轉身蹬腳式：此式意義與分腳同。其稍差者一係足尖用力，一係足踵用力。所不同者，一係直接發力，一係旋轉發力。而轉身蹬腳之練習，實較分腳尤難。

②〔注意〕……不可前俯：須渾身鬆開，全身之力寄於右足。向左轉身時上身宜直立，不可前俯。

《太極拳全書》提示：「有以兩掌在胸前分開橫擺而按出者，又有轉身時左足尖著地作釣馬步而後起踢者，皆非。」強調了左足尖不可著地。

③〔應用〕……以防敵之摟腿也：此式為回身卻敵法。設敵由身後襲擊時，我即轉身避過，並可乘勢用足前蹬，兩手向左右分開，以護膝防敵之摟腿也。

《太極拳體用全書》：設敵人自身後用右手打來，我即將身向左正方向轉動。含胸拔背，鬆腰尤須虛靈頂勁。左腿懸提，隨腰轉時，腳尖垂下。右腳立定時，左腳即向敵腹部用腳跟蹬去。腳指朝上，兩手隨腰轉動時，由外往內合。隨

左腳蹬出時，掌即向左右側立，平肩分開。眼神隨左指尖望去。立定根力，則敵必應腿自仰矣。

《太極拳闡宗》：轉身向後，後即前也，與正面對敵無異，惟多一轉身耳。然既用轉身，非僅敵一人，故對身後之敵，時時注意防範，須全身毫毛畢豎，機警萬分，偶一發現，即轉身蹬之，兩臂分擲，不僅防其來手，更所以驚之也。

轉身之要，著地之腿稍屈，腰輪平轉，勿稍傾倚，致牽動中正之姿勢。蹬發之腳，要含蓄飽滿。發時，身軀上聳，全力到腳，如箭離弦，如鷹搏兔，著敵即收，毫無沉滯，斯為得之。蹬腳之用，每附於各種著法中，不單獨應用也。

按：《太極拳勢圖解》中此式是：「收左足，足尖點地，右足立地，足尖隨身向左轉；同時，……屈右足蹲身。左足尖點地，……左足同時向左前蹬，足踵用力。」即分腳之後，轉身左蹬腳時，左腳是可以點地的。《太極拳術》此式是：「左足收回，仍提起足尖下垂，右足跟轉向北，右足蹬出。」對左足腳尖收回時可否點地，無明文說明，但整體理解是不點地的。《太極拳使用法》則是：「右腳就原地稍向左轉，仍實，左腿懸提，隨腰轉時腳尖朝下，向敵胸部蹬去，蹬時用腳跟。」《太極拳體用全書》又：「左腿懸提，隨腰轉時，腳尖垂下，右腳立定時，左腳即向敵腹部用腳跟蹬去。」

說明：左足收回時，左腳腳尖垂而不點地，轉身後左腳跟直接蹬出，從技擊的角度講，速度快，容易一招制勝。左腳尖不點地比可以點地的難度大，練功要求高，如平時以健身為主，那可隨意，但楊公的要求是不點地的。後期蹬腳的要求是腹部，已不是蹬胸部，更不是越高越好，而是高度要切合實戰，不尚花哨；現在的規定套路則是蹬得越高越好。時代不同，價值取向不同。

（33）落步摟膝拗步式

〔釋名〕落步摟膝拗步者，承前式。左足向前落步。隨以左手摟膝之謂也，餘與前摟膝拗步式同。

按：《圖解》此式為「落步摟膝拗步」，只有左摟膝拗步一式。一九二五年《太極拳術》以後改作「左右摟膝拗步」，而將後面「進步栽錘式」之第一動「併步摟膝」作為「右摟膝拗步」。

（34）進步栽錘式①

〔釋名〕進步栽錘者，步向前進，同時將拳由上下擊，如栽植之狀，故名。為太極拳五錘之一。

〔動作〕有二：㈠併步摟膝②；㈡開步摟膝栽錘。

〔圖解〕㈠足進半步③，屈左腿，右手下摟至膝，左手從後下方上舉至耳邊，屈臂向前，掌心內向稍停。㈡進左步，左手下落，向前外摟；同時，右手作拳，手心向內，向下方斜擊，左手撫右腕以助其勢；左腿前弓，右腿彎微屈，作弓箭步亦可。

進步栽錘式圖

〔注意〕頭頂不可傾斜，冒過足尖。栽錘須用脊骨力。摟左膝時，左手宜浮靠左膝④。

〔應用〕設敵以右拳迎擊吾胸，即以左手向外摟開，隨以右手進擊敵面部。倘敵以左手內握吾腕，即覆手作拳前擊其腹⑤。

【注釋】

①進步栽錘式：即進步向前使拳由上向下栽擊之謂也。左足前進，右拳由上向下突擊，如同栽種植物，故名。此錘為太極拳五錘之一。化敵突擊法。

栽拳的「栽」字有兩種解釋，一是音ㄗㄞˋ，《說文》解釋為「築牆長版也」。古築牆之法，立板築牆之義引申表示由上直下而來。二是音ㄗㄞ，《廣韻》解釋為「種也」。表示種植的全過程，這種過程並非都是由上直下的動作。栽拳之栽，應是「由上向下栽擊」。

②併步摟膝：此動已在一九二五年以後，作為「右摟膝拗步」，併入「左右摟膝拗步」中。

③足進半步：缺「右」字，應是「右足進半步」，以後再版均已訂正。

④〔注意〕……浮靠左膝：曾昭然說：「向地之錘，澄甫師早年教人，係用覆拳（即拳背向前，虎口向南），惟晚年教人，則係直拳。余嘗詢其故，承答兩者用意全同，惟下擊用覆拳較為有力，而下擊用直拳（即虎口向前）則次式用肘時，轉來較有力耳。」

栽錘時，須用脊骨力。頭宜頂，不可傾斜。摟左膝時，左手宜浮靠左膝。轉身以腰部作軸，善能引化敵來之勁。

⑤〔應用〕……前擊其腹：敵以下式（或稱仆腿）向我進擊者，我即以此式應之。

《太極拳體用全書》：設敵又用左腿踢來，我即用右手順敵腿勢由左摟去，則敵必往左仆。我即將左足同時向前一步追去，強膝坐實，右手隨握拳向敵腰間或腳脛捶去皆可。是為栽錘。其時右腿伸直，腰胯沉下成平曲形式，胸含，眼前看，尤須守我中土為要。

散手見《太極拳闡宗》：用摟膝拗步式，以右拳擊敵時，敵若以左手橫推吾右臂，吾即順勁向左平撤；同時，移後步於前步之右，兩足相合，成併步，則敵力自空。更以左手摟其左臂，開步以右拳探擊其頭，隨栽擊其腹。

凡以拗步擊敵，最感空虛者，為前擊手之肘，一遇橫推，即易翻倒，此為一大弱點，無論何時何地，皆應極端注意，其防備之法，以下纏手及併步摟膝為最宜。

用蹬腳將敵蹬倒，隨作踐步栽錘擊之，防其復起。

敵以右手來擊，吾即以左手向外摟開，隨舉右拳於右鬢上方，作欲探擊其頭狀，敵必全力注意上防，吾則忽變著向下栽其腹，變化靈速，敵多不防我也。

《太極拳使用法》：如甲乙對敵時，乙招腳踢甲的腿，甲進左步右手捲拳往下直打乙，踢腿七寸骨，打腳面，亦可左手注意備當乙上邊手為要，甲左足弓式，右足在後。

（35）翻身別身錘式（與前別身錘式同，惟加一翻身動作而方向不同耳）

按：翻身別身錘，一九二五年《太極拳術》改作「翻身白蛇吐信」。一九三一年《太極拳使用法》作「翻身撇身錘」，《太極拳體用全書》用「翻身撇身錘」。以後的太極拳著作多通用「翻身撇身錘」。

（36）二起腳式

〔**釋名**〕二起腳者，左右腳連續起踢也。

〔**動作**〕有二：㈠擺手前踢；㈡落步前踢。

翻身別身錘式圖

二起腳式圖

〔**圖解**〕㈠由前翻身別身錘式，左手屈肘仰掌收回。貼於左肋，右手前伸（同撲面掌）；左腿前踢，如彈腿式。㈡左足落下。兩手由右上方，向左下方下擺，左右甫及地時，右足提起前踢，兩臂前伸，兩掌拍右腳背。

〔**注意**〕第二動作之路線宜成圓圈形。

〔**應用**〕敵用左拳當胸擊來，即以左手進握其腕，以右手迎撲其面，乘其不意，起左腿踢之，設敵退避或下格吾足時，則復躍起換右腿踢之。

按：日本松田隆智在《中國武術史略》第九十一頁說：「楊健侯傳的大架式，動作比較緩慢柔和，深受許多文人、學者喜愛……許禹生以後成為北京國術館館長，著有《太極拳勢圖解》。從此書可以看出，當時的楊家太極拳還有二起腳這樣的跳躍動作。現在廣泛流傳的楊家太極拳，是楊健侯的三子楊澄甫又加以改變而創編的。這樣，太極拳經過楊家三代不斷改變，面貌改變，與當初的太極拳已經大不一樣了。」

唐豪在一九五七年十一月十四日寫信給顧留馨：「今天下午李劍華來訪，談起楊少侯的練提手上勢，還保存金剛搗碓的痕跡，即將高舉的左手握拳落至左掌心。跟王矯宇學太極的范鐵廠大夫，還保存二起原動作。郝月如告訴徐哲東，武家太極也有二起原動作，月如先生練不到家，所以將它改變。因為有人說陳溝練的是少林，所以把這些史料告訴你。」

此式因難度較高，不易推廣，故自一九二五年《太極拳術》以後，已無此式。在作「翻身撇身錘」之後，即以「上步搬攔錘」與「右蹬腳」取代之。

（37）左右打虎式①

〔**釋名**〕此式氣象兇猛，狀類打虎，故名。

〔**動作**〕有二：㈠左打虎式；㈡右打虎式。

〔**圖解**〕㈠由前式左足向左後方斜撤半步，弓膝作左弓箭步樁。身左傾，半面向左，右足隨之後撤半步，落於前式左足所在地；同時，左臂由腹前，向左後撤至脅下，握拳由外上舉，仰拳②（虎口向後）覆左額側，右臂隨同後撤，覆拳③橫置左脅下（虎口貼左脅）。

㈡右足右移半步，弓膝作右弓箭步樁，身右傾，半面向左；同時，兩拳下落，經小腹前，至右脅下，左臂覆拳橫置右脅下，右拳由外上舉，仰拳覆右額側。

【注意】左右兩式，拳之運行路線，宜成左右兩圓形，其交叉線，在大腹之前④。

【應用】敵以雙手握吾之臂，即將臂後撤上轉。復用他手，由脅下穿，替出所握之臂，迎頭擊之⑤。

左打虎式圖

右打虎式圖

【注釋】

①左右打虎式：又名獸頭勢，伏虎式，披身伏虎式，左右披身伏虎式。此式類壯士打虎，故名，式有左右之分。此式為左右閃轉避實之法。

②仰拳：原文上拳之虎口向後，插圖中掌眼向下，手心向外。

③覆拳：原文下拳之虎口貼左脅。

④〔注意〕……在大腹之前：《太極拳講義》：左右兩式之運行路線，宜成圓形。其交叉線，在大腹之前。左伏虎時，不可過傾於左；右伏虎時，不可還傾於右，以免失去重心。

⑤〔應用〕……迎頭擊之：《太極拳體用全書》：設敵人由左前方，用左手打來。我將右足落下，與左足並齊左右手隨向左側轉。左腳往後踏出，屈膝坐實；右足變為虛，略成斜騎馬襠式。面向側正方。兩手同時盪拳隨落往左合。即用右拳將敵左腕扼住，往左側下採，至與心部相對，左拳由左外翻上。轉至左額角旁，手心向外，急向敵人頭部，或背部打去。此式以退為進，忽開忽合，意含

兇猛。故謂打虎式也。

散手見《太極拳使用法》：如甲乙二人靠右手時，甲左手扣住乙右手腕上按下，舉右拳要打乙項，為右打虎式。右足弓式，左足蹬直，如甲右手扣住乙左手腕，甲舉左拳要打乙項，左足弓式，右足為直線，為左打虎式。

《太極拳講義》：壯實腰脊，伸縮臂膀。假想敵人將住我吾臂，我退步後以化之；敵如繞我側面上擊，我左臂由下而上，研轉化出，復用右拳擊敵胸腹各部。

按：關於打虎式兩拳拳眼是否上下相對（或稱虎口或拳心如何朝向）的問題，在《圖解》中仰拳、覆拳均為拳背向上，拳心向下。曾昭然在《太極拳全書》中說：「此式，澄甫師早年教人，兩掌牽動時皆覆掌，至兩拳在胸前相對時，兩虎口相對。晚年教人，兩掌變陰陽拳，兩拳虎口異向。余嘗詢其故，承答前後用意全同。所以用陰陽掌者，示只須一手採拿且其勢較順而已。」這問題引起筆者興趣：打虎式，楊公中年與晚年傳授的有何不同？

一九二一年《太極拳勢圖解》：「左臂由腹前，向左後撤至脅下，握拳由外上舉，仰拳（虎口向後）覆左額側，右臂隨同後撤，覆拳橫置左脅下（虎口貼左脅）。」其中。覆拳，虎口貼左脅，拳背向上，拳眼向內；仰拳，虎口向後，仍是拳背向上，則拳眼向內（後），與拳照則明顯不同，而拳照之仰拳，則拳背向後，拳眼向下，拳心向外。

一九三一年《太極拳使用法》至一九三四年《太極拳體用全書》，使用的都是同一拳照，但對動作的文字描述不甚清晰。看楊公拳照，其置額上的拳（仰拳），拳背向內，拳眼（虎口）向下，這是明確無誤的。而橫置脅下的覆拳，左打虎式是背影，手部動作被遮擋。右打虎式，拳照雖不很清晰，但仍可辨別，右拳背向外，拳眼（虎口）向上。這就是「兩拳眼上下相對」。二十世紀三〇年代前後的太極拳教材，如山東國術館《太極拳講義》、姜容樵《太極拳講義》等都是「兩拳眼上下相照」的。

一九六三年《楊式太極拳》打虎式也是「兩拳眼上下相對」。一九六〇年曾

昭然《太極拳全書》記錄楊公在廣州教拳，其打虎式，仰拳「拳背向內，虎口向下」；覆拳「拳背向上，虎口向內」，兩拳眼就不相對了。

（38）披身踢腳式①

〔釋名〕披身踢腳者，身後傾作斜披勢，起腳前踢也。

〔動作〕有三：㈠披身手；㈡十字手；㈢分手前踢。

〔圖解〕㈠由前左足向左方斜後撤半步，身向左後坐；同時，兩手作掌，由右向左運行半圈，左手置胸左側，右手置胸前，食指約對鼻準。

㈡撤右腳至左足右側，足尖點地，左腿下蹲；同時，撤右手搭左腕下，左手稍向前伸，兩掌向胸作十字手。

㈢兩手分前後展開，同時起右腳前踢。

披身踢腳式圖

〔**注意**〕披身，須以腰為樞紐。運動雙臂，起腳前蹬時，左腿宜微屈，使重心寄於左足②。

〔**應用**〕敵以左手當胸擊來，即披身用手敵之臂，復以右手向外挑擊，同時起右腳踢敵胸脅③。

【注釋】

①披身踢腳式：又名回身蹬腳，回身右蹬腳，指上式轉回而言。左足併進，旋即獨立，右腳前蹬，故名。

假想敵人當胸擊來，我兩手往上，左右分開，敵即落空，我復將兩手十字相抱，以防敵襲。

②〔注意〕……寄於左足：右足踢出，足尖鈎勁，足踵蹬勁。

③〔應用〕……踢敵胸脅：左拳由下提上與右拳並齊，身向後（北）轉，步成左前弓步，兩手如上蹬腳式作十字手後分向左右撇開時，拳變掌，面及眼向右，右足踵亦向右（東）直蹬。

《太極拳體用全書》：如有敵人從背後左側打來，我急將身往右後正面旋轉，左腳同時隨身轉時收回往右懸轉，落下坐實，腳尖向前，此時右腳尖為一身旋轉之樞機。兩手合收隨身至於正面時，急用右手腕，將敵肘腕黏住，自上而下，向右捌出。右腳同時提起，向敵腹部蹬去，左右手隨往前後分開。

《太極拳使用法》：如乙自左後方來打，甲向左轉抬左右手分開，甲抬起左腳往乙蹬去。

（39）雙風貫耳式①

〔釋名〕此式以兩拳從側方貫擊兩耳，敏捷如風，故名。

〔動作〕有二：㈠落步鎖手；㈡分手雙貫。

〔圖解〕㈠由前式右足向前落下，約離後足一步，膝前弓；同時，兩臂由

雙風貫耳式圖

外方向內平運，至膝前，雙腕交叉（左腕在上虎口向上）。

㈡身後撤，腿後坐；雙手（掌心向上）向左右分開，至胯側作拳，由內而外向前上方運行，至與肩成水平時，兩拳相遇約離四五寸。此時覆拳垂肘，兩臂水平，雙臂內彎成橢圓形。

〔注意〕雙臂進退，須與兩腿一致，活潑無滯。②

〔應用〕敵以拳當胸擊來，即以雙手分格，乘勢進擊敵之雙耳。③

【注釋】

①雙風貫耳式：有改作「雙峰貫耳」。此式兩拳由兩旁分上，直貫敵人兩耳，故名。少林拳中亦有多之，且有單貫耳之名。

②〔注意〕……活潑無滯：我兩掌將敵兩腕往左右分開疊住，隨往上握拳向其兩耳撞擊。此式與上式須連成一氣，兩臂上下均不可停。兩臂運動與兩足一致，始可完整一氣，活潑無滯。雙拳由下畫圓而上，以兩拳食指指根骨向敵耳合擊，肘仍彎曲。此時所應注意者，敵身轉側並以單手向我中下部撞擊耳。此式亦

有弓箭步者，惟此丁字步，進退較為容易。

雙臂，在以後再版中，改作「手臂」。

③〔應用〕……敵之雙耳：此為防衛還擊法。

《太極拳體用全書》：設敵人自右側用雙手打來，我即將左腳尖稍向右移動立定，右腳同時向右側懸轉，膝前提，腳尖垂下，身同時隨轉至左正隅角；速將兩手背由上往下，將敵人兩腕往左右分開疊住，隨將兩手握拳由下往上，向敵人雙耳用虎口相對貫去，右腳同時向前落下變設。身亦有進攻之意方可。

《太極拳使用法》：如乙用雙拳自前打，甲隨涵胸起雙拳，由左右外方繞經上方找裏對打乙兩耳處；右足在前，左足在後。

《太極拳闡宗》：貫耳之手，有用單貫者，如左右摟打抱虎歸山等是也。然多用掌，有時亦用拳擊。與此式著法有連續性。

設兩腕皆被敵順手擒握，即頂勁向外力分，敵必用力內合，遂隨其勁回勁，以右拳擊敵右臂，左拳擊敵左腕，兩手自開，即合貫其雙耳。此著頂勁，所以誘敵，亦名問勁。

凡敵手技進擊，無論單雙手，皆可向下分格，而擊其雙耳。揣敵之意，以為爾能用腳，我亦能用，蓋必有起腿之意，因對力用腿，乃觸感啓迪之耳。此式落步鎖手，即所以防敵之來踢，如其來踢即鎖之，並分格之。而上貫其耳者，有常山之蛇，擊尾則首應之意，俱見太極拳之精細，有知彼知己之妙算，即此所謂國術心理學也。

（40）進步蹬腳式①

〔釋名〕此式先向前進步，次起腳前踢，故名。

〔動作〕有二：㈠進步合手；㈡分手蹬腳。

〔圖解〕㈠由前式右腿伸展，左足趁勢向前進步，落步於右足前，蹲身，

進步蹬腳式圖

足尖點地（身即隨右足尖向右轉九十度）；兩手作掌。

㈡右腿伸展，身起立，左腿同時上提前蹬，兩手隨同向左右分展。

【注意】蹬腳時，須足踵吐力，右腿宜微屈，使全身重點集於右足。

【應用】設以左手擊敵，敵以右手自下托吾肘時，應即蹲身向下纏敵臂兩手，起左足前蹬敵脅。

【注釋】

①進步蹬腳式：在《太極拳使用法》之後改稱「左蹬腳」。

（41）轉身蹬腳式　（42）上步搬攔錘式

（43）如封似閉式　（44）十字手式

（45）抱虎歸山式　（46）斜單鞭式

以上六式均見前。

（47）野馬分鬃式①

〔釋名〕此式運動狀態，如野馬奔馳，兩手分展，如馬之頭鬃左右分披，故名。

〔動作〕有二：㈠擰身合手；㈡上步分手。

〔圖解〕㈠由前斜鞭式，兩足尖向右方移轉約九十度，身隨之向右轉，屈身；雙手內抱作十字手。㈡右足前進半步，膝前弓，全身重點寄於右足；同時，右手向右前方、左手向左後方分展，遙遙相對，若雁之展翼，此為右式。左式動作同右式，惟肢體左右互易。按拳路練習言之，本式動作，宜取

野馬分鬃式圖一

野馬分鬃式圖二

奇數，如右式二次，左式一次，但第一次動作，只前進半步，餘均前進一步。

〔**注意**〕兩臂分合，務須腰胯一致。全身動作，須舒展活潑②。

〔**應用**〕敵直擊吾胸，即以拗手進按敵腕，隨進順步至敵腿後彎，伸順臂自敵腋下斜上挑擊③。

【**注釋**】

①野馬分鬃式：此式為乘機逼敵，施以肘靠法。以臂致用，與斜飛式有所不同。楊家將野馬分鬃作為挒勁的典型招式。

此式分左右，反覆重疊之演習。因拳架組織安排，一則拳術分左右，俾學斯術者得以左右逢源，為補偏救弊之術也。二則為生理上平均發達之意，庶免畸輕畸重之弊。三則拳之組織原則，一要含進退攻守之法，二要含四正四隅之方位，三要含起與止，須要始終如一。四則前後左右行動之距離須均勻。故此拳不厭其煩，反覆重疊之演習，使成一套完整之拳術，庶合乎太極之意也。

②〔注意〕……舒展活潑：兩臂分合須腰胯一致，沉肩鬆腰。運行時須輕靈

敏捷，方可合宜。

③〔應用〕……斜上挑擊：《太極拳體用全書》：設敵人自右側用按式按來，我即將身向右轉；左足亦向右移動；右足腳跟鬆動，腳尖虛點地，隨用右手將敵左右腕黏住，略往左側一鬆，用左手挒其右手腕。同時急上右足，屈膝坐實，左足伸直，隨用小臂向敵脅下分去。則其根力為我拔起，身即向後傾仰矣。此時左手亦須稍從後分開。用沉勁以乘右手之勢。

田氏《太極拳講義》：設敵進擊吾胸時，我即可進按敵腕，順步至敵腿後，伸臂自敵脅下斜擊上挑。此式又善能活潑腰際，運動脊柱，增進梢力。

姜氏《太極拳講義》：假想敵人迎面擊我，我右手先刁住敵腕，向右拗牽，左手撤回進擊敵脅，敵或繞擊我左面，我右手順牽敵向左，進左足拌敵腿彎，斜伸左臂自敵肘下，橫挑敵人肩腋，此指左式三動作而言，右式亦然。

散手見《太極拳使用法》：甲乙對立，如乙右拳打來，甲速進右步，乙拳未落之時，甲右手腕抬起掤乙膀根處，我斜上方用勁，左足在後直線，左手隨左腿

亦可，左手押乙右掌亦可。

如甲乙對立，乙起左手打來，甲亦用左腳進一步，乙手未落時，即抬左手掤乙右膀根處，向上方掤去，右足蹬勁將乙扔倒。

《太極拳闡宗》：以拗手與敵相接，順敵臂，敵若抬撤，吾即上順步，伸順臂以挑擊之。敵若不抬撤而下撤，即由其臂上挑擊。

用臂擊敵，謂之橫攔手，亦稱靠打，如形意拳術之蛇形，較此勢稍低，而亦以臂致用也。與斜飛式之用腕不同。

此式為出隅之追擊法。一放一收，一開一合，極陰陽變化之能事。而以步法身法制勝，亦敵多人之手也。

設敵以右手來擊，吾即以左手下按敵腕，進右步以右手擊敵右鬢。敵若以左手上防，吾即進左步，扣其右腿，展左臂自敵左脅下，斜上挑擊。

按：一般習練者，多將此式與斜飛式相混同，蓋不知斜飛式重在腕力（擊打），而野馬分鬃則重在運用臂之力，用臂靠挒擊敵也。作野馬分鬃，關鍵全在腰胯，擰身則合，進身則開。手步開合，務須與腰胯一致。

（48）玉女穿梭式①

〔釋名〕此式先前進，次後轉，再後轉，周行四隅，連續不絕，如織錦穿梭狀，故名。

〔動作〕有二：㈠擰身合手；㈡曲肱探掌。

〔圖解〕此式在拳路中，向四隅運動，共分四次。每次動作有二。身有轉身回身之

玉女穿梭式圖一

玉女穿梭式圖二

別，一三兩次為回身；二四兩次為轉身，每次所對方向有一定順序，如自南而北演習，則先西北，次西南，次東南，次東北。（第一次運動）：㈠如野馬分鬃式第一動。㈡左足向左前方踏出一步，膝前弓，身前傾，右手自左腋下向前探出，掌心吐力。（第二次運動）：㈠合手回抱胸前，作十字手，身向右後轉。㈡向右斜方踏出一步，手之動作如第一次運動，惟左右互易。（第三次運動）：左足向左橫踏一步，手之動作，如第一次運動。（第四次運動）：身向右後轉，手之動作，如前第二次運動。

〔注意〕轉身時，須腰步相隨一致，運

玉女穿梭式圖三

玉女穿梭式圖四

動方向雖斜，而身體姿勢仍宜中正毋欹②。

〔**應用**〕敵以拗手從後方側面擊來，即回身以拗手傍纏敵腕，隨進順步，以順臂上掤敵臂，伸拗手擊敵胸腋③。

【注釋】

①玉女穿梭式：共四式八動，運行四正四隅，旋轉八面。往來不斷，如機織穿梭之狀，故名。

②〔注意〕……中正毋欹：轉身時須腰步相隨，運用一致，不可微有阻滯。方向雖斜，而身體姿勢仍宜中正。切記發掌時掌心間微有突意，以為引申內勁之助；然亦不可誤為發勁。蓋過於用勁，則非僵即脆，僵則遲鈍，脆則勁斷。

③〔應用〕……擊敵胸腋：是四隅應敵乘虛襲擊之法。假想敵人由我身後側方擊來，我擰身拗臂揉化敵腕，以左手擊敵腹脅。

《太極拳體用全書》：設敵人從後右側，用右手自上打下，我即將身隨左腳同向右方翻轉，右腳隨即提回，落在左腳前，腳尖側向右分開坐實。左手收回，合於右手腋下，隨即護繞右大臂，穿過右肘，即用掤勁，向左前隅角上翻去，將敵之手腕掤起；左腳同時前進，屈膝坐實，右腳伸直，右手即變為掌，急從左肘下穿出，衝向敵之胸脅部擊去，未有不跌。此式左右手相穿，忽隱忽現，捉摸不定，襲乘其虛，故曰玉女穿梭，以喻其勢之巧捷也。

《太極拳闡宗》：凡遇對面敵手高來即掤之，以他手擊其胸部。如側方來手，則應先傍纏耳。設左手接扣敵順手，而右步在前，以右手擊其敵右鬢。敵若以左手橫推吾臂，即進左步扣敵右腿，以左臂向左斜上方掤敵臂，以右手擊敵胸脅或推擲之。

此式著法，亦為敵多人，並練轉身之法，務求輕靈活潑，但忌飄浮。各家拳法每用架打。此為掤打，不相同也。

敵若有猛衝，應變攌其臂後撤，敵如回撤，即順勁掤其臂，以拗手擊擲之。

（49）單鞭式　（50）雲手式

以上二式均見前。

（51）下勢式

〔釋名〕下勢者，身體下降之意，故名。

〔動作〕有二：㈠坐身收手；㈡立身伸臂。

〔圖解〕㈠由單鞭式屈右腿下蹲，伸左腿伏地（名半步叉樁步），坐身於後足；後臂不動（亦有彎屈與前手相抱作琵琶式者），前臂屈肘後撤，至右胯彎①（腿襠）。伸掌前指，又前臂後撤時，身手路線成上半圓形。

㈡弓前腿，後腿伸開，身因之起立；左臂隨由上方前伸，運動路線作下半圓形，與第一動合成正圓形（還原單鞭式）。

下勢式圖

〔注意〕蹲身時，脊骨須直立，不可前傾。膝臂屈伸與身之起落，務須一致②。

〔應用〕敵以雙手握吾臂，或前撲吾身，不能抵抗時，則用此式坐身揉避，變化敵力，令其落空，即乘勢前擊。③

【注釋】

①右胯彎：以後再版本作「左胯彎」。

②〔注意〕……務須一致：此式鍛鍊腰胯間大肌肉，使其伸縮自如。在技術上則使於應付環境；在生理衛生上則胯骨展開，腰肌大量伸縮運動，為鍛鍊腰胯間筋骨之善法。此姿勢要注意臀部不宜凸起，上身不宜前傾，頸項不宜僵直，左右兩臂須成東西一直線，不宜抗肩，軀幹宜直，腰宜鬆，頭宜正，行動靈活，不滯不滑，圓轉自如，以綿綿不斷為原則，便得其中竅要矣。

③〔應用〕……乘勢前擊：敵以猛力撲吾身，或以兩手握吾臂，我不能抵抗時，可蹲身下坐，揉避敵力，令其落空，即乘勢猛擊其頭胸各部。此為鬆腰展胯

之法。

《太極拳體用全書》：由單鞭已出之左手時，如敵人以右手將我左手往外推去，或用力握住，我即將右腿稍向右分開，往後坐下，左手同時用圓活勁收回胸前；或敵用左手來擊，我急用左手將敵左腕扼住，往左側下採亦可。右腿與腰胯同時坐下，以牽彼之力，而蓄我之氣。

《太極拳闡宗》：與敵交手，至無地後退時，應其臂，下勢壓迫，敵如後撤，隨起身擊之，攦捌敵臂，坐勢下壓。敵如撤脫，便以前手拳擊其臂背。

（52）左右金雞獨立式①

〔釋名〕此式一足立地，一足提起，手臂上揚作展翅勢，狀若金雞，故名。

〔動作〕有二：㈠前進提腿擎掌；㈡退步提腿擎掌。

〔圖解〕㈠由前下式，右手由後向前旋轉上舉，至胸前，經過面部，至頭

頂時，掌心翻轉向外，圈右臂成半圓形，置右額側；同時，右腿屈膝上提，至膝蓋與右肘相接為度，左腿直立，左臂下垂，掌心向內，指尖指右足左側。

㈡右足下落，左手左足上提如第一動作，右臂下垂，指尖指左足右側。

〔注意〕此式運動樞紐在腰頂，全身重點寄於一足，務使穩如山嶽，不可動搖，手足起落，尤須一致。②

〔應用〕設以拳掌進擊敵胸，敵以手格攔，應即以手向上挑開敵手，以後腿之膝衝敵小腹，並以前手同時進擊。③

金雞獨立式圖一

金雞獨立式圖二

【注釋】

①金雞獨立式：或云雞喜獨立。此式一足立地，一足提起；手臂上揚，作

展翅狀，若金雞獨立然，故名。此乘勢克敵之法。

②〔注意〕……尤須一致：立地之腿彎而不可蹬直。蓋不如此，則全身重量偏於骨骼之支撐，不但有形勢不穩與變換不靈等弊，且肌肉各部之力，亦因之減少；在生理上亦非所宜也。

③〔應用〕……同時進擊：《太極拳體用全書》：如敵人往回拽其力，我即順勢將身向前上攢起，右腿隨之提起，用足尖向敵腹部踢去，右手隨之前進，屈肘，指尖朝上。以閉敵人之左手，此時左腳變實，穩立，右手隨進時，或牽制敵人左右手亦可。不必拘執。

《太極拳術》其他文字都與《太極拳體用全書》相同，惟「右腿隨之提起，用膝向敵腹部衝去」不同。

《太極拳使用法》：如甲單鞭下式，乙自前打來，甲起身抬左手至前往上托乙膊，右膝蓋隨手起時，屈膝直頂乙小腹，左足立直微曲，如金雞獨立是也，起左手，起右手，均可隨人所作，或用腳，或用膝，忽拘。

按：金雞獨立式，一九二一年本《圖解》：「右腿屈膝上提至膝蓋與右肘相接為度。」一九二五年《太極拳術》：「右手提至肘與膝合。」一九三一年《太極拳使用法》、一九三四年《太極拳體用全書》均無文字要求肘與膝相貼，附圖是肘與膝不相貼的。一九二九年山東國術館編者的《太極拳講義》，此式也是肘膝相貼，與《圖解》同。

肘與膝貼，或肘與膝不貼，以及「用足尖向敵腹部踢去」與「用膝向敵腹部衝去」兩種方法均可，近身可用膝衝撞敵之小腹，稍遠則可用足尖踢。《太極拳勢圖解》拳照之動作，即肘與膝貼，似乎並不「用膝向敵腹衝去」。

曾昭然先生卻認為：「澄甫師早年演此式，肘與膝相貼，但晚年演此式則肘與膝離開以數寸，蓋其晚年胖甚，腹大如鼓，膝提高未免太辛苦，故也。」

海外太極名家、著名學者吳大業並不贊同曾昭然先生的話。他撰文說：「惟一的作者直接指出他前後期姿勢不同的，是曾昭然在一九六〇年的《太極拳全書》裏。其中最引人注意的是金雞獨立一式。他說：『澄甫師早年演示此式，肘

與膝離開約數寸，蓋其晚年胖甚，腹大如鼓，膝稍提高未免太辛苦故也。』由於這種看法，故曾書雖然出版於一九六〇年，各圖多用楊氏一九三一年的，這兩個相片與幾個其他相片則用一九二五年的。」

曾氏的批評，對讀者是有影響的。一九七〇年盧正在《太極拳研究專集》第三十九期、一九八〇年周宗樺在英文書《太極拳之道》裏皆採用此說。一九八四年西人John Rieber在英文《功夫》雜誌中又引用周氏全文。所以最少已有四位作者相信此說，自一九六〇——一九八四年載於中文書、中文雜誌、英文書、英文雜誌。至今還沒人在文字上提出異議。我們查看所有拳書中這兩個姿勢，代表其他四大派的陳鑫、吳鑒泉、孫祿堂、郝少如，都是肘膝不貼。楊班侯傳人吳孟俠也是肘膝不貼。文獻中肘膝相貼的據作者所知，只有許霓厚、楊澄甫前期、陳微明、李壽籛。許霓厚學於澄甫之父健侯，李壽籛學於健侯之子少侯與健侯之徒僧妙蓮，可以相信肘膝相貼是健侯開始的。澄甫後期不過回復祖先的傳統而已。

筆者曾叫全班新舊學生在學此式之前試驗這兩種作法。新生多說，肘膝相貼互相依靠，易於站穩。舊生則說，肘膝相貼，上身不易站直，且有壓縮脊骨的傾向。若大腿及上臂與地面平行，小腿下伸，小臂上提，則更舒服平穩，且有拉長脊骨的傾向。如陳微明的左金雞獨立，上身就向前弓。

再看楊澄甫《太極拳使用法》中的說明：金雞獨立式是抬左手上托敵膊，右膝蓋直頂敵小腹；或抬左手隔開敵手，曲膝以左足尖踢敵小腹。使足分擊敵人兩處，肘膝相貼是不能自由運用的。我們應該承認他後期的式樣優於前期。由楊氏一九三一年（實際拍攝於一九二九年）的相片，他的肚子還未到不能肘膝相貼的地步。

筆者也以為楊公作「金雞獨立」，後期肘膝不相貼，不是其他因素，而是他對拳架不斷精益求精修改的結果。楊公自己也感歎：「且翻閱十數年前之功架，又復不及近日，於此見斯術這無止境也。」

金雞獨立是幾乎所有武術拳種都有的拳式，最主要的用途就是膝攻，以膝攻擊對方之襠、腹部，因此以能有效擊打、又能保持自身平衡為宜，並非越高越

好。

（53）倒攆猴式　（54）斜飛式

（55）提手上式　（56）白鶴亮翅式

（57）摟膝拗步式　（58）海底針式

（59）扇通背式　（60）上步搬攔錘式

按：本《太極拳勢圖解》第二版同此。在第三版後的再版本中，添加「撇身錘」，列為第(60)式；第(61)式為「上步搬攔錘式」；其他編號順延。《太極拳術》此處仍是「撇身錘」；《太極拳使用法》將此處「撇身錘」改作「白蛇吐信」；一九三四年《太極拳體用全書》亦是「白蛇吐信」。一九六二年《楊式太極拳》一書，此處仍是「白蛇吐信」。惟一九六四年《太極拳運動二》（簡稱八十八式），此處改作「轉身撇身錘」，而第二節中，卻將第三十六式稱作「白蛇吐信」（與《太極拳術》同）。

陳微明說：「至於白蛇吐信之後，澄甫先生教余時，本未回身，若敵拳來擊，吾以左手接其肘，以右拳截其脅下，故稍坐腰即將拳打出，更為簡便。兩次撇身錘後，及彎弓射虎後，均係回身，蓋已有三次矣。」

（61）上步攬雀尾式　**（62）單鞭式**

（63）雲手式　**（64）高探馬式**①

以上各勢均見前。

【注釋】

①高探馬式：一九三一年《太極拳使用法》，此式名稱為「高探馬代穿掌」。一九三四年《太極拳體用全書》名「高探馬穿掌」，取掉「代」字，用法明確了穿掌一動：「同上第三十五節可參閱。惟右手探出後，即收回，手心朝下，左手稍提起穿掌向敵喉間衝去；右手仍藏在左肘下，以應變。」八十五式，第七十二式為「高探馬帶穿掌」；八十八式則將「高探馬」與「穿掌」分為兩

式。

穿掌拳式的右手明顯是壓對方進攻之左手，自己左手則是順對方攻擊之左手大臂往上貼穿，恰巧可以攻擊對方的喉頭、眼睛等部位。所以，右手並不是應變，而是先有右手的動作才有左手的動作，只有右手得手，左手的攻擊才能夠成功。

（65）十字擺連腿式①

〔釋名〕拳術名詞，以伸順拳，踢拗腿，為十字腿（如彈腿之第二路是），旁踢為擺連腿。此式兼具故名。

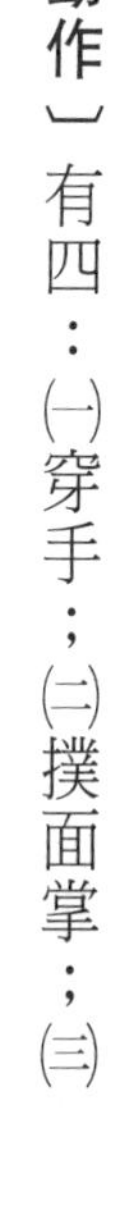

〔動作〕有四：㈠穿手；㈡撲面掌；㈢轉身舉掌；㈣擺踢。

十字擺連式圖

〔圖解〕㈠由高探馬式。左足前進半步，左手仰掌，由右手腕上面穿出，右手掌心向下，同時隨右臂抽回，屈肱置左腋下。㈡左掌內運下合，掌心向前吐力。㈢坐左腿，向右後方轉身。略舒右腿，如丁虛步。左臂由頭左上舉，圈置頭上，掌心向前。㈣右足由左向右擺踢，同時左掌由右向左拍右足面，左臂下垂，掌心向下。

〔**注意**〕轉身後，須以全身重點寄於左足，方可將右足提起，右足運動路線，宜為正圓形②。

〔**應用**〕敵由後襲擊，即轉身以手格攔，乘勢以足側踢之③。

【注釋】

①十字擺連腿式：一九二五年《太極拳術》後改作「十字腿」，同時取消「右足由左向右擺踢，同時左掌由右向左拍右足面」，而改為「右腿蹬出」。《太極拳使用法》仍與《太極拳勢圖解》同，名稱為十字單擺蓮（即十字腿），動作不是「右足蹬出」，而是「右腿提起用腳背之混勁，向敵右脅部踢去」。一九三四年《太極拳體用全書》，又稱「十字腿」，右足蹬出。

右腿動作由「擺踢」左掌拍打右足面，變為「右足蹬出」，又變成「用腳背混勁，踢去」，爾後又重新回歸「右足蹬出」的練法。

②〔注意〕……宜為正圓形：此式係運動腿部，活潑腰脊背。轉身時左臂須竭力前伸，手指與足尖併齊。

③〔應用〕……以足側踢之：為前後顧盼之法。設敵由後方襲擊時，我即可轉身以手攔格，乘勢以足踢之。

《太極拳體用全書》：設敵人用右手牽住我之右手時，我即將右手抽開，至左手腋下，隨將左掌向敵胸部衝去。成十字手形。其時設有敵自身後右邊用右手橫打來，我急將身向右正面拗轉，左臂同時翻上屈回，與右臂上下相抱時，急將左右手向前後分開攔住敵手。同時急將右腿提起，用腳跟向敵右脅部蹬去。則敵必應腿躍出矣。

《太極拳全書》：左仰掌提高至左額角前面，轉身向西，右掌仍置左脅下。轉身後兩手分開向左右（東西）撒開；右手將停時，右足即蹬出。

王新午在《太極拳闡宗》對《太極拳勢圖解》「十字擺蓮腿式」的解說：此式右踢左打。亦敵多人之著，腿腳並用，八面支撐，隨機施用。切忌固執，總要腰腿輕靈，轉換自如，周身一家，乃能致用。若徒知著法，而身步不足以副之，則無能為矣。余故不舉實用之例，恐印定學者耳目，反落呆滯害事。

按：本《圖解》中十字腿，如同彈腿第二路。八十八式因此強調「兩手左右分，腳向在前方蹬」，即右足向西蹬出，兩手向南北分開。

楊公晚年拳架，凡是蹬腿，兩手均在胸前合抱，作十字手；腳都是向正東或正西蹬出，兩手都是向前後（東西）分開，相當規範工整。

（66）摟膝指襠錘式

〔**釋名**〕此式於摟膝後，乘勢用拳進擊敵襠，故名。此為太極拳五錘之一。

〔**動作**〕有三：㈠落步摟膝；㈡進步摟膝；㈢指襠錘。

〔**圖解**〕㈠由前十字擺連腿。右足落地，右手摟右膝蓋，作右摟膝拗步。㈡左足前進一步，右手摟左膝蓋①。㈢探身弓前膝，右手握拳（虎口向上）。前伸斜下指，左手置左膝旁，或撫右臂助勢，均可。

〔**注意**〕拳前擊時，力須由背脊發出，右肩須探出，右足宜直伸。

〔**應用**〕敵以左右手足連擊下部，應以左右手格攔，乘勢擊敵之下部②。

摟膝指襠錘式圖

【**注釋**】

①右手摟左膝蓋：在以後再版本中，改作「左手摟左膝蓋」。

②〔應用〕……敵之下部：設敵以足踢吾襠時，我即可抬腿避其鋒，順勢以

左手反格敵腿，則敵必自倒；又可擊敵之陰部，敵必應手而仆矣。此乃應付敵人右足之踢。

《太極拳體用全書》：如敵人往回撤手時，我即將右足落下，同時左足前進，屈膝坐實。在此時設敵人再用右足自下踢來，我急用左手，將敵右足往左膝外摟開；右手隨即握拳向敵襠部指去。身微向前俯。

《太極拳使用法》：如甲立式，乙自前用拳直打，或用右足踢來，甲用左手摟過膝外方，用右拳往前下方直打乙丹田、氣海處。此為指襠錘。

《太極拳闡宗》：此指襠錘為太極拳五錘之一，此為專擊下部之著，亦制命手也。敵手防範上部時，忽變而擊其下部。

若握敵左腕，或吾左腕為敵拗手所握，則向左上方斜掛以化之。而以右拳擊其襠。當擊敵襠時，敵若向下摟按，即變下提手式，擊其鼻額。

（67）上步攬雀尾式　（68）單鞭式

（69）下勢式

以上各式均見前。

（70）上步七星式及退步跨虎式①

〔釋名〕拳術家以兩臂相挽。兩拳斜對，名七星式。兩臂分張，兩手分作鈎掌②，雙腿蹲屈。一足立地，一足提起，足尖點地，名跨虎式，此兩式有聯合練習之必要，故合之。

〔動作〕有二：㈠上步七星；㈡退步跨虎。

上步七星式圖

退步跨虎式圖

〔圖解〕㈠由下勢左膝前弓，右足前進，貼左足踵，足尖點地，左手握拳當胸，右手由後向前，握拳隨右足前進，經過右胯旁，由左腕下前擊，與左腕交叉作十字手式。㈡右足退後半步，屈膝下蹲，左足收回至右足側，足尖點地，成丁虛步；雙臂相挽內抱，右手從左臂內掏出，向右側伸展，掌心前向；同時，左手作鈎，向左下方斜摟，左膝上升，五指作猴拳③，指尖後指，兩臂宜平④。

〔注意〕七星式，全身重點在左足。胯虎⑤式全身重點在右足。

〔應用〕㈠上步七星式，設敵以拳當胸擊來，應以左臂上架，或外攔，隨進右足，以右手從左手下擊敵胸部。㈡退步胯虎式，用前式時，設敵以手下壓，或外摟，及前踢，即以左手下摟敵手或足，抽出右手，推敵胸肩⑥。

【注釋】

①上步七星式及退步跨虎式：上步七星，為迎敵之法。技擊家以抱拳供於面前，名七星式。少林秘宗亦名開門式，或謂踏中宮，皆此式。跨虎式，為以捌

法化敵。跨虎各派拳術中皆有。少林、工力、八極謂之花虎；燕青、秘宗、長拳、六合名拗步架。以兩手上下穿插為跨虎。太極之跨虎，即秘宗之左足拗步架，退步者因由七星式退步，而變跨虎。

本《圖解》上步七星與退步跨虎合為一式，一九二五年起，則分為二式。

②③鈎掌，猴拳：拳照未示。本式拳照中，兩手掌均類似白鶴亮翅。現行拳架中退步跨虎與白鶴亮翅相差不大，以致有的拳書中借白鶴亮翅照代替退步跨虎照。或許，兩者原本的區別主要就在手上？這有待方家考證。

④指尖後指，兩臂宜平：跨虎動作，右手向右伸展；左手作鈎，向左下方摟，兩臂宜平。文字描述與拳照所示有異，文字沒有說明右手向右伸展的高度，與「兩臂宜平」易生歧義。

⑤〔注意〕……重點在右足：跨虎與上步七星，本為合稱，練習必須聯合一氣。七星式全身重點在左足；跨虎式，全身重點在右足。胯虎，疑為「跨虎」之誤，以後再版未改。

⑥〔應用〕……推敵胸肩：上步七星，以兩拳掤住敵手，或以左拳掤住而以右拳前擊亦可。通步跨虎，身向後退，以備轉踢意。敵如雙手按來，即可以此式應之。

《太極拳使用法》：上步七星：甲立式，乙用右手直打來，甲用左單鞭式在乙肱上往下沉。如乙回抽手時，甲隨時用右手自己肱下打出，為上步七星錘，右足上步為虛式，左足為實。退步跨虎，設敵人再用雙手從我頭之兩旁合擊，我即將兩腕黏在敵兩腕裏邊，左手往左側下方沾去；右手往右側上方沾起，兩手心隨之反轉向外；右腳隨往後落下坐實；腰隨往下沉勁，左足隨之稍後提腳尖點地，拔背含胸頂勁，眼神前看。

《太極拳闡宗》：此兩式著法，不可離用。上步七星式，進擊法也。接下勢式而來，壓敵臂而下勢，敵多後撤。隨上步以左臂掤敵右臂或搬扣或外攔，即掤攔其左臂亦可。隨進步以拳上衝其頭部、鼻頦、咽喉、胸部。是即當頭炮、通天炮等意義。如敵手太高，則以左手挑開，以右拳反背擊其面，名曰迎面錘，亦名

反背錘，遂連接後式矣。

跨虎式，退擊法也。以前式擊敵，步小勢促。敵若橫推肘臂，則勢甚不穩。故即退半步以濟之。隨以左手纏敵之左臂，或用採手向左斜上方引領，即以右掌拍擊敵之小腹。由七星錘變採反拍，即拳如絞花錘之意也。

按：本《圖解》上步七星第一動，右手握拳「由左腕下前擊，與左腕交叉作十字手式」。附圖兩拳拳眼向內。而退步跨虎「㈡右足退後半步，……同時，左手作鈎，向左下方斜摟，左膝上升，五指作猴拳，指尖後指，兩臂宜平」。一九二五年《太極拳術》「兩手隨腰往前，相交作斜十字形」，手心朝向無明確說明，附圖不甚清楚。退步跨虎也無「鈎手」與「猴拳」的要求。一九三一年《太極拳使用法》要求「兩手同時集合交叉做七星形，手心朝裏掤住」。同一拳照，在一九三四年《太極拳體用全書》，文字說明卻有不同：「兩手變拳，同時集合交叉，作七字形，手心朝外掤住。」一九三一—一九三四年，時過三年，上步七星拳照不變（拳照是拳心朝裏），文字說明卻由「朝裏掤住」變成「朝外掤住」。曾昭然《太極拳全書》言「以兩拳掤住敵手」「拳心朝外」。這是楊澄甫晚年還在變，還是鄭曼青筆誤所致？那就不得而知了。

（71）轉身擺連式①

〔釋名〕轉身，動作名。轉身擺連者，轉身蓄勢，借起擺連腿也（擺連腿解釋見前）。

〔動作〕有二：㈠轉身合手；㈡擺連腿。

〔圖解〕㈠由前胯虎式，右後轉身，上左步；雙手內合，當胸作十字手形。㈡起右足，由左向右擺踢，雙臂前伸，雙手自右向左拍右足背，收置腰左右。此時右足落地，足尖點地近左足側。

轉身擺連式圖

〔**注意**〕上左足時，宜足尖內向，以便迴轉②。

〔**應用**〕敵自左側擊來，即閃身上左足以避之，誘敵追襲③。乃轉身起右足，從旁踢敵脅部。

【**注釋**】

①轉身擺連式：連，蓮也。即轉身擺蓮式，此式為旋轉擺腿之法。

②〔注意〕……以便迴轉：左足提起，以右足尖為軸，全身向右轉一大圈，約三百二十度，左足落地成川字步。同時，兩手曲回，兩臂之中間成為圓形，左手在上，右手在下。目向右視，預備向右擺踢之意。左足不動，全身立起，以左足跟為軸，微向右轉。左手在下，右手在上。右足向右擺踢。兩手微拍足背。目視左足，姿勢向東。

設敵自左側擊來，我則閃身上左足，以避之，誘敵進襲，再轉身起右足以踢敵脅。前兩著之應用，如為倒敵，則擺踢其小腿，必絆而倒。如為傷敵，則擺踢稍高，足踵每正蹬及前陰，切勿大意。惟轉身時，左步邁進之尺寸，關係最大，平時與相手實際試之，以養成步度適合習慣，庶得其眞耳。

③〔應用〕……誘敵追襲：假想敵人由側方擊我，我退左足撤左手，轉身閃避，乘勢起右足橫踢敵人脅部。

《太極拳體用全書》：設又有敵人，自我身後用右手打來，前後應敵於萬急時，我即將右腳就原地，向右後方懸起左腳隨身旋轉。同時以兩手及左腿用旋風勢，以手腳向敵上下部刮起。復轉至原位時，緊將敵左肘腕黏住。隨繞敵之腕裏，往左用攦帶捩抽回，急用右腳背向敵脅部，用橫勁踢去。腳過似疾風擺盪蓮葉。所謂柔腰百折若無骨，撒去滿身都是手。此功之奧妙，非淺學者所可領略也。

散手見《太極拳使用法》：如乙用左拳打來，甲用雙手右在前，左在後，按乙膊，用攦法往左邊採勁，甲同時飛右腿打乙胸，左足立實。倘敵自後打用轉身擺蓮腿亦好。

《太極拳闡宗》：七星錘之起身進擊、跨虎勢之退半蹲身伏擊，與此式之轉身踢脅，皆不徒恃手法，而儘量施展身法步法之威力。此太極拳後來各式，較以前各式漸次加深加難，有循序漸進之妙，能使學者於不知不覺中進功。而此後來各式，非講求身法步法，不易施用。若身法步法有相當成效，則有左右逢源之愉快，出手制勝之把握。是所謂盡熟著之能事，不求懂勁而勁自懂也。

設敵與吾雙手相搭，勢將角牴，吾即以雙手敵左臂，使之前傾，隨向右轉身，起右腿擺踢之。

設敵兩手替換進擊，吾應以兩手連續按截，俟其左手再來，即隨手向左側後方攌之，向右轉身，起右腿擺踢。

（72）彎弓射虎式①

〔釋名〕此式取人在馬上彎弓下射之意，故名。

〔動作〕有二：㈠開步曲肱；㈡舒臂前

彎弓射虎式圖

伸。

〔圖解〕㈠由前式右足向右前方踏出一步，身右前傾，屈雙臂作拳內抱，由左腰際過臍前，向右運行，至右腰旁，雙臂上舉，右臂肩肘相平，覆拳（虎口向下）近右腮，指左前方，勢如持箭，左臂屈肘近脅，舉手當胸，雙目前視，勢如握弓。

㈡拳向左下方略為旋轉，右上左下相對。兩臂伸舒。

〔注意〕雙拳前擊時，須隱含螺旋之意②。

〔應用〕敵從右搭吾右臂下按，即隨其動作半圓形，以揉化其力，乘其力懈，而前擊之③。

【注釋】

①彎弓射虎式：此式為乘勢衝擊法。

②〔注意〕……螺旋之意：此式係用腰力。雙拳前擊時，須隱合螺旋之意。

③〔應用〕……而前擊之：《太極拳體用全書》：設敵人往回撤身時，我即

將左右手隨敵之手黏去。復繞過敵之手腕間，向右側旋轉。握拳從左隅角擊起。左手同時沉在敵右肘部擊去。右腿隨往右落下坐實。右手輒向敵胸部擊去。皆要蓄其勢。腰下沉勁，略如騎馬褡式。左腳變虛，如成射虎彎弓之勢也。

散手見《太極拳闡宗》：敵以兩手緊握吾右臂下按，即撤後上轉，敵手必開。隨以兩拳衝擊其頭。若後撤之勁整而驟發。敵手一開，即當仆倒。不待拳衝也。

當後撤上轉時，左臂自上壓之，尤助聲勢。

若敵以左手握吾右腕，亦順勁外轉。而以左手反扣其腕。敵手開後，即換右捌之。反腕而執之。左手托其肘，勿使彎曲，腕必折矣。若於敵手開後，即以拳擊之。則本式不變也。

此式亦全恃身法，即所謂腰勁也。以太極拳至運用內勁時，手足外形之動作有限，大部隨身法牽動，是以身領手步，而非身隨手步也。就演練姿勢而言，如勢向左右移，必身先左右轉。手步隨之轉耳。以至於推手論勁，更重身法。所謂

「主宰於腰」「腰為纛」「腰如車輪」「命意源頭在腰隙」「刻刻留心在腰間」「活潑於腰」「力由脊發」「斂入脊骨」「腰脊為第一主宰」諸遺教，足徵先輩諄諄啓迪後進。注意身法，勿徒手舞足蹈為矣。

（73）合太極

合太極圖

〔釋名〕此為太極拳路練畢還原之意，故名。還原之法，人各不一。有加以攬雀尾，撲面掌等數式方還原者。有再作一搬攔錘，如封似閉，二式者，均為原路所無，茲不贅述①。

〔動作〕有二：㈠併步合手；㈡還原立正②。

〔圖解〕㈠由射虎式上左步並於右足，轉身向右，交手當胸。㈡雙手放下，還原立正式③。

【注釋】

①〔釋名〕……茲不贅述：在本《太極拳勢圖解》中，拳架練至「彎弓射

虎」，即作「合太極」結束。否定社會上流傳的「有加以攬雀尾，撲面掌等數式方還原者。有再作一搬攔錘，如封似閉」等方式結束，「二式者，均為原路所無」。

而一九二五年《太極拳術》，在「彎弓射虎」之後，正式增加了「上步搬攔錘」「如封似閉」「十字手」，再「合太極」。除「合太極」後人改作「收勢」外，其拳架之框架基本成型。

②還原立正：本《圖解》由「彎弓射虎式」左足併於右足，兩手當胸十字交叉，然後雙手放下，立正。

③〔圖解〕……還原立正式：

《太極拳體用全書》此式是：由如封似閉，變十字手，兩手分左右下垂，手心向下與起勢式同，是名合太極。此外一套拳終了之時，學者尤不可忽略。合太極者，合兩儀、四象、八卦、六十四卦，而仍歸於太極。即收其心意氣息，復全歸丹田，凝神靜慮，知止有定，不可散失，以免貽笑大方也。

按：一九二一年《太極拳勢圖解》，強調拳架練至「彎弓射虎」，即作「合太極」結束。「有加以攬雀尾，撲面掌等數式方還原者。有再作一搬攔錘，如封似閉，二式者，均為原路所無，茲不贅述。」語氣如此肯定，而至一九二五年《太極拳術》，又在「彎弓射虎」之後，正式增加了「上步搬攔錘」「如封似閉」「十字手」，然後「合太極」。

據楊架套路的特點看，整套套路大體可分三大節，前二節都是以「搬攔錘」「如封似閉」至「十字手」為一節的，分段清楚。而第三節卻至「彎弓射虎」戛然而止，不如現行套路工整，是否由於這一因素才讓「上步搬攔錘」「如封似閉」「十字手」三式「轉正」，以求「對仗」？再者，「搬攔錘，如封似閉，二式者，均為原路所無」，這究竟是一九二一年前，楊澄甫創編大架時「原路所無」，或是楊家老架本身「原路所無」，或是最初在大架編排時未曾列入？種種可能讓人遐想。

根據陳微明在《太極劍》一書公佈的「楊澄甫先生所授太極長拳目錄」，轉身擺蓮之後，是彎弓射雁、上步搬攔錘、播箕式（如封似閉）、十字手、合太極。

楊澄甫的這套拳架，一九二一年《圖解》中共列七十四式，中間經折分、合併、減少、添加，至一九二五年《太極拳術》已成七十九式；一九三四年《太極拳體用全書》為七十二式。一九六〇年《太極拳全書》為六十八式；一九六三年《楊式太極拳》為八十五式。自一九二五年後，套路式數不一，但基本內容不變。董英傑說過：「自古拳術名稱本無一定多數，是以形取義，以義收其功效，太極拳亦然。」有位太極拳名家說八十五式「八五、八十五就是按八門五步編排的」，這顯然是牽強附會了。楊澄甫大架的演化過程，動作或減、或增、或簡練、或細化，其式子的增與減與「八門五步」以及陰陽術數等因素關係不大。

楊澄甫架太極拳的演變過程，是繼承太極拳傳統與適應時代需求的結合的過程，是傳統文化在新的時代背景下延續和發展的典範。

當然，拳架只是通向「神明」的一種手段，是「渡輪」，不是目的。陳微明在《太極答問》中提醒：「以上所舉散手用法，不過言其大概。然敵之來勢無定，我何能執行一定之法而御之？總之非隨機應變，非平時推手，練出極靈敏之感覺，雖手疾眼快，亦不能用之密合而無間。故用散手，仍須由黏手變化而來，不然，雖記得打法、解法數百手，亦不能應付千門萬派之拳腳。」

所以，上面分析拳架與招勢應用等，也說了些大概的技擊含義，目的是為行拳走架時，設定一定的技擊場景，以便意有所附，能較好地訓練技擊意識，並以一念抑百念，讓精神容易集中。但在實戰中，敵人不會按預設的招式來攻擊，而自己也無法生搬硬套去應對。總之，須隨機應變、靈活應對。那麼，繼而學習推手就顯得非常重要。

第三章　論太極拳推手術

推手、或曰搭手、一曰靠手、各派拳術家多有之。以練習近身用着之法者也。太極拳術以懂勁爲拳中要訣。而懂勁以使皮膚富感覺力爲初步。此感覺力練習之法。在二人肘、腕、掌、指、互搭。推盪往來。以研磨皮膚。由皮膚歷迫温凉之覺度。以察知敵勁之輕重虛實及經過方位。久之感覺靈敏。黏走互助。微動即知。斯爲懂勁矣。太極拳經曰。『懂勁後愈練愈精』。習太極拳者。不習推手。等於未習。習推手而未能懂勁。則運用毫無是處。嗚呼。升階有級。入室知門。學者於推手術。曷注意焉。

推手術。有單搭手式、雙搭手式之別。(見後)單搭者。隻手單推。雙搭者。雙手並用。此均指搭外而言。(以胸懷爲內、外指臂之外部也。)又有所謂開合手者。則一方兩手均在內。一方均在外。互換爲之。往復雙推也。單推手。研手門。及閩省拳靠手、五行手、(其手分金、木、水、火、土。五者互相生尅運化。)多用之。余幼從劉師敬遠先生習單推手術。稍有心得。嘗取太極拳各姿勢參酌各家。一一爲之規定練習方法。編成推手術。以補原來四正、四隅、各方法之不足。暇當另爲編製。以享讀者。茲僅擇堪爲太極正隅各手之初步者。略爲述及。取便學者

云爾。

第四章　推手術八法釋名

掤、捧也。上承之意。膨也。如蓄氣於皮球中。用力按之。則此按彼起。膨滿不已。令力不得下落也。(詩鄭風)抑釋掤忌。杜預云。箭筩也。又通作冰。(左傳昭二十五年)執冰而踞。(註)箭筩。蓋可以取飲。又以手復矢。亦曰掤。太極功搭手訣內。逆敵之勢。承而向上。使敵力不得降者。皆謂之掤。

攦、讀作呂。字典中無此字。疑係攄之訛。舒也。(班固荅賓戲)獨攄意乎宇宙之外。又布也。(司馬相如封禪書)攄之無窮。又散也。(楊雄河東賦)奮六經以攄頌。又猶騰也。(張衡思玄賦)入乘攄而超驤。太極功搭手時。凡敵掤擠我時。用攄字訣以舒散其力。使敵力騰散而不得復聚者。皆是。

擠、(說文)排也。推也。以手向外擠物前進也。(左傳)小人老而無知。擠於溝壑矣。(史記項羽本紀)漢軍卻爲楚軍擠。(莊子人間世)其君因其修以擠之。凡以手或肩背擠住敵身。使不得動。從而推擲之。皆擠也。

按、(說文)下也、(廣韻)抑也、(梁簡文帝箏賦)陸離抑按。磊落縱橫。(爾雅釋詁)止也。(史記周本紀)王按兵毋出。(詩大雅)以按徂旅。釋遏止也。(前漢高帝紀)吏民皆按堵如故。(註)按次第墻堵不遷動也。又據也。(史記白起傳)趙軍長平以按據上黨民。又撫也。(史記平原君傳)毛遂按劍歷階而上是也。又按摩也。古有按摩導引之術。(前漢藝文志)黃帝伯岐著按摩十卷。蓋太極拳術遇敵擠進時。用手下按。遏抑以制止之。使不得逞。謂之按。

採、採取也。(晉書)山有猛虎。藜藿爲之不採。又擇而取之曰採。太極拳以採制敵之動力爲採。如靜坐家抑取身內之動氣。爲採取也。陰符經曰。天發殺機。悟此則思過矣。

挒、捩也。拗也。(韓愈文)捩手復羹。又紾也。轉移之意。太極拳以轉移其力。還制其身。謂之挒。又挒去之意。

肘、臂中部彎曲處之骨尖曰肘。拳術家以此處擊人爲肘。蓋動詞也。太極拳用肘之法甚多。本書僅就推手時便於應用者。略述及之。

靠、倚也。依也。依附於他物也。太極拳近身時。以肩胯擊人曰靠。有肩靠胯打之稱。

第五章　太極拳應用推手

第一節　太極拳之樁步

太極拳術之樁步。多用川字式者。由立正姿勢。左足向左前方踏出一步。兩足尖方向均向前。其左右距離。以肩爲度。身下蹲。兩膝微屈。使全身重點。寄於後足。若丁虛步然。惟前足尖上翹。或平置於地。微不同耳。上體宜立腰。空胸。氣注小腹。頭正直。頂虛懸。尾閭中正。精神貫頂。脊背弓形。兩臂略彎。向前平舉。手掌前伸坐腕。指尖微屈分張向上。前手食指約對鼻準。後手約居胸前。掌心參差遙對。若抱物然。倒肩而垂肘。其肩肘腕與胯膝脚三者相合。全身宜靈活無滯。各還自然狀態。(右式同此)斯爲樁耳。

第二節　單搭手法

兩人相對立。各右足向前踏出一步。右手自右脇傍作圓運動。向前伸舉。如前之樁步姿勢。兩手腕背相貼。交叉作勢。是爲單搭手式。

第三節　雙搭手法

此式如單搭手式之作法。惟以在後之拗手前出。各以掌心揹相手(即對面之人)之臂彎處。四臂相搭。共成一正圓形。以兩腕相搭處爲圓心。兩人懷抱中所占據之部分。各得此圓

之半。儼如雙魚形太極圖之兩儀焉。是爲雙搭手式。

第四節　單手平圓推揉法

兩人對立作右單搭手式　(一)甲右手手掌下按乙右腕。向乙胸前推。乙屈右肱。手向己懷後撤。平運退揉。作半圓形。手腕經左肩下向右運行。至胸骨前。(二)乙身向後坐。肘下垂。覆手貼於脇傍。手腕外張。脫離甲手之腕。還按甲腕。(三)乙手再向甲胸前推。如(一)之動作。(四)甲手退揉。如(二)之動作。亦成半圓形。往復推揉。俟熟習後再習他式。此爲推手法基本動作。左搭手式與右搭手式動作相同。惟左右互易耳。

第五節　攦按推手法

兩人對立。作雙搭手右式、(一)甲右手手掌下按乙右腕。左手按乙之右肘。向乙胸分推作按式。(二)乙屈右肱。手向懷內後撤。平運退揉。左手搰甲之右肘後。右手腕經左肩下向右運行。左手隨之。向右下方屈肱作攦。雙肘下垂。(三)乙雙手按甲之肘腕。向甲前胸推作按式。如(一)之動作。(四)甲雙手退攦。如(二)之動作。

第六節　單手立圓推手法

兩人對立。作右單搭手式。(一)甲以右手掌緣。下切乙腕。(乙隨甲之切)指尖向乙腹部前指。(二)乙屈肱隨甲之切勁。由下退揉。畫立半圓形。經右脇傍上提。至右耳側。(三)乙右手接前之動作。作上半圓形。伸臂前指指甲額。(四)甲身向後坐。屈右肱。手貼乙腕。隨其動作。向身側下領。至脇傍作前推勢。

附注、此式可練習太極拳中倒攆猴。及下勢二姿勢。如甲動作即倣倒攆猴勢。乙即倣下勢之動作也。

第七節　攦擠推手法

兩人對立。作右雙搭手式。(一)甲坐身立左肘。向後斜攦乙右臂。(二)乙趁勢下伸右臂。進身向甲搰肘手之接觸點前靠。並以左手搰內臑。內外擠之。(三)甲俯身向前以緩乙力。并橫左手以尺骨、或腕骨、搭乙之上膊骨中間處。使乙臂貼身。并以右手由肱內搰其接觸點。前擠之。(四)乙揉身向內走化甲力。坐身立左肘向後斜攦甲之右臂。如(一)甲之動作。(五)甲如(二)乙之動作。(六)如(三)甲之動作。

第八節　單壓推手法

兩人對立。作右單搭手式。(一)甲右手貼乙右腕。向外平運。隨即抽撤。翻手下壓乙腕。仰掌屈肱。以肘近脇。(肘彎宜成鈍角)(二)甲因前動作。仰手壓乙腕。伸臂向乙腹前捵。(三)乙隨甲前進之力。覆手平運。屈肱退後隨之。俟甲指將插至腹前時。吸身垂肘。翻手下壓甲腕。如(一)甲之動作。(四)乙伸臂前插甲腹。如(二)甲之動作。左式同此。

第九節　壓腕按肘推手法

兩人對立。作右雙搭手式。(一)(二)甲壓乙腕前捵如前。惟以左手掌指下按乙肘助力。(三)(四)乙退後覆腕抽撤時。左手掌心向上仰捧乙肘。爲不同耳。

第十節　四正推手法

四正推手者。即兩人推手時。用攦、擠、按、掤、四法。向四正方周而復始作互相推手之運動也。作此法時。兩人對立。作雙搭手右式。(一)甲屈膝後坐屈兩臂肘尖下垂。(作琵琶式)兩手分攬乙之右臂腕肘處。向懷內斜下方攦。(二)乙趁勢平屈右肱。成九十度角形。向甲胸前擠。搭其雙腕。並以左手移撫肱內。以助其勢。(三)甲當乙擠肘時。腰微左轉。雙手趁勢下按乙左臂。(四)乙即以左臂擠推。分作弧綫。向上運行。掤化甲之按力。同時右臂亦自下繞。

上托甲之左肘。以助其勢。(五)乙掤化甲之按力後。即趁勢攦甲之左臂。(六)甲隨乙之攦勁前擠。(七)乙隨甲之擠勁下按。(八)甲即掤化乙之按力後攦。自此周而復始。運轉不已。是謂四正推手法。

第十一節　四隅推手法

四隅推手者。一名大攦。即兩人推手時。用肘、靠、採、挒、四法。向四斜方周而復始作互相推手之運動。以濟四正之所窮也。作此法時。兩人南北對立。作雙搭手右式。(一)甲右足向西北斜邁一步。作騎馬式。或丁八步。右臂平屈。右手撫乙之右腕。左臂屈肘。用下膊骨中處。向西北斜攦乙之右臂。(二)乙即趁勢左足向左前方橫出一步。移右足向甲襠中捵襠前邁一步。同時右臂伸舒向下。肩隨甲之攦勁。向甲胸部前靠。左手撫右肱內輔助之。此時甲乙仍相對立。乙面視東北方。(三)甲以左手下按乙之左腕。右手按乙之左肘尖下採。同時左足由乙之右足外。移至乙之襠中。(四)乙隨甲之採勁。左腿向西南方後撤作騎馬式。左臂平屈。左手撫甲之左腕。右臂屈肘用下膊骨中處。向西南方斜攦甲之左臂。(五)甲趁勢右足前出一步。移左足向乙襠中。捵襠前邁一步。同時左臂伸舒向下。肩隨乙之攦勁。向乙胸部前靠。右手攎左肱內以輔助之。此時甲乙仍相對立。甲面視東南方。(六)甲左臂欲上挑。乙即隨甲之挑勁。左手作掌向甲面部撲擊。右手按甲之左肩斜向下擲。(七)甲隨乙之擲勁。撤左足向東北方邁。左手攎乙之左腕。右臂屈肘向東北斜撅乙之左臂。(八)乙趁勢上右步。移左足。向甲襠中前邁。左臂隨甲之撅勁。用肩向甲胸部前靠。右手輔之。面視西北方。(九)甲以右手下按乙之右腕。左手按乙之右肘尖下採。同時右足由乙左足外。移至乙之襠中。(十)乙隨甲之採勁。撤右足向東南方邁。右手攎甲之右腕。左臂屈肘向東南斜撅甲之右臂。(十一)甲趁勢上左步。移右足。向乙襠中前邁。右臂隨乙之撅勁。用肩向乙胸部前靠。左手輔之。面視西南方。(十二)甲右臂欲上挑。乙即隨甲之挑勁。右手作掌向甲面部撲擊。左手按甲之右肩斜向下擲。甲退右腿。雙手搬乙之右臂腕肘處。還右雙搭手式。此為一度。可繼續為之。是謂四隅推手法。

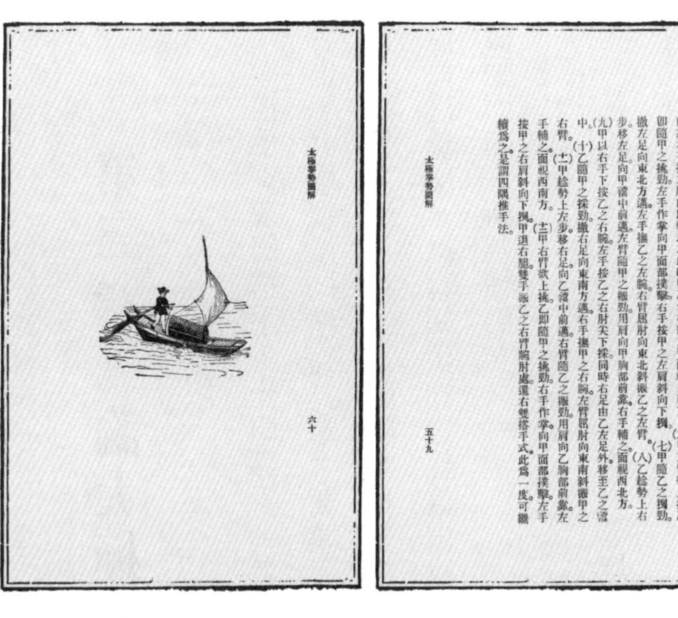

跋

中國拳術發源於戰國時代。歷漢魏唐宋。世有傳人。然皆口傳心授、隱秘其法、不以著書傳。世稱漢志所載手搏劍道。其書久佚。至明代戚南塘紀效新書。茅元儀武備志。始載劍經、拳勢、棍法、槍論。或詳或略。然後人講武術者。莫能出其範圍。至黃百家宗內家以論拳。吳殳錄手臂以言槍。則詳而精矣。前清時傳習拳棒有禁。故私家授受。絕少刻本。其所傳皆以淺俗歌訣記之。不能詳言其理法。蓋傳習者。多非文人。勢使然也。庚申孟夏。遇許禹生先生於塗。約余至其所立體育學校觀馬子貞新武術隊演技。余以誤時。未得縱目。嗣後時與許君過從。因得觀許君所著太極拳經註及圖解二書。余於是始悉立校顛末。及注重太極拳之深識。余固素知許君精於技擊者。而不期其學深邃如是之極也。太極拳即世所稱內家拳法。與少林分為二派者也。內家之學。名冠海內。然習之者。多不盡其術。且相傳秘其要法。後學更無從問津。此書出而慕內家者得有塗轍。真空前絕後之作也。然吾聞之學業技能。均無止境。深冀許君由圖解之蟲迹。研經註之精理。使內家與少林並稱於世之所以然。筆之於書。以津逮後學。較之固守一先生之說。妹妹自悅。以為盡內家之能事者。其度量廣狹何如

哉。余與許君累世交誼。不敢貢譽。故以質直之言。書為跋語。仲瀾氏瑞沅謹跋

第三章　論太極拳推手術

推手①或曰搭手，一曰靠手，各派拳術家多有之②，以練習近身用著之法者也。太極拳術以懂勁為拳中要訣③，而懂勁以使皮膚富感覺力為初步。此感覺力練習之法，在二人肘腕掌指互搭，推盪往來，以研磨皮膚④。由皮膚壓迫溫涼之覺度，以察知敵勁之輕重虛實及經過方位。久之感覺靈敏，黏走互助，微動即知，斯為懂勁矣⑤。

太極拳經曰：「懂勁後愈練愈精。」習太極拳者，不習推手，等於未習⑥。習推手而未能懂勁，則運用毫無是處⑦。嗚呼，升階有級，入室知門，學者於推手術，曷⑧注意焉。

推手術，有單搭手式，雙搭手式之別（見後）。單搭者，只手單推；雙搭者，雙手併用。此均指搭外而言（以胸懷為內，外指臂之外部也）。又有所謂開合手者⑨，則一方兩手均在內，一方均在外，互換為之，往復雙推也。單推手，研手門及閩省拳靠手、五行手（其手分金、木、水、火、土，五者互相生尅運化）多用之。

余幼從劉師敬遠先生，習單推手術，稍有心得。嘗取太極拳各姿勢參酌各家，一一為之規定練習方法，編成推手術，以輔原來四正、四隅各方法之不足。暇當別為編製，以享讀者。茲僅擇堪為太極正隅各手之初步者，略為述及，取便學者云爾⑩。

【注釋】

①推手：推手者，所以求其用也。他種拳術，雖亦有二人對手者，然不過十餘式，再多不過數十式耳。而來者其法不一，何能執定法以應之哉？太極推手，則有掤、攌、擠、按、採、挒、肘、靠八字，此八字所以練其身之圓活。二人沾連黏隨，周而復始，如渾天之球，旋轉不已，而經緯弧直之度，莫不全備。

將此一身，練為渾圓一體，隨屈就伸，無不合宜，則物來順應，變化無窮矣。此所謂萬法歸一，得其一，而萬事畢矣。

②各派拳術家多有之：並非是指包括少林等各種各派所有的拳種，而是指太極拳界內的各派而言。許禹生又說：「余幼從劉師敬遠先生，習單推手術，稍有心得。嘗取太極拳各姿勢參酌各家」，這裏「各家」則是指劉敬遠外的其他太極拳各家。

按：關於各家推手，唐豪有一番研究，他評價：「楊氏十三勢大架和推手做出的貢獻最多，開展面最廣。」

又說：「陳溝傳統的前四手步法，有腳尖上仰、折腿虛坐到地或接近於地的『引進落空』法，可以看出它是『雀地龍』的形象。這個形象，在全佑（吳架）傳統的推手裏還留有痕跡。腳尖上仰，反映出楊露禪的推手部分面貌仍舊同於陳溝。全佑傳統的推手，他的合步不進不退雙推手（即定步推手）和合步進三退三

雙推手（即活步推手），基本上仍是楊系的步法。此外，吳系雙推手還創編了四種步法：⑴交叉步雙推手；⑵進退步雙推手；⑶龍行虎步雙推手；⑷轉身步雙推手。這四種雙推手，可能是吳鑒泉的傳人創編出來的。吳系另一種斜角步四手的雙推手，基本上就是楊系所稱的『大』」。

「楊氏傳人中有一種合步不進不退的單推手，它是雙方互相練習的對推的。它的手法用『平圓、立圓、壓腕』分練。又有一種合步不進不退的雙推手，它的手法用『按、擠、壓腕按肘』分練。這兩種推手法，都以『掤』開始，顯然是為了初學推手的人創編出來。最早介紹這兩種推手法的，是一九二一年出版的許禹生《太極拳勢圖解》。」

③太極拳術以懂勁為拳中要訣：無論古拳譜還是楊氏老譜，「懂勁」都是表示太極拳鍛鍊的一個中級階段的層次，是通向神明的階梯。以懂勁為拳中要訣，這種說法無非是強調懂勁的重要。

④研磨皮膚：「研磨」或「磨盪」是形容推手時皮膚接觸的一種形態，並

不是動詞的「研」與「磨」。太極拳正確的推手，相互之間是不應該有研磨的，會有滾動，但並不發生研磨；雖然偶爾也會有滑動，但滑不等於研磨，因此「研磨」的表述易生歧義。

⑤斯為懂勁矣：此句描述似乎只是「著熟」，還不是「懂勁」。能夠感知對方的用力方向等只能認為有了「聽勁」。按照古拳譜與楊氏老譜，懂勁是太極拳水準的進一步，即脫離了著熟，但尚未達到神明的這麼一個階段。有了聽勁僅僅是懂勁最基本的條件，可能還在著熟階段，僅僅有聽勁不等於就是懂勁。

⑥習太極拳者，不習推手，等於未習：這句話對於學習太極拳是振聾發聵的金玉之言。

習太極拳者，須有一定的進功次序，以免歧途之誤。著法者，即拳術所具自衛禦敵之各種方法也，各個著法連貫練習，即為姿勢。蓋內功言勁，非不講著，是著為勁先，用著必合乎勁，以勁為主，以著副之。而練勁必先練著，練著之法，必求之姿勢正確，故糾正姿勢不可忽視。姿勢正確，則著之發必中。是則習

太極拳者，應先求姿勢之正確，次求著法之應用。就著而生勁，借勁以用著。著法既熟，則由練習而磨盪其感覺。感覺愈靈敏，則自入於懂勁之域，神而明之，可以目聽以眉語也。但不僅姿勢著法可以練勁也，由推手術推盪，以銳敏其感覺，尤為練勁之絕妙方式。故有謂：習太極拳而不習推手術，如習外功者等，或且不如外功。

⑦習推手而未能懂勁，則運用毫無是處：推手鍛鍊如果沒有進入懂勁階段，太極拳還不能應用於實戰。這種說法源於楊健侯先生。

⑧曷：何不，豈可不的意思。「曷」古通「盍」，以後再版改為「盍」字。

⑨又有所謂開合手者：查閱現有的太極拳資料，楊家太極拳似乎不稱「開合手」。這種推手形式，僅有推手雙方同名手臂交叉接觸的單搭手式，以及雙搭手的推手形式。而推手雙方異名手臂接觸、雙方手臂形成圈的「開合手」，這種推手形式根據現存的資料只有意拳推手，而意拳推手與太極拳推手的形態與實質

都是不同的。

⑩取便學者云爾：許禹生學的推手並不是直接來自楊家，他向劉師遠學習單推手一種。但「嘗取」「參酌」了流傳社會的各家太極推手，集長補短，「一一為之規定練習方法，編成推手術」，比較全面、通俗的介紹了各種推手的方法，便於學員學習，因此，本《圖解》不失為一本較好的教材。

許禹生編的這本太極拳教材，在民國時期影響極大，一時成為各太極拳教材之範本，對太極拳推手的發展也起了很大的推動作用。如王新午《太極拳闡宗》，關於推手的章節甚至一字不漏、一字不改，照本抄錄。

第四章　推手術八法釋名

掤①，捧也，上承之意，膨也。如蓄氣於皮球中，用力按之，則此按彼起，膨滿不已，令力不得下落也②。《詩・鄭風》：「抑釋掤忌。」杜預云：「箭箙③也。」又通作「冰」，《左傳・昭二十五年》④：「執冰而踞。」（註）箭箙，蓋可以取飲，又以手復矢，亦曰掤。太極功搭手訣內，逆敵之勢承而向上，使敵力不得降者⑤，皆謂之掤。

攦⑥，讀作呂。字典中無此字，疑係攄之訛，舒也。《班固答賓戲》「獨攄意乎宇宙之外。」又布也，《司馬相如封禪書》：「攄之無窮。」又散也，《楊雄河東賦》：「奮六經以攄頌。」又猶騰也，《張衡思玄賦》：「八乘攄而超驤。」太極功搭手時，凡敵掤擠我時，用攄字訣以舒散其力，使敵力騰散而不得復聚者皆是。

擠，《說文》：「排也，推也，以手向外擠物前進也。」《左傳》：「小人老而無知，擠於溝壑矣。」《史記・項羽本紀》：「漢軍卻為楚軍擠。」《莊子・人間世》：「其君因其修以擠之。」⑦凡以手或肩背擠住敵身，使不得動，從而推擲之，皆擠也。

按，《說文》：「下也。」《廣韻》：「抑也。」《梁簡文帝・箏賦》：「陸離抑按，磊落縱橫。」《爾雅・釋詁》：「止也。」《史記・周本紀》：「王按兵毋出。」《詩・大雅》：「以按徂旅，釋遏止也。」《前漢高帝紀》：「吏民皆按堵如故。」（註）按次第牆堵不遷動也。又據也，《史記・白起傳》：「趙軍長平以按據上黨民。」又撫也，《史紀・平原君傳》：「毛遂按劍歷階而上。」是也。又按摩也。古有按摩導引之術，《前漢・藝文志》黃帝伯岐著按摩十卷。⑧蓋太極拳術，遇敵擠進時，用手下按，遏抑以制止之，使不得逞，謂之按。

採，採取也。⑨《晉書》：「山有猛虎。藜藿為之不採。」又擇而取之曰採。太極拳以採制敵之動力為採。如靜坐家抑取身內之動氣為採取也。《陰符經》曰：「天發殺機。」悟此則思過矣。

挒，捩也，拗也。（韓愈文）「捩手復羹。」又紾也，轉移之意。太極拳以轉移其力，還制其身，謂之挒。又挒去之意⑩。

肘⑪，臂中部彎曲處之骨尖曰肘。拳術家以此處擊人為肘，蓋動詞也。太極拳用肘之法甚多，本書僅就推手時便於應用者，略述及之。

靠⑫，倚也，依也，依附於他物也。太極拳近身時，以肩胯擊人曰靠，有肩靠胯打之稱。

【注釋】

①掤：掤勁之說源出於槍棍技法，如戚繼光《紀效新書》卷十之「長兵短用說篇」等，綜合楊家梨花槍、沙家竿子、馬家長槍等，從中借用其意。許禹生從字典或古籍中尋找掤字相近的注解，對後人影響很大，許多太極拳名家的著作

中，對掤字的解釋也延用許氏的注解，但許氏從字典或古籍中找的注解，似乎並不十分貼切。至今，學術界對掤字的讀音該是「兵」「烹」，還是「崩」，及其眞正的含義，都未能取得一致。

一般理解掤，膨也，如蓄氣於皮球中。勁用充氣的皮球來比喻來解釋，非常貼切。掤勁在推手中最為重要。推手如無掤勁，一搭手，即為人壓癟，無以相抗。掤乃是有彈性之勁，如蓄氣於球內，此按彼起，令力不得下落，並非用手臂之力去頂，須用腰腿勁，加以意氣，使敵不易攻入。掤勁分防禦和攻擊兩方面，以發之功用居多。

②令力不得下落也：不是「頂」，形容力按下時不是一按就癟，而是有相應的反彈之力，此按彼起，令力不得下落。

③箭篇：篇同「筒」。此版作「箭篇」，以後再版本改作「箭筒」。

④《左傳·昭二十五年》：應為《左傳·昭公二十五年》。

⑤使敵力不得降者：這並不是主動去「頂」，而是引動對手的掤勢。若欲

發敵，則未掤之先，應往後向下，用引誘之，使其勁出而顯有焦點，復借其勁而掤之，無不獲勝。

⑥「攌」字，現多用「捋」代替，但其含義不是用簡體「捋」字完全說明得了。「攌」原是專為太極拳特造的字，也像「掤」字一樣，未見《康熙字典》收錄，因此許禹生等在寫作時，無法從字典或古籍中找到與相應的解釋。

⑦擠……以擠之：許禹生用《左傳》《史記》《莊子》中的擠來說明太極拳的擠勁，不很貼合。

⑧按……按摩十卷：許禹生以古籍中的「按」字來解釋太極拳的按勁，雖風雅，仍不得其妙。

按，以單手或雙手向下沉按，使對手之足跟浮起。「遇敵擠進時，用手下按，遏抑以制止之，使不得逞，謂之按。」彼用擠時，我乃變為按，以順步為得勢。「按」同樣須用腰腿勁，又須眼神注視，上身不可前仆，方有效用。按人時，必須在其真勁未發之時，按之即可使對方勢背，自動後跌。

按：掤、攦、擠、按，內含之意思無窮。即如一按字，有輕靈而進者，有重實而進者，有左重右虛而進者，有左虛右重而進者，有兩手開之意而進者，有兩手合之意而進者。如一擠字，有正擠者，有偏擠者，有加肘擠者，有換手擠者，而用臂之各點，又時時變換，如此，點之中心已過，即改用彼點，節節是曲線，節節是直線，處處是黏勁，長處是放勁，所謂曲中求直是也。又有折疊而擠者，或翻上折疊，或翻下折疊，均隨敵人之意而變換之。又如一掤字，或直掤，或橫掤，或在上掤，或在下掤。黏住敵人之臂或手，隨時變換方向。

總之，不要敵人在我臂上或身上得有一目的而可以放勁。若敵人將得有目的，即立時改變其方向，惟須黏住，不可丟離。若敵人丟離，速速打去。所謂逢丟必打是也。如一字，有向上者，有平者。之中有撅，有機會則用，若用勁整快，則手臂或斷矣。

掤、攦二勁近於走，按、擠二勁近於黏。攦近蓄勁，掤近運勁，擠近接勁，按近發勁。拳譜云：「掤攦擠按自四正，須費功夫得其真。」四手以四正手為主，係在圈內。若遇對方大開大合，必定越出圈外。若出圈外，四正不能用，必用四隅手補救之，四隅即採、挒、肘、靠是也。

⑨採，採取也：採乃反向之擠勁；擠為合勁，採為分勁。採即以手執人手腕或肘部，往下沉採，其效用與略同，欲乘敵人重心已經向前之機而更使其前仆。採則順手來勢，接取其勁，此法即之變，則把持在人手臂外面，採則在內。採只採一邊，使對方重心偏於一方。採又須果斷、採足，否則反被其借勁。

⑩挒……又挒去之意：挒為擊勁之一種，求擊中而不求擊倒，遇對方有空隙或拗處，順其方向而擊之。挒法係執人之手，反捩其勢，控其關節，即一處以制其全身，亦攦之並；還有因我勢背，來不及還著，用另手照對方面部閃挒，趁其驚惶，轉敗為勝。如已在傾仰背勢之際，欲使轉順，即須運用挒勁挽回。挒勁用於攦或採之後。挒勁，楊氏太極拳以「斜飛式」與「野馬分鬃」為挒勁的典型，「斜飛式」用掌挒；「野馬分鬃」用小臂挒。「挒」又分橫挒、採挒等法。

⑪肘：肘為擊人之二道門，遇手出圈時，貼近己身，亦為出圈，不及用採

挒補救，以肘作攻擊之用。此勁雖猛，然用不得其法，反為敵借勢，故用時不可不注意。大攌中用肘，含如敵攌己，以肘還擊之。推手中用肘，於分開人手之時，一手執人手，一手用肘擊其胸口。

⑫靠：靠為擊人三道防線，乃以肩背撞擊敵胸口或脅下，其勢較肘更厲，用於近身擊敵。靠須己身中正，肩與胯合，腳跟發勁，順步插入敵之襠內，成丁字形，乘勢靠之方能有效。用靠時，必須手足失其用以靠補救之。

按：四隅手中採挒肘靠，採是採住敵人之手，使之不易變動。是挒，是用掌，使敵人欲放勁之時而中斷。肘，是用肘。靠，是用肩。大之法，更大而速，非兩腿有勁，不能輕靈變化。

採挒二勁用於制止浮飄亂舞之手居多，用在沾黏之先，以救四正手之不及；肘靠二勁，因個人勢已出圈無法挽回時，用在沾黏勁之後，以補助四正手之太過。因不及和太過，均係病手，所以在推手時有不過界之說也。

第五章　太極拳應用推手

第一節　太極拳之樁步

太極拳術之樁步，多用川字式者。由立正姿勢，左足向左前方踏出一步。兩足尖方向均向前①。其左右距離，以肩為度。身下蹲，兩膝微屈，使全身重點寄於後足，若丁虛步然。惟前足尖上翹，或平置於地，微不同耳。上體宜立腰，空胸，氣注小腹。頭正直，頂虛懸，尾閭中正，精神貫頂。脊背弓形，兩臂略彎，向前平舉②。手掌前伸坐腕，指尖微屈分張向上，前手食指約對鼻準。後手約居胸前，掌心參差遙對，若抱物然。削肩而垂肘，其肩肘腕與胯膝腳三者相合，全身宜靈活無滯，各逞自然狀態（右式同此），斯為善耳。

【注釋】

①兩足尖方向均向前：按照自然而言，後腳跟可根據兩腳前後距離的長短，有適當的外撇。

②兩臂略彎，向前平舉：或可寫作「兩手向前平舉，兩臂略彎沉肘」。兩臂平舉，只是表明手或手掌舉的大致高度。按照便於化解與攻擊而言，並不是手臂平舉，肘應有不同程度的下垂，所以寫作「兩臂略彎」。

按：本《圖解》許禹生對推手動作的描述，比較簡潔直白，適合充當普及教材。推手本是極其細緻周密，感覺又極其豐富靈敏的，是很難用語言描述清楚的，文字更乏之力。正如陳微明先生言：「其應用規矩，雖詳細說明，而其巧妙，仍非口傳心授不可。」推手更是「入門引路須口授，功用無息法自修」。

第二節　單搭手法

兩人相對立。各右足向前踏出一步。右手自右脅旁作圓運動，向前伸舉，如前之樁步姿勢。兩手腕背相貼，交叉作勢，是為單搭手式。

第三節　雙搭手法

此式如單搭手式之作法，惟以在後之拗手前出。各以掌心拊①相手（即對面之人）之臂彎處。四臂相搭，共成一正圓形。以兩腕相搭處為環心。兩人懷抱中所佔據之部分，各得此圓之半，儼如雙魚形太極圖之兩儀焉。是為雙搭手式。

【注釋】

①拊：現在一般用「附」表示。

第四節　單手平圓推揉法

兩人對立作右單搭手式。㈠甲右手手掌下按乙右腕，向乙胸前推。乙屈右肱，手向己懷後撤。平運退揉，作半圓形。手腕經左肩下向右運行，至胸骨

前。㈡乙身向後坐。肘下垂，覆手貼於脅旁。手腕外張，脫離甲手之腕，還按甲腕。㈢乙手再向甲胸前推。如㈠之動作。㈣甲手退揉。如㈡之動作，亦成半圓形，往復推揉。俟熟習後再習他式。此為推手法基本動作。左搭手式與右搭手式動作相同，惟左右互易耳。

第五節　擺按推手法

兩人對立，作雙搭手右式。㈠甲右手手掌下按乙右腕，左手按乙之右肘。向乙胸分推作按式。㈡乙屈右肱，手向懷內後撤。平運退揉，左手拊甲之右肘後，右手腕經左肩下向右運行，左手隨之，向右下方屈肱作擺，雙肘下垂。㈢乙雙手按甲之肘腕，向甲前胸推作按式，如㈠之動作。㈣甲雙手退擺，如㈡之動作。

第六節　單手立圓推手法

兩人對立，作右單搭手式。㈠甲以右手掌緣，下切乙腕（乙隨甲之切），

指尖向乙腹部前指。㈡乙屈肱隨甲之切勁，由下退揉畫，立半圓形。經右脅旁上提，至右耳側。㈢乙右手接前之動作，作上半圓形，伸臂前指甲額。㈣甲身向後坐，屈右肱，手貼乙腕。隨其動作，向身側下領，至脅旁作前推勢。

附注：此式可練習太極拳中倒攆猴及下勢二姿勢，如甲動作即仿倒攆猴勢，乙即仿下勢之動作也。

第七節　攌擠推手法

兩人對立，作右雙搭手式。

㈠甲坐身立左肘，向後斜攌乙右臂。

㈡乙趁勢下伸右臂，進身向甲拊肘手之接觸點前靠。並以左手拊內臑①，內外擠之。

㈢甲俯身向前以緩乙力，並橫左手以尺骨或腕骨搭乙之上膊骨中間處，使乙臂貼身，並以右手由肱內拊其接觸點，前擠之。

㈣乙揉身向內走化甲力。坐身立左肘向後斜攌甲之右臂，如㈠甲之動作。

㈤甲如㈡乙之動作。

㈥如㈢甲之動作。

【注釋】

①臑：音ㄋㄠˋ，牲畜前肢的下半截。中醫指人自肩至肘前側靠近腋部的隆起的肌肉。

第八節　單壓推手法

兩人對立，作右單搭手式。㈠甲右手貼乙右腕，向外平運。隨即抽撤，翻手下壓乙腕。仰掌屈肱，以肘近脅（肘彎宜成鈍角）。㈡甲因前動作，仰手壓乙腕，伸臂向乙腹前插。㈢乙隨甲前進之力，覆手平運，屈肱退後隨之。俟甲指將插至腹前時，吸身垂肘，翻手下壓甲腕，如㈠甲之動作。㈣乙伸臂前插甲腹如㈡甲之動作。左式同此。

第九節　壓腕按肘推手法

兩人對立，作右雙搭手式。㈠㈡甲壓乙腕前插如前，惟以左手掌指下按乙肘助力。㈢㈣乙退後覆腕抽撤時，左手掌心向上仰捧乙肘，為不同耳。

第十節　四正推手法

四正推手者，即兩人推手時，用攌、擠、按、掤四法，向四正方周而復始作互相推手之運動也。作此法時，兩人對立，作雙搭手右式。

㈠甲屈膝後坐屈兩臂肘尖下垂（作琵琶式）。兩手分攬乙之右臂腕肘處，向懷內斜下方攌。

㈡乙趁勢平屈右肱，成九十度角形，向甲胸前前擠。揞①其雙腕，並以左手移撫肱內，以助其勢。

㈢甲當乙擠肘時，腰微左轉，雙手趁勢下按乙左臂。

㈣乙即以左臂擠推，分作弧線。向上運行，掤化甲之按力。同時右臂亦自下纏，上托甲之左肘，以助其勢。

㈤乙掤化甲之按力後，即趁勢攌甲之左臂。

㈥甲隨乙之攌勁前擠。

㈦乙隨甲之擠勁下按。

㈧甲即掤化乙之按力後攌。

自此周而復始，運轉不已。是謂四正推手法。

【注釋】

①𢭏：本《圖解》第二版印為「𢭏」字，現代字典中無此字；《圖解》再版本已改作「堵」字。王新午《太極拳闡宗》此字也作「堵」字。

第十一節　四隅推手法

四隅推手者，一名大攌①，即兩人推手時，用肘、靠、採、挒四法，向四

斜方周而復始作互相推手之運動，以濟四正之所窮也。作此法時，兩人南北對立，作雙搭手右式。

㈠甲右足向西北斜邁一步，作騎馬式，或丁八步；右臂平屈，右手撫乙之右腕，左臂屈肘，用下膊骨中處，向西北斜乙之右臂。

㈡乙即趁勢左足向左前方橫出一步，移右足向甲襠中，插襠前邁一步；同時，右臂伸舒向下，肩隨甲之攌勁，向甲胸部前靠，左手撫右肱內輔助之。此時甲乙仍相對立，乙面視東北方。

㈢甲以左手下按乙之左腕，右手按乙之左肘尖下採；同時，左足由乙之右足外，移至乙之襠中。

㈣乙隨甲之採勁，左腿向西南方後撤作騎馬式；左臂平屈，左手撫甲之左腕；右臂屈肘用下膊骨中處，向西南方斜攌甲之左臂。

㈤甲趁勢右足前出一步，移左足向乙襠中，插襠前邁一步；同時，左臂伸舒向下，肩隨乙之攌勁，向乙胸部前靠。右手撫左肱內以輔助之，此時甲乙仍相對立，甲面視東南方。

㈥甲左臂欲上挑。乙即隨甲之挑勁，左手作掌向甲面部撲擊。右手按甲之左肩斜向下挒。

㈦甲隨乙之挒勁，撤左足向東北方邁；左手撫乙之左腕，右臂屈肘向東北斜擺乙之左臂。

㈧乙趁勢上右步，移左足，向甲襠中前邁；左臂隨甲之擺勁，用肩向甲胸部前靠，右手輔之。面視西北方。

㈨甲以手下按乙之右腕，左手乙之右肘尖下採；同時，右足由乙左足外，移至乙之襠中。

㈩乙隨甲之採勁，撤右足向東南方邁；右手撫甲之右腕，左臂屈肘向東南斜擺甲之右臂。

㈩㈠甲趁勢上左步，移右足，向乙襠中前邁；右臂隨乙之擺勁，用肩向乙胸部前靠，左手輔之。面視西南方。

㈢甲右臂欲上挑。乙即隨甲之挑勁，右手作掌，向甲面部撲擊，左手按甲之右肩斜向下捌。甲退右腿，雙手攌乙之右臂腕肘處，還右雙搭手式。

此為一度，可繼續為之。是謂四隅推手法。

【注釋】

①大攌：是走四隅，即採捌肘靠也。採是採住敵人之手，使之不易變動。捌，是用掌，使敵人欲放勁之時中斷其勁。肘，是用肘。靠，是用肩。大攌之法，更大而速，非兩腿有勁，不能輕靈變化。

採捌肘靠是楊家特有的訓練法，兩人配合步法，進步肘靠，直行以站位，退步採捌，斜行以研環，互作採捌對待肘靠、肘靠對待採捌的訓練。

跋

中國拳術發源於戰國時代，歷漢魏唐宋，世有傳人。然皆口傳心授，隱秘其法，不以著書傳。世稱漢志所載手搏劍道，其書久佚。至明代戚南塘《紀效新書》①、茅元儀《武備志》②，始載劍經、拳勢、棍法、槍論，或詳或略。然後人講武術者，莫能出其範圍。至黃百家③宗內家以論拳，吳殳④錄手臂以言槍，則詳而精矣。前清時傳習拳棒有禁，故私家授受，絕少刻本。其所傳皆以淺俗歌訣記之，不能詳言其理法。蓋傳習者，多非文人，勢使然也。庚申孟夏，遇許禹生先生於塗。約余至其所立體育學校觀馬子貞⑤新武術隊演技。余以誤時，未得縱目。嗣後時與許君過從，因得觀許君所著《太極拳經註》及《圖解》二書。余於是始悉立校顛末，及注重太極拳之深識。余固素知許君精於技擊者，而不期其學深邃如是之極也。太極拳即世所稱內家拳法，與少林分為二派者也。內家之學，名冠海內，然習之者，多不盡其術。且相傳秘其要法，後學更無從問津。此書出而慕內家者得有塗轍⑥，真空前絕後之作也。然吾聞之學業技能，均無止境。深冀許君由圖解之粗跡⑦，研經註之精理，使內家與少林並稱於世之所以然，筆之於書，以津逮後學。較之固守一先生之說，姝姝⑧自悅，以為盡內家之能事者，其度量廣狹何如哉？余與許君累世交誼，不敢貢譽，故以質直之言，書為跋語。仲瀾氏瑞沅謹跋。

【注釋】

①戚南塘《紀效新書》：戚繼光（一五二八——一五八七年），字元敬，號南塘，晚號孟諸，漢族，山東登州人。明代著名抗倭將領、軍事家，與明代著名民族英雄、抗倭名將俞大猷齊名。

戚繼光在張居正死後受到排擠，萬曆十一年（一五八三年），被調任廣東總兵官。萬曆十三年以年老多病謝職歸家，萬曆十五年病逝。戚繼光率軍之日，在浙、閩、粵沿海諸地抗擊來犯倭寇，歷十餘年，大小八十餘戰，終於掃平倭寇之患，被現代中國譽為民族英雄，卒謚武毅。世人稱其帶領的軍隊為「戚家軍」。今浙江省台州所屬古城桃渚建有戚繼光紀念館。

戚繼光著有《紀效新書》和《練兵實紀》兩部軍事名著，均被列入中國古代十大兵書，備受兵家重視。

《紀效新書》當寫成於戚繼光調任浙江抗倭的第六年即嘉靖三十九年（一五六〇年），是戚繼光在東南沿海平倭戰爭期間練兵和治軍經驗的總結，對後人的軍事著作有著極大的影響。戚繼光曾在《紀效新書》的序中寫道：「數年間，予承乏浙東，乃知孫武之法綱領精微莫加矣。第於下手詳細節目，則無一及焉……戰法、行營、武藝、守哨、水戰一一擇其實用有效者，分別教練先後，次第之，各為一卷，以海諸三軍俾習焉。顧苦於繕寫之難也，爰授梓人，客為題曰：《紀效新書》。」

《紀效新書》總序中論述了練兵的必要性和重要性，提出了一套較為完整的練兵理論和計畫。正文十八卷，詳細而又具體地講述了兵員的選拔和編伍、水陸

訓練、作戰和陣圖、各種律令和賞罰規則、各種軍誡兵器及火藥的製造和使用、烽堠報警和旗語信號等建軍作戰的各個方面，並有大量形象逼眞的兵器、旗幟、陣法、習藝姿勢等插圖。書中還詳細記述了戚繼光發明的鴛鴦陣，即一種以牌為前導，筅與長槍、長槍與短兵互防互救，雙雙成對的陣法。

在練兵方面，《紀效新書》特別強調按實戰要求從難從嚴訓練，反對只圖好看的花架子。認為「設使平日所習所學的號令營藝，都是照臨陣的一般，及至臨陣，就以平日所習者用之，則於操一日，必有一日之效，一件熟，便得一件之利」。並批評不按實戰要求的訓練方法是「虛套」，尖銳指出「各色器技營陣殺人的勾當，豈是好看的」。凡武藝，不是答應官府的公事，是你來當兵防身、立功殺賊、救命保身的本領。

《紀效新書》重視兵器在戰爭中的作用，書中以大量篇幅記述了各種兵器的製造、形制、樣式、作用、習法等。並對長短兵器的使用進行了較為深入的探討，認為「長則謂之勢險，短則謂之節短」。

該書既是戚繼光在浙江練兵、作戰的總結，又是他在此後抗倭戰爭中練兵、作戰的指導原則，是其建軍和作戰思想的集中體現，反映了冷兵器與火器並用時代軍隊訓練與作戰的一般規律。《紀效新書》語言通俗，文圖結合，便於學習，在理論和實踐上都有較高的價值，對後世產生了重大影響，遠傳朝鮮、日本等國。

②茅元儀《武備志》：茅元儀（一五九四——一六四四年？），字止生，號石民，歸安（今浙江吳興）人。自幼「喜讀兵農之道」，成年熟悉用兵方略、九邊關塞，曾任經略遼東的兵部右侍郎楊鎬幕僚，後為兵部尚書孫承宗所重用。崇禎二年（一六二九年），因戰功升任副總兵，治舟師戍守覺華島（即菊花島，今遼寧興城南），獲罪遣戍漳浦（今屬福建），憂憤國事，鬱鬱而死。他目睹武備廢弛狀況，曾多次上言富強大計，歷時十五年輯成《武備志》。

《武備志》作為一部百科全書式的兵書，體系宏大，條理清晰，體例統一。它將二千餘種各朝的軍事著作分門別類，每類之前有序言，考鏡源流，概括內容，說明編纂的指導思想和資料依據。每一大類之下又分為若干小類，小類之下根據需要設置細目，如《軍資乘》下又分為八類六十四個細目。

《武備志》的編輯、刊行，對改變明末重文輕武、武將多不知兵法韜略、武備廢弛的狀況有現實性的意義。它設類詳備，收輯甚全，是一部類似軍事百科性的重要兵書。

《武備志》的價值首先在於它輯錄了古代許多其他書中很少記載的珍貴資料。如一些雜家陣法陣圖，這是在專門研究陣法陣圖的著作如《續武經總要》中都沒有記載的，但在《武備志》中卻有詳細的記載。尤其是它收錄了《鄭和航海圖》以及明代一些少見的艦船兵器及火器等，更顯可貴。另外，它圖文並茂，全書附圖七百三十八幅，除《手段訣評》和《戰略考》外，都有大量附圖，生動形象，使我們可以在數百年後看到古代兵器、車船等的形制以及山川河流的概貌。其次，《武備志》也有一定的理論價值。故該書在軍事史上佔有較高地位，為後世所推崇。

總的說來，《武備志》是歷代兵學成果的彙編，雖然包含的軍事思想非常豐富，但不能把它們看作茅元儀的思想。然而，在序言及評點中，也可以看到茅元儀的一些軍事思想以及他精闢的看法。簡單地說，茅元儀在《武備志》中表達了加強武備、富國強兵等思想。他認為：「人文事者必有武備，此三代之所以為有道之長也。自武備弛，而文事遂不可保。」

③黃百家（一六四三——一七〇九年），乳名祝國，原名百學，字主一，號不失，又號耒史，別號黃竹農家，清初浙江餘姚通德鄉（今屬梁輝鎮）黃竹浦人。國子監生，黃宗羲第三子。

其父黃宗羲亦精技擊，曾於明末組織武裝於浙江四名山抗擊清兵，並作《王征南墓誌銘》記述王來咸事蹟。黃宗羲幼承庭訓，博覽群籍，研習天文、曆法、數學。清康熙十九年（一六八〇年），明史館聘黃宗羲赴京與修，黃以年老辭，總裁遂延請百家及萬斯同赴京入館，以所學撰《天文志》《曆志》數種。黃百家能傳父學，其父晚年著述常有口授，輒執筆代書。

④吳殳：殳，音ㄕㄨ。吳殳（一六一一——一六九五年）是明末清初的詩人和史學家，又是一位成就卓著的武藝家和武學學者。

吳殳，又名吳喬，字修齡，本江蘇太倉人，早年入贅到昆山，遂占籍昆山。吳殳是明朝滅亡後堅守志節的遺民，雖然年壽很高，又「高才博學」，但一生設有任何功名仕履可述，經常過著寄人籬下的清苦生活。他學術上沒有什麼家學傳承，學識主要得自「於書無所不窺」。但一生遊蹤甚廣，多次往返於南北之間，與順治、康熙年間的文壇人物多有交往，經歷和學術活動都十分複雜。在明清之際試圖兼通文武的學人群體中，吳殳無疑是其中的成功者之一。

明末清初之際，南北文人中曾出現一股研討兵學和崇尚武藝的風氣，這應該與戰亂頻仍、國勢危重的時代背景有關，也與一時勃然興起的反理學思潮有關。當時，眞所謂「風化所摩，學者比肩」，徜徉其中的南北學人不一而足。舉例說，北方有山西傅青主、傅眉父子的結交武僧和演練武藝；河北王餘佑、顏元、李恭、王源等對兵學與武藝的精研和傳播，最終成為「顏李學派」的主要特點之一。在南方，吳興文學家茅坤的孫子茅元儀，好學多識，喜好兵學，天啓年間著《武備志》二四〇卷，是晚明軍事巨著，影響深遠。錢謙益、程孟陽與多位身在低位的武林人物交往，其中很有些耐人玩味的東西；黃宗羲、黃百家父子與抗清義士王征南的特殊友誼，正是近世以來「內家拳」泛起的源頭。陸世儀、馮杅、馮行貞等人，也都有具體的武事活動，有的甚至還有論說傳存下來。但平心而論，這中間還要數吳殳用功最深，成就最高。他數十年潛心其中，貫通古今，融會南北，有多種武學著作留傳下來，直到現在仍然閃爍著光輝，繼續產生著影響。吳殳之「奇」主要在他成功地融合了文學、史學和武學，創造出獨具一格的學術模式，是明清革代之際文武兼修學風中的突出代表。

吳殳博學多識，勤於著述，直到垂暮之年猶筆耕不輟。只是他「一生困厄」，身後又十分寂寞，他的著作除《圍爐詩話》《手臂錄》比較有名外，其他有的已經亡佚，有的則僅以抄本存世，如荒寒孤碑，不為人知。到目前為止，發現的吳殳著述一共有二十四種之多，其中保存到現在的十三種，另外十一種或已

經亡佚，或存佚暫時不詳。在這二十四種著述中，武學著述一共是五種。其中三種有刻本存世，二種只有抄本傳存下來。吳殳的武學著作是中國武術史上十分珍貴的文獻資料，對我們研究明清武藝的演變、瞭解一些重要的武術人物的活動等，都具有極高的史料價值。同時，這也是我們瞭解、研究吳殳本人的歷史經歷和他的武學思想的最直接的資料。

《手臂錄》上承戚繼光《紀效新書》、程宗猷《耕餘剩技》、程子頤《武備要略》等，不但記載了諸如石敬岩、程眞如等明末江南名家的槍法及其傳授淵源，而且還對明代各家槍法進行了詳細而具體的比較。此外，吳殳所記述的某些武藝品類和涉及的人物，都具有很高的史料價值。以《手臂錄》為主，再以他的《紀效達辭》《無隱錄》諸稿為參照，互相印證發明，對我們瞭解明清武藝流變的趨勢具有啓示意義。

⑤馬子貞：馬良，又名馬子貞，回族，是中國近代武術史上一位頗有爭議的人物。他一生熱愛武術，精通少林派拳術。民國初期任北洋皖系軍閥統治下的

陸軍第四十七旅旅長兼濟南衛戍司令官，後任濟南鎮守使。在濟南期間他熱心提倡武術，創編推行「中華新體育」，寫有論文《中華北讀武術體育五十年紀略》而聞名。他創編了一套包括摔跤、拳腳、棍術和劍術的四科技擊術，將其用於軍隊訓練中。他創編的二十四式軍體操，起初作為培訓軍警人員教材；一九一五年九月，經許禹生等考察後推薦，被教育部認可列入中小學體育教育課，為武術進入學校體育課開了個頭。他對武術推廣是有貢獻的。但他民族氣節有虧，投降日本侵略者，跟著大漢奸王克敏當走狗。一九三八年三月六日出任日偽山東省省長，一九四〇年三月出任日偽華北政務委員會委員。一九四〇年，他率領汪偽政府組建的「中國武術代表團」，去日本參加所謂「東亞武道大會」。抗日戰爭勝利後馬子貞以漢奸罪入獄，死在獄中。

⑥塗轍：車輪的痕跡。比喻行事的途徑。

⑦粗跡：謂大道正理。

⑧姝姝：音ㄕㄨ ㄕㄨ，美好之意。

校注感言

今年盛暑，筆者受北京科學技術出版社的委託，校注許禹生編著的《太極拳勢圖解》，現校注基本完工。忙裏得閒翻看了網路上的一些文章，看到有人提出：「太極拳能不能打（技擊）」的問題，也看到有人說「楊澄甫編了一套養生套路賣給了民國」的話。此話當然是調侃楊澄甫的拳架無非是老頭老太用作晨練的養生操，無任何技擊功能可言，當然也就不能打了。這樣的話倒也博了不少人的眼球，但此話究竟有沒有道理？我以為這是佛頭著糞，唐突古人。

楊澄甫曾向武匯川表示，功夫有不及祖父、伯父、父親的地方，但對拳架的修改花了一番心思，自己很滿意。（見一九五五年十二月十日顧留馨寫給唐豪的信）

一、從《太極拳勢圖解》到《太極拳體用全書》的十多年，可以看出楊澄甫為適應時代需要，讓大眾能更好學習太極拳，以達到強身健體、振興中華的目的，把楊家拳架中原有的一些高難度動作做了簡化，動作開展，不僅舒適，也便於普及。從對《太極拳勢圖解》的校注中可以看到，楊公的簡化拳式動作並不是隨心所欲的，既不是隨意將動作作增減堆砌，也不是簡單地畫圓放大。楊澄甫的拳架是在實踐中，經過默識揣摩，精益求精，不斷完善而成的，其中融入了不少文化精英的智慧。

楊澄甫架結構嚴謹，轉換自如，莊重柔和，舒展大方，雅俗共賞，不僅提高了觀賞性，而且舒展筋骨、暢通血脈，更能協調人體功能，達到人與人、人與自然的和諧。因此，在民國時期，單就健身養生而言，太極拳尤其是楊澄甫架太極拳確實是一枝獨秀，無出其右的。

二、如果將楊澄甫拳架只看作養生的架子，那是天大的誤會，真是「有眼不識荊山玉」。拳架是「指月之手」，楊澄甫的拳架，圓滿緊湊，是防身與健

身的完美結合及良好手段。尤其是《太極拳體用全書》，突出了每一動作的防身技擊作用。比如楊公用「十字手」這個簡單的動作，就一下子把多人發了出去，說明這套拳完全是能打的。

楊公晚年南下廣州教拳，曾昭然問他問題（比如栽錘的拳背向外或是向右），楊公都是從技擊的角度作解釋的。這不僅有利於動作的規整，也強化了學員的防身技擊意識。民國年期，跟楊澄甫學拳的學生，不乏全國頂級的武術高手，如武匯川、田兆麟、褚桂亭、董英傑等許多太極拳師，也都證明楊公的拳架是出得了武術高手的。

三、清末庚子之變後，中國武術跌入谷低，面臨覆滅的危險。民國初期，在革命志士和文化精英們的提倡下，傳統武術才重整旗鼓。武術為了與西方體育爭一席之地，策略上著重強調其健身作用，如致柔拳社的招生廣告，就是宣傳太極拳可以健身甚至大有醫治百病的功效。

一九二五年陳微明整理的《太極拳術》，記錄的盡是拳式，這方便了學員學習動作，而對技擊未作展開。在這一時期出現了視技擊為「末技」，為動作而動作、為養生而養生的傾向，以致有些人認為楊澄甫的架子就是養生架，出現了大、小拳架與文、武太極之爭。

其實，「太極拳法，乃是身心兼修的武術，為國術之最上乘，惟是傳授分歧，漸致訛誤，不克收強種救國之效。」一些文人也借三豐之口言道：「予及此傳於武事，然不可以末技視，必當以武事修身傳之也。」

王新午在《太極拳闡宗》中說：「太極拳向無文武之分，做專講修養與專講應用殊途後，始創文武兩派之稱。皆有所偏，失太極拳之真義。至於大小架子之稱，本屬一途，強分為兩。按拳經云：『先求開展，後求緊湊。』開展之意，謂舒暢筋骨，流通血脈。練時放大姿勢，先由健康之途著手，以期漸近自然，即所稱大架子也。姿勢舒展通暢，身體自健，然後就原式縮收緊湊，漸至綿密，研磨應用方法，加入內勁，先求著熟，後求懂勁。姿勢雖漸縮小，用意則漸漸增多，此為次弟進功之步驟與方法。而妄分大小，截成兩派，是真戕賊太極拳術，任意斷鶴續鳧，徒事無識之紛爭，為私人標榜之藉口，甚為識者所竊笑。按之太極拳，原本易理脫胎而成，包羅萬有，極宇宙事物之變，而不能逾共範圍，豈復能以文武大小自限，適彰其偏陋，而昧於本源，深可概惜。」

一九三〇年左右，或受杭州遊藝會影響，或受時局影響（**戰爭陰霾籠罩著中國大地**），武術的「鐘擺」，又擺回了技擊一邊。一九三一年《太極拳使用法》、一九三四年《太極拳體用全書》，楊公在描述動作時，首先假設了技擊情景，透過技擊的應用來介紹動作，使動作更科學合理，也使學員有了初步的「用意」。

王新午說：「學者姿勢正確之後，應量其程度，漸次告以各勢對敵應用之法，以相當之時期，逐次講解完畢。則學者之姿勢，進而為有意識之鍛鍊，此學者進功初步也。蓋練習太極拳徒能做姿勢之運動，不明應用之方，亦毫無功夫之可言也。故必明習應用，練時貫以意識，斯為下功之初步。」

楊公強調了以技擊意識來規範動作，以逐漸習練出真正的太極功夫來，使這套拳架既能技擊防身，又能達到健身養性的良好效果。在《太極拳體用全書》中蔡元培讚譽楊澄甫先生的太極拳：「可以禦敵，可以衛生，願以此百利而無一害之國粹，為四百兆同胞之典型。」

所以，楊澄甫架太極拳的演變過程，是繼承太極拳傳統與適應時代需求的結合過程，是傳統文化在新的時代背景下延續和發展的典範。

四、然而，二十世紀五六十年代，國內社會穩定，人民生活安定，又以為熱兵器時代武術無用，於是開始大反「技擊論」，在「破舊立新」的口號下，丟棄了武術的傳統文化，將武術改造成養生操。隨著「二十四式簡化太極拳」等規定套路的推行，武術只剩下一堆肢體動作，已毫無技擊與應用可言。原本太極拳的訓練方式，除了套路外，還包含單式行功、抖杆、器械、推手、散打等一系列訓練手段，而在普及推廣的過程中，除了套路還是套路，武術傳統文化被割裂，太極拳也終於由武術蛻變為「舞術」，成為老人們的晨練養生體操。練習者們也不把太極拳當作武術，而是當作養生術，每天只是用來活動活動手腳而已。

武術本是用工夫（時間）換功夫的，前輩早就指出：「勤於鍛鍊者，一日必有四五小時不息之用功，尚需以意志貫注之，非若一般學者惟晨間片刻之運動，尚彼此借為談話之時間，其終無成也必矣」；「今人多偏重健身與應用，已失古人最高原則。就健身而言，不論何種拳法及運動法，習之皆有效，而入歧途者，亦足致病。」而現在習練太極拳的人們，缺少明師指點，缺乏訓練手段，也不刻苦鍛鍊基本功，卻奢望太極拳能以技擊打人，正好比地基尚未挖好，就想住進樓閣中。

不管怎樣爭論，楊公澄甫的拳架，誠如唐豪評價：「楊氏十三勢大架和推手做出的貢獻最多，開展面最廣。」「這是太極拳得有今天那樣發展的里程碑。」葉大密先生也讚美楊氏太極拳：「楊澄甫老師的拳架大氣磅礴，且簡約而深奧，像是四書五經。」

唐才良　丙申盛夏

中華民國十年十二月初版
中華民國十四年五月再版

太極拳勢圖解一冊
定價大洋六角

著作者 古燕許龗厚
發行者 體育研究社 北京西單牌樓北西斜街五號
印刷者 京華印書局 北京虎坊橋 電話南局一三八六九一

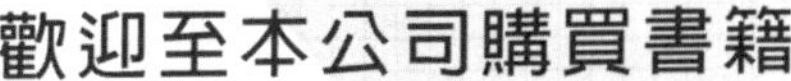

歡迎至本公司購買書籍

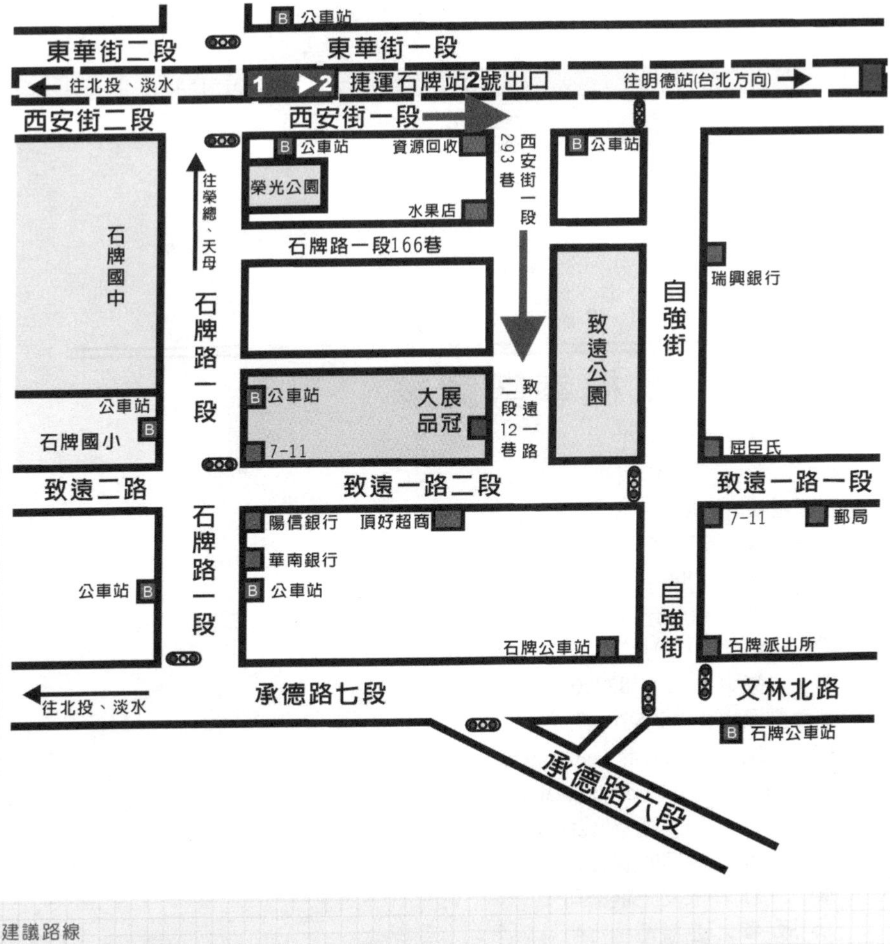
公車站
東華街二段
東華街一段
往北投、淡水
捷運石牌站2號出口
往明德站(台北方向)
西安街二段
西安街一段
公車站
資源回收
西安街一段293巷
公車站
榮光公園
往榮總、天母
水果店
石牌國中
石牌路一段166巷
瑞興銀行
自強街
致遠公園
石牌路一段
公車站
大展品冠
致遠一路二段12巷
公車站
石牌國小
7-11
屈臣氏
致遠二路
致遠一路二段
致遠一路一段
石牌路一段
陽信銀行
頂好超商
7-11
郵局
華南銀行
公車站
公車站
自強街
石牌公車站
石牌派出所
承德路七段
文林北路
往北投、淡水
石牌公車站
承德路六段

建議路線

1.搭乘捷運．公車

淡水線石牌站下車，由石牌捷運站2號出口出站(出站後靠右邊)，沿著捷運高架往台北方向走(往明德站方向)，其街名為西安街，約走100公尺(勿超過紅綠燈)，由西安街一段293巷進來(巷口有一公車站牌，站名為自強街口)，本公司位於致遠公園對面。搭公車者請於石牌站(石牌派出所)下車，走進自強街，遇致遠路口左轉，右手邊第一條巷子即為本社位置。

2.自行開車或騎車

由承德路接石牌路，看到陽信銀行右轉，此條即為致遠一路二段，在遇到自強街(紅綠燈)前的巷子(致遠公園)左轉，即可看到本公司招牌。

國家圖書館出版品預行編目資料

許禹生太極拳勢圖解／許禹生　著
——初版，——臺北市，大展，2019〔民108.11〕
面；21公分 ——（武學名家典籍校注；17）
ISBN 978-986-346-271-2（平裝）
1.太極拳
528.972　　108015154

許禹生　太極拳勢圖解

著　　者／許禹生
校 注 者／唐才良
責任編輯／胡志華
發 行 人／蔡森明
出 版 者／大展出版社有限公司
社　　址／台北市北投區（石牌）致遠一路2段12巷1號
電　　話／（02）28236031・28236033・28233123
傳　　眞／（02）28272069
郵政劃撥／01669551
網　　址／www.dah-jaan.com.tw
E-mail／service@dah-jaan.com.tw
登 記 證／局版臺業字第2171號
承 印 者／傳興印刷有限公司
裝　　訂／眾友企業公司
排 版 者／弘益電腦排版有限公司
授 權 者／北京科學技術出版社
初版1刷／2019年（民108）11月

定價／480元

大展好書　好書大展

品嘗好書　冠群可期

大展好書　好書大展

品嘗好書　冠群可期